小学体育教育研究

主　编　李仕洲　王素丽　鲁纪红

副主编　李　明　柳　杰　段胜霜

姚　兵　赵　帅　张远方

参　编　陈娜娜　任　杰　戴淑芳

谢宣明　李宝坤

中国商业出版社

图书在版编目（CIP）数据

小学体育教育研究 / 李仕洲，王素丽，鲁纪红主编
. -- 北京：中国商业出版社，2023.4
ISBN 978-7-5208-2455-2

Ⅰ. ①小… Ⅱ. ①李… ②王… ③鲁… Ⅲ. ①体育课
—教学研究—小学 Ⅳ. ①G623.82

中国国家版本馆 CIP 数据核字 (2023) 第 058146 号

责任编辑：朱丽丽

中国商业出版社出版发行
（www.zgsycb.com 100053 北京广安门内报国寺1号）
总编室：010-63180647 编辑室：010-63033100
发行部：010-83120835/8286
新华书店经销
廊坊市海玉印刷有限公司印刷
*
889毫米×1194毫米 16开 13印张 310千字
2023年4月第1版 2023年4月第1次印刷
定价：68.80元
* * * *
（如有印装质量问题可更换）

前　言

在新时期，小学体育教育无论对于小学生还是学校而言都具有很大的意义。小学体育教育能有益于小学生的身心，在满足对小学生身体素质要求的同时开发小学生的智力，使得小学生具有更好的综合素质，这对于学校确立更加明确的教育目标，促进学校的发展来说是非常重要的。在小学体育教育中，首先，要达到的目标是使小学生获得身体的发展，这主要表现在使得小学生拥有更好的身体和心理适应能力，使得小学生能够更加快速地适应不同环境下对于自身身体和心理的挑战，从而增加小学生的身体抵抗能力。其次，要达到的目标就是要通过引导小学生参加各种有益身心的运动，使得小学生在增强身体素质的同时获得自身智力的开发和提升。除此之外，在小学体育教育中还要达到的目标就是要培养小学生在运动中的公平竞争、团结协作、友谊第一比赛第二的意识。从而使得小学生建立良好的价值观，并且在运动中收获更多的友谊，这有助于小学生更好地完善自我。针对目前我国小学体育教育中存在的教学方式比较单一的问题，其有效的解决措施就是创新多元的教学方式。这就要求教师在体育教学中创新多元化的教学方式，通过与学生交流采用小学生感兴趣的方式进行教学，从而在体育教学中充分调动小学生的学习积极性，在小学生感兴趣的氛围下向小学生传授各项运动的要领和注意事项，从而使得小学生快乐学习，健康成长，使体育课真正成为小学生释放天性、自由发挥的乐园。此外，教师要积极引导小学生发现体育的魅力，在体育课中不仅要培养良好的身体素质，还要注重小学生智力和品德的培养，从而更好地促进小学生综合素质的提高。所以，创新多元的小学体育的教学方式也是我国小学体育教育中的重要内容。

本书从小学体育课程与设计基础出发，对小学体育教学方法以及小学体育教学技能分别进行阐述，然后对小学体育教学模式的创新、小学体育教师的专业技能发展、小学体育教研与培训进行分析，可为小学体育教学的工作人员提供参考。

本书由铜仁幼儿师范高等专科学校李仕洲、王素丽、鲁纪红担任主编，由铜仁幼儿师范高等专科学校李明、柳杰、段胜霜、姚兵、赵帅、张远方担任副主编，由铜仁幼儿师范高等专科学校陈娜娜、任杰、戴淑芳、谢宣明、李宝坤担任参编。全书由李仕洲、王素丽、鲁纪红拟定编写大纲并统稿。

在本书的撰写过程中，作者参阅、借鉴和引用了国内外许多同行的观点和成果。各位同人的研究奠定了本书的学术基础，对小学体育教育研究的展开提供了理论支持，在此一并表示感谢。另外，受水平和时间所限，书中的疏漏和不当之处，敬请读者批评指正。

目录 CONTENTS

10 Chapter 第十章 球类运动

11 Chapter 第十一章 武术基本功与基本动作

1 Chapter 第一章 小学体育课程与设计

第一节 SECTION I 体育课程概述

一 体育课程相关概念

（一）体育与体育学科的概念

体育的含义有广义和狭义之分。

体育的广义概念是指以身体练习为基本手段，以增强人的体质，促进人的全面发展，丰富社会文化生活和促进精神文明为目的的一种有意识、有组织的社会活动。它是社会总文化的一部分，其发展受一定社会的政治和经济的制约，并为一定社会的政治和经济服务。

体育的狭义概念是指一个发展身体，增强体质，传授锻炼身体的知识、技能，培养道德和意志品质的教育过程；是对人体进行培育和塑造的过程；是教育的重要组成部分；是培养全面发展的人的一个重要方面。

（二）课程的概念

课程是为实现学校教育目标而选择的教育内容的总和，包括学校所教各门学科和有目的、有计划、有组织的课外活动。

（三）体育课程的概念

体育课程是指学生以身体练习为主要手段，通过合理的体育教育和科学的体育锻炼过程，达到增强体质、促进健康和提高体育素养为主要目标的公共必修课程；是学校课程体系的重要组成部分；是学校体育工作的中心环节；是我国实现素质教育和促进学生适应社会、培养学生完整个性的有效途径。

二 体育课程教学理论

（一）体育课程教学的特点

体育教学既要遵循教育、教学的一般规律，也有其自身的特点。在学校教育中，体育教学是完成学校体育任务的基本途径。在体育教学过程中，学生主要从事各种身体练习，通过身体活动与思维活动的紧密结合来掌握体育知识、技术和技能，培养道德品质和增强体质。因此，体育教学既要遵循各门学科共同的认识规律，又要遵循体育教学的特殊规律。体育教学是身体锻炼、运动训练和竞赛的基础，体育教学中所获得的体育知识、技术与技能，可广泛地应用于上述各个方面。因此，体育教学原理也是身体锻炼和运动训练过程所必须遵循的共同准则。区别于其他学科教学，体育教学具有以下特点。

1. 以身体活动为主要特征

学生在反复身体练习中，通过身体活动和认知活动，掌握体育知识、技术和技能，增强体质，促进身心发展。

2. 教学活动以室外进行为主

使学生受到日光、空气、水等外界环境的影响，让学生耐寒抗暑，锻炼意志，提高抵御疾病的能力。

3. 体育教学是在动态中进行的，组织工作比较复杂

在体育教学过程中，学生活动范围广，外界干扰多，要根据学生水平进行分组教学。另外，还要进行队伍调动，安排场地器材，进行保护帮助和个别辅导，因此要精心设计，严密课堂组织。

4. 使用一定的器械，有一定的运动负荷

体育教学中，既要使用一定的运动器械，又要掌握合理的运动负荷。如果使用器械不当，安全措施不到位，或者运动量掌握不好，保护方法不妥，容易发生伤害事故。因此，要严格检查教具，并做合理布置，严格掌握运动量，保证学生安全。

5. 学生的心理活动表现明显，应进行生动具体的思想品德教育

学生在身体练习中，既有相互竞争和比赛，也要克服个人的心理恐惧，体验成功与失败，还要处理与集体的关系。只有学生的情绪、行为、个性等得到充分的表现，才便于教师有的放矢地进行教学。

6. 体育教师要做动作示范

体育教学中，学生学习动作，多以教师正确的示范为先导，因此教师要认真备课，体态端正，动作正确优美，以便于学生模仿学习。

（二）体育课程教学的结构

体育课程教学的结构包括内部结构和外部结构。

1. 内部结构

体育课程教学的内部结构从时间序列来看可从学段目标开始，再逐步到水平目标、学年目标、学期目标、单元目标和课时目标。

2. 外部结构

课外体育是体育的外部组成要素，主要包括早操、课间操、课外体育竞赛、校外体育活动、校园运动会、校园文化节等。

课外体育活动内容丰富、活动形式多样，可以说，除正规的体育课堂教学外，其余所有的学校内外体育活动都属于课外体育的范畴。

（三）体育课程教学的原则

1. 健康性原则

健康性原则是体育课程教学中必须遵循的首要原则。

健康是体育课程教学的主要目标，体育教师要围绕该目标组织一切教学活动。健康性教学原则应渗透到体育课程教学的各个环节，包括教材的选编、教学内容的开发与利用、教学方法的设计与选用、教学评价的组织与实施，等等。在体育课程教学中贯彻健康性原则，首先要清楚健康不仅是指身体健康，还包括心理健康、社会适应健康以及道德健康，要树立全面的健康观，从而通过体育课程教学增强学生的体质、完善学生的个性心理、提高学生的道德水平和社会适应能力，解决传统体育课程教学中以单一生物观培养学生的弊端，将健康观和全面发展观结合起来。

2. 兴趣性原则

在体育课程教学中，学生的学习兴趣直接影响着课程教学的结果，因此对学生学习兴趣的激发与培养显得非常重要。体育教师要有意识地激发学生的学习兴趣，对于在此方面兴趣较弱的学生要有针对性地强化他们的兴趣，使学生看到自己在体育方面拥有的优势、具备的潜能，并长久地保持学习的动力，养成长期锻炼的好习惯。

3. 主体性原则

在体育教学活动中，学习主体始终是学生，学习主体的特点、学习需要是体育教师安排教学活动的主要依据。学习主体的主观能动性、创造性的发挥对体育教学效果有直接的影响，学习主体学习的积极性和主动性也会影响教学效果，因此体育教师要有意识地引导学生发挥其自主性，提高学生的学习积极性。

4. 创新性原则

创新性原则是指在体育教学过程中，教师要调动学生学习的主动性和积极性，激活学生的创新能力，引导学生树立创新意识，注重对学生创造思维和创新精神的培养，使学生能主动、愉快、创造性地获得知识和能力，从而让其个性得到自由发展，潜能得到最大限度的释放。

5. 多元评价原则

在体育课程教学中，对学生的学习效果进行评价，要注意评价的全面性，如对学生的身体素质进行评价、对学生的知识与技能掌握情况进行评价、对学生的学习态度与合作能力进行评价、对学生的心理素质进行评价、对学生的社会适应性进行评价，等等。当然，所有的评价都要以体育课程教学目标和学生的身心特点、学习基础水平等为依据。体育课程教学评价要面向全体教学对象，要树立全面发展的科学评价理念，即促进学生的全面协调发展。体育课程教学评价要坚持公平性原则，要真正体现面向全体学生、促进学生全面发展的基本理念，在评价中不仅要关心学生的学习成绩，而且要发现和发展学生其他方面的潜能，了解学生发展中的需求，帮助学生认识自我、建立自信。

多元评价原则在体育课程教学中的渗透要注意以下几点。①科学评价、客观评价、准确评价。②结合学生的客观实际及个体差异进行针对性评价，不能用同一套评价标准要求不同水平的学生，要通过评价肯定不同水平学生的进步，指出他们的问题，并努力使低水平的学生向高水平迈进，提高学生的整体学习水平。③注重对学生多方面素质的综合评价，在不同的教学阶段，要根据不同的教学内容、教学目标和教学任务选择重点评价内容，也就是说评价要有侧重，要突出教学重点，要清楚通过评价重点发展学生哪方面的素质，而没有主次、没有重点与非重点的评价只是流于形式，无法真正发挥教学评价的功能，达不到应有的评价效果。例如，在体能课上要重点评价学生的体能素质，如肌肉力量、耐力、柔韧性与灵敏性、平衡能力与爆发力等；在技能课上要重点评价学生对技术动作的掌握情况；在理论课上要将学生掌握的体育知识作为主要评价内容，以笔试为主。需要注意的是，学生的学习态度、课堂表现、合作能力、意志品质等在不同的课堂上都可以作为评价内容，但要分清主次。④评价方式要多元，注重综合性评价，具体表现为绝对评价与相对评价相结合、主客观评价相结合。此外，体育教师往往容易忽略过程性评价，即忽视学生的学习态度和表现，因此应将该评价方式与终结性评价有机结合起来。⑤体育课程教学评价不仅可以在结束一学期的教学后进行，也可以在结束一节课、一单元课程后进行。

三　体育课程教学及其研究

（一）体育课程教学现状与发展

1. 体育课授课得不到保障

学校教育内容丰富多彩，体育教学是不可或缺的重要组成部分。体育教学旨在促进学生的身心健康，提高学生的整体健康水平。体育课程包括理论课和实践课，学生在体育理论课上掌握基本的体育和健康知识，能够形成基本的体育认知，这样有助于学生对运动技能的理解与掌握，有助于培养学生的运动习惯和健康行为，从而使其在体育实践课上有更好的表现和更多的收获。体育实践课是培养学生健康体质和运动技能水平的重要课程，也是体育课程教学的重点。显然，体育实践课比体育理论课更受重视，但也不能忽视理论课的教学。很多学校的体育课教学都是以实践课为主，理论知识只是在实践课上进行简单讲解，学生无法系统地掌握体育与健康知识，也缺乏基本的健康常识，这最终会影响其在实践课上的表现。此外，有限的体育课程课时也常常被文化课占用，临近期末尤其如此，体育课教学不能完全得到保证，学生的体质健康也因此受到影响。

2. 课程内容选择不合理

大部分学校的体育课程教学内容以常见的体育项目为主，很多都是奥运会比赛项目，还有一部分学校在体育课程教学中引进具有中华民族特色的传统体育项目。青少年学生正处于身心发展的重要阶段，面对青少年学生进行体育课程教学，必须强调课程内容、课程教学方式的合理性，必须与青少年的身心发展规律及特点相适应，如此才能通过体育课程教学促进学生健康成长和全面发展，倘若课程内容选择不当，则会对学生的健康成长、学习及生活造成不良的影响。目前来看，学校开设体育课程，选择教学内容时对学生兴趣爱好、身心特征的考虑较为缺乏，上级部门的安排与规定是学校选择运动项目的主要依据，这就导致体育课上出现一些不适合学生参与的内容。学生的身体素质存在个体差异，性别差异尤为明显，有些项目仅对男生或对女生适合，有些项目适合力量素质强的人，力量素质差的学生参与其中虽然能起到锻炼力量的作用，但也存在发生损伤的风险。为了预防体育课上出现损伤情况，更好地调动全体学生的学习积极性，提高教学效果，学校要尽可能从学生的身体素质、兴趣爱好、身心特点出发，合理选择教学内容。

（二）体育课程教学的改革与发展建议

1. 设置体育理论课

学校基于对学生认识能力、理解能力及运动基础水平的考虑而开设体育理论课是必要的，但理论课与实践课的课时比例要合理。体育理论课可以与健康课、卫生课等相结合。理论课内容丰富多彩，包括体育理论知识、健康常识、运动项目的基本知识、运动竞赛欣赏等。在体育理论课的组织与实施过程中，体育教师可以运用多媒体教学，这样可以吸引学生的注意力，使学生产生学习兴趣，营造活跃的课堂气氛，从而激发学生的学习积极性。如果只是体育教师口头讲解理论知识，且语言不够生动活泼，那么理论课很容易变得死气沉沉，这样不仅会影响学生的学习积极性，而且也会对后面的实践课造成影响。体育理论课知识的传授要由简单到复杂，进度要调整好，为后面的教学工作打好基础。

2. 进一步丰富体育课程教学内容

体育课程教学内容的主流是常规体育项目，虽然常规项目的教学已经经历了长期的发展，积累了较多的教学经验，但并不是所有的常规项目都适合学生，如强对抗项目、强度较大的项目及冲撞较多的项目等很容易造成学生受伤。对此，要进一步优选与丰富体育课程内容，除了要保留传统项目中适合学生参与的项目，还要不断拓展与充实新的项目。首先，可以从国外引进形式丰富、种类多样而且运动强度较低的项目，这样不仅可以吸引学生参与，达到提高学生体质健康水平的目的，还能有效预防学生受伤，保障学生的安全。其次，将民族传统体育项目充实到体育课程教学内容体系中，民族传统体育项目非常多，要优先考虑健康价值高、传播广、适合学生参与的项目，这样也能培养学生的传统民族文化素养，使其感受民族传统文化的博大精深，并自觉承担起传承文化的职责。

3. 培养学生的体育能力

体育教师在体育课程教学中普遍只重视学生的学习结果，即学生是否掌握了运动技能，而对于学生的学习过程往往不够重视。这样即使学生对运动技能有了基本的掌握，也难以提高运动能力，在学习中遇到问题时依然无法自主解决，而且学生的综合素质也得不到提高，最终也会影响学生终身体育意识的形成与锻炼习惯的养成。随着新课改的不断推进，体育教师要树立“以人为本”的教学理念，加强对学生体育能力及体育综合素养的培养，提高学生分析与解决实际问题的能力及创新创造能力。

第二节 SECTION 2 小学生身心发展特点

小学阶段是孩子身心发展的关键时期。这一阶段，孩子身体发展迅速；所扮演的角色发生了巨大改变，生活从幼儿园的以游戏为主转变为学校的以学习为主，主要任务是适应学校生活、掌握学习能力和学习态度，学会学习；在认知、情感、意志、性格等诸多方面发生了巨大变化。这些都显示出他们在身心发育和内心世界等方面产生了诸多不同于幼儿的显著特点。父母应了解小学阶段孩子的身心发展特点和规律，对其进行正确的引导和有效的教育。

一 小学阶段孩子的生长发育特点

孩子的生长发育是动态的，不同年龄段的孩子有不同的生长发育特点。处在小学阶段的孩子可以分为两个年龄期：第一个年龄期——童年期，从入小学起（6~7 岁）到青春期（女孩 9~11 岁，男孩 11~13 岁）开始之前；第二个年龄期——青春期（女孩 9~11 岁，男孩 11~13 岁）。

（一）童年期孩子身体发育的特点

1. 体格发育

童年期孩子的体格生长发育进入了平稳发展阶段，平均每年身高增加约 5 厘米，体重增加 2~ 3 千克。由于孩子的活动量加大，热能消耗较多，加上生长发育的需求，必须注意满足各种营养素的需要，以促进他们生长潜力的发挥，并为青春期的到来奠定良好的基础。

2. 骨骼、肌肉系统的发育

童年期孩子的骨骼系统发育有很大变化。头围增加，颜面骨继续发育；管状骨也更加粗壮，其构成与成年时基本无区别；腰椎歪曲已形成但尚未固定。由于孩子骨内含钙盐较少，富于弹性并易弯曲，应特别注意孩子姿势的培养。必须注意为孩子配备适合其身材的课桌椅和工作台，教育孩子保持良好的坐姿和劳动姿势，以免造成脊柱弯曲、胸部变形等。童年期正是腕骨发育的关键时期，因此，孩子不宜长时间做过多的书写活动。

3. 齿的发育

童年期孩子的牙齿变化比较突出。第一对恒牙（第一磨牙）常在 6 岁左右萌出。童年期孩子乳牙开始脱落，长出接替的恒牙。在此后的 7 年内，替换的速度约为每年 4 颗牙。因此，这一时期是预防龋齿的重要时期，必须加强口腔卫生，培养正确、好的刷牙习惯。

4. 呼吸循环系统发育

童年期孩子的心脏成长的速度较慢，其发育落后于血管。心率每分钟 80~90 次，剧烈运动或体力劳动时心率显著增加。肺泡结构在 6~7 岁开始成熟， 7~12 岁肺泡显著增大、增多，肺活量显著增加。

5. 视觉器官的发育

童年期孩子视觉器官正在发育，晶状体较扁，发育中渐渐变凸，弹性渐减，眼球前后轴逐渐增长，屈光状况由远视逐渐趋向正视。为了保护孩子视觉器官的正常发育，必须强调阅读习惯、书写习惯。

6. 神经与精神发育

童年期孩子大脑重量继续增加， 12 岁时接近成人的脑重。同时，神经细胞体积加大，神经突分支增多，大脑额叶显著增大。随着大脑皮质的发育，抑制能力和综合分析能力得到加强，孩子的行为也变得有意识。这时，孩子的思维是以直观形象思维为主的，抽象思维能力较差，教育孩子应运用直观形象的方法。童年期孩子记忆力也有较大发展，机械记忆能力强，并发展了有意识的记忆。从幼年时的自我中心转移到关心周围的世界，求知欲旺盛，有鲜明和生动的想象力，但有时不能区分幻想和现实的界限，家长应引导孩子扩大知识面。

（二）青春期（早期）孩子身体发育的特点

青春期是孩子由小孩儿发育到成人的过渡时期，是人体生长发育的第二个高峰期，是决定人一生的体格、体质的关键时期。青春期可分为三个阶段：早期、中期、晚期，小学高年级即五、六年级的孩子正处于青春发育的早期。

1. 身高、体重迅速增长

生长突增是青春期到来的主要标志，男孩突增的幅度为每年 7~9 厘米，最多达 10~12 厘米，女孩每年增高 5~7 厘米，最多可达 9~10 厘米；男孩因为主要分泌雄激素，所以以肌肉发育为主，女孩主要分泌雌激素，所以身体脂肪在整个青春期都是持续增加的。

2. 身体各脏器功能的发展

（1）心脏：重量增加至出生时的 10 倍，心肌增厚，心肌纤维比童年时期显著增粗，张力增强，心搏出量明显增加，接近成人标准。

（2）肺脏：重量增加至出生时的 9 倍，肺活量明显增加，10~13 岁为 1400 毫升左右，呼吸功能日趋完善。

（3）脑：重量及容量变化不大，但在青春期，神经系统的结构已接近成年。孩子的思维活跃，对事物的反应能力提高，分析能力、记忆能力增强。

3. 生殖系统的发育

下丘脑—垂体—性腺轴系统逐渐发育成熟。分泌激素对女孩可促进卵巢开始发育，并分泌大量雌激素及少量雄激素，排卵后分泌孕激素；对男孩则促进睾丸发育，并开始分泌睾酮（雄激素）。性激素经血液循环到达全身，引起性器官和第二性征的相继发育。

二 小学阶段孩子的心理发展特点

（一）小学阶段孩子的心理发展特点

1. 心理发展的迅速性

随着年龄的增长、知识经验的增多，小学阶段孩子的心理活动发生了迅速的变化和进步。具体表现在孩子注重品质、学习兴趣、记忆力和思维品质等方面的发展上。

2. 心理发展的协调性

小学阶段孩子的心理发展是协调的。以品德发展为例，小学阶段是人的一生中道德品质发展最为协调的阶段。此时出现比较协调的外部和内部的动作，言与行、动机与行为比较一致，道德知识系统化，并形成相应的行为习惯。 因此，这个时期是发展和谐个性、良好品德和社会性的大好时机。

3. 心理发展的开放性

孩子经历有限，内心世界单纯，因此，他们的心理活动显得纯真、直率，感情易于外露，喜、怒、哀、乐明显表现于面部，而且容易变化。他们不善于伪装，善于表达自己内心的想法。这个阶段，成人与孩子容易沟通，师生之间、亲子之间的关系融洽。可以说，小学阶段是了解孩子真实心理活动，从而进行有的放矢地教育的最好时机。

4. 心理发展的可塑性

小学阶段孩子的心理发展具有较大的可塑性，性格处在尚未定型的关键阶段。在这个阶段，一方面，孩子还没有形成稳固的社会观念与态度，还有相当大的模仿性和受暗示性，所以他们往往是近朱者赤，近墨者黑；另一方面，他们又正在把理解到的种种认识转化为稳定的观念，把习得的行为方式变为习惯。小学阶段孩子的学习态度、学习习惯、思维能力、品德、个性都能通过教育加以改变，所以，家长应抓住这一大好时机，对孩子的各方面进行有目的、有针对性的塑造。

（二）小学不同年级段孩子的心理特点

小学阶段孩子的心理发展，从一年级到六年级大致有三个明显不同的阶段，即我们常说的小学低年级段、小学中年级段、小学高年级段。

1. 小学一、二年级孩子的心理特点

小学低年级孩子的脑功能发育处于“飞跃”发展阶段，他们的大脑神经活动的兴奋性水平提高，表现为既爱说又爱动。他们的注意力不持久，一般只有 15~20 分钟，形象思维仍占主导，逻辑思维很不发达，很难理解抽象的概念。他们的独立性和自觉性较差，在生活、学习、活动等方面需要成人的监护和具体指导。他们最显著的特点是，对老师有特殊的依赖心理，几乎是无条件地信任老师，他们对老师的信任超过了对家长的信任，常挂在他们嘴边的话是“我们老师说了……”。他们开始评价自己和别人，但评价自己时，只看优点，评价别人时容易受成人的左右。他们很少能顾及客观外界与自我的关系，只会以自我为中心，按自己的目的去行动。

2. 小学三、四年级孩子的心理特点

小学三、四年级孩子的大脑处于迅速发展的时期，大脑神经的机能得到进一步加强，特别是大脑内的意识蓬勃发展，使心理活动更趋稳定，明显的表现是，他们比一、二年级的孩子更容易集中注意力听课。他们的语言能力有一定的提高，但正处在由第一系统向第二系统转换的过渡阶段，常常出现“有话说不清”的情况。同时，他们的逻辑思维开始迅速发展，在接触“好与坏”“正确与错误”“主要与次要”等概念时，尽管还有些模糊，但已有了初步的认识。

处在这一阶段的孩子，最明显的心理特点是自我意识突然萌发并逐渐增强，其主要表现是，对外界事物有了自己的认识，开始尝试自己做出判断。他们不再无条件地信任老师，而且特别关注老师是否“公平”。由于这一阶段的孩子在心理上处于“动荡”的过渡时期，不听老师话的现象开始出现，家长要及时进行引导。

3. 小学五、六年级孩子的心理特点

五、六年级的孩子，身体发育再次进入一个高速发展期，被称为第二发展期。在心理方面，他们的智力有了很大的发展，逻辑思维开始在思维中占据优势；创造思维也有很大的发展；他们对新奇的事物表现出极大的兴趣，如搜集物品、制作玩具、学习某种特长等，但往往见异思迁，朝秦暮楚；他们常常把某些脱离实际的幻想当作未来的人生目标，盲目崇拜某些明星；他们的独立意识进一步发展，常常认为自己已经长大成人，甚至比大人们还高明，因此爱自作主张，顶撞老师和家长。

第三节 SECTION 3 小学体育课程的多学科理论基础

一 教育学理论

（一）小学体育课程中蕴含的教育学理论

教育学作为学科之一，其研究的对象为教育现象，目的是将教育规律揭示出来。这里所说的教育，指的是教化培育，可以从两个方面来加以理解：一是传授经验、学识，培养思维方式的过程；二是教书育人的过程。

学校教育是以社会需要为依据，在遵循青少年学生身心发展规律的基础上，系统地引导学生获得知识技能、陶冶思想情操、发展智力和体力的一种活动，把学生培养成为适应一定社会需要和促进社会发展的人是其主要目的所在。

现代教育制度形成以后，体育课程一直是作为学校教育的重要手段和学校课程体系的重要内容而存在的，小学体育课程的改革与发展是在国家教育方针政策指导下进行的，同时也贯穿着国家教育改革的思想和理念。

（二）小学体育课程有助于“立德树人工程”的落实

教育的一个根本任务就是立德树人。为了深入贯彻这一精神和教育规划纲要，深化教育教学改革，全面提升育人水平，2013 年教育部颁发了《关于实施“立德树人工程”的意见》（以下简称《意见》），《意见》明确指出：把促进学生全面发展、健康成长作为工程的出发点和落脚点，坚持全科育人，统筹品德、语文、历史、体育、艺术 5 个学科，发挥其独特的育人优势，加强学科间的相互配合，发挥综合育人功能。《意见》将小学体育课程在完成“立德树人”教育任务中的地位和作用明确下来的同时，还印证了小学体育课程的基本理念，目标体系、内容标准、实施建议等方面的充分体现和渗透促进了学生全面健康发展的先进性和客观性。

二 生物学理论

（一）小学体育课程中蕴含的生物学理论

生物学的研究对象是生物和生命现象，因此有生命科学之称。以研究的不同重点为依据，可以将生物学划分为形态学、解剖学、生理学等几个具体的学科。体育是通过身体练习对人体实施干预的教育，体育课程的本质功能是增强学生的体质。因此，人体形态学、人体解剖学、人体生理学等学科自然成为小学体育课程改革的理论基础。

生物学的研究对象主要是生命现象和生物活动规律，促进生物有机体更好地健康发展是该学科的主要目标。人作为一个生命体，其基本特征包括新陈代谢、生长、发育等。体育运动作为一种作用于身体本身的手段，其主要是改善机体的机能，使机体朝着更加健康的方向发展，而小学体育课程正是一门以身体练习为主要手段，以增进小学生身体健康为主要目的的学科。

健身性所强调的重点在于，在学习体育知识、技能和方法的过程中，以人体生理机能适应性规律、人体生理机能活动能力变化规律、机能发展的适应性规律和学生动作发展规律为主要依据，合理安排体育课运动负荷，从而实现学生身体良好的生物学改造，提高体能和运动技能水平，促进学生身体健康成长。适宜的运动负荷是小学体育课程学习的一个基本特征，运动负荷过高或过低，对于学生身体的健康发展都是非常不利的。只有根据人体的生长、发育、新陈代谢等规律来确定运动负荷，才能保证所取得的效果是较为理想的。

（二）体能在人体形态学特征和生物学特征的基础上发展

良好的体能既是身体健康的重要表现，也是小学体育课程的主要目标之一。体能，从广义上来讲，是人体适应外界环境的能力；从狭义上来讲，是指人体各器官系统机能在体育活动中表现出来的能力。

一般来说，体能的获得途径主要是体育运动，除此之外，还会受到饮食方式、生活方式等方面的影响。体能水平的高低与人体的形态学特征、机能特征之间的关系也非常紧密，其中人体的形态学特征是其体能的质构性基础，人体的机能特征是其体能的生物功能性基础，这为小学体育课程教学如何有效发展和提升学生的体能水平提供了理论基础。

心理学理论

（一）小学体育课程中蕴含的心理学理论

心理学的研究内容主要是行为和心理活动，具体来说，心理过程和个性心理是其主要的研究对象。

心理过程，就是一个人心理现象的动态过程，认识过程、情感过程和意志过程都属于心理过程的范畴，它能够将正常个体心理现象的共同性充分展现出来。

个性心理，指的是一个人在社会生活实践中形成的相对稳定的各种心理现象的总和，个性倾向、个性特征和个性调控等属于个性心理的范畴，它能够将人的心理现象的个别性反映出来。其中，个性倾向是推动人进行活动的动力系统，它反映了人对周围世界的趋向和追求，主要包括需要、动机、兴趣、理想、信念、价值观和世界观等。这些在小学体育课程理念、目标及内容等方面的渗透和体现是有所差别的。

（二）小学体育课程理念及目标的心理学阐释

从小学体育课程本身来讲，培养学生对体育的情感态度与价值观，实际上就是要重视对学生积极体育情感和态度的养成、对学生进行正确的体育价值观和责任感的教育，培养其自尊、自信、不怕困难、刻苦锻炼的精神。究其原因，主要是由于积极的体育情感是学生参与体育锻炼的巨大动力，端正的体育态度对学生参加体育学习和锻炼具有重要影响，正确的体育价值观是形成正确的体育道德信念、理想及行为的保证。

传统的小学体育教学对运动技能的系统传授过于重视，同时，也过于强调学生对于运动技能的掌握，但是往往忽视学生运动兴趣的培养，因而会导致学生既没有很好地掌握运动技能，也没有强烈的运动兴趣和热情。在新一轮的小学体育课程改革中，新的体育课程要尽力打破传统教学思想和传统势力的束缚与禁锢，深入改革原有的体育课，在强调运动技能学习的同时，还要特别强调培养运动兴趣，并把“心理健康”作为课程的重要方面，充分在小学体育课程改革中心理学理论中渗透。

四 社会学理论

（一）小学体育课程中蕴含的社会学理论

体育社会学和教育社会学，都属于社会学理论范畴，都能够为小学体育课程改革提供必要的参考和依据。

从社会学的角度来看，小学体育课程将促进学生的社会化，提高学生的社会适应能力作为主要目标。这里所说的社会适应能力，往往也被称为社会健康，具体来说，是指个体与他人及社会环境相互作用、具有良好的人际关系和实现社会角色的能力。

小学体育课程在提高人的社会健康水平方面的促进作用是非常显著的，具体表现在以下几个方面。

第一，有利于小学生和谐的人际关系的建立和社会交往能力的提高。

第二，有利于小学生的竞争意识和抵抗挫折能力的培养和提升。

第三，有利于小学生良好的体育道德规范及合作精神的培养与建立。

第四，有利于小学生社会适应性的锻炼和提升。

（二）小学体育课程中社会规范意识与社会适应能力的提高

小学体育课程所强调的“社会规范意识”，更多的是指向社会规则意识和安全意识。社会规范意识是小学体育课程的一个显著目标。在具体的课程实施过程中，主要是通过组织学生参与各种体育比赛，形成遵守各种活动的规则意识，通过安全教育来对学生安全防范的能力进行培养和提升。

人是社会的人，人的价值主要是通过社会的价值来体现的，所以如果一个人要想实现自我价值，必须拥有良好的社会适应能力，这就是“人的社会化”过程。社会适应是个人和群体调整自己的行为，使其适应所处社会环境的过程。小学体育课程所培养的社会适应是学生在小学体育学习过程中形成的情感、态度、价值观等的综合表现。“社会适应”作为小学体育课程目标和学习内容之一，主要强调学生社会化的过程，在小学体育课程的学习过程中，培养学生坚强的意志品质、与他人合作和交往的能力、社会规范意识等，都是对其进行社会化改造的体现。

2 Chapter 第二章 小学体育教学方法

第一节 SECTION I

小学体育教学法简述

一 小学体育教学法的概念与相关理论

（一）小学体育教学法的概念

小学体育教学法是师范类体育教育专业的必修课程，是在学生理解和掌握体育运动专业技能与技术的基础上，专门针对小学体育教学开设的课程。

小学体育教学法是以小学体育与健康课程标准和体育教材为研究对象的分科教学法。它主要探讨在体育教学过程中，如何协调运作好体育教学目标、教学内容与方法、人际关系、传播媒介之间的关系，对教师与学生正确运用及掌握基础理论知识技能和方法具有积极的作用，并以此来充分发挥调动教师和学生的能动性，较好地完成体育教学任务。

（二）小学体育教学法的目的

小学体育教学法是将体育教材、体育教法与学生实际相结合的教学方法。其目的是：使体育教育专业的学生掌握和运用体育教学的基本理论与方法，加强教学基本功和教学技能的训练，熟练地掌握小学体育教材的内容，科学地分析和处理教材，找出教材的重点和难点，根据教学对象的实际选择合理的教法，在正确的体育教学思想指导下提高教学水平。

小学体育教学法对于教师来说，既是体育教学技巧的表现，也是一种教学艺术。作为一名合格的体育教师，只具备一般的体育知识和某些业务专长是不够的，还必须具有高尚的思想品德、广博的知识、熟练的运动技能、高效的组织才能、生动的口才和表现力、较强的业务工作能力和较高的文化素养，能够根据教学对象的特点采取有效的教学步骤，巧妙地、恰当地把知识和技能传授给学生，而这一切都离不开体育教学法。

（三）小学体育教学法的课程内容和任务

1. 小学体育教学法的课程内容

小学体育教学法的课程内容主要分为理论和实践两部分。

理论部分：主要了解与小学体育教学法相关的知识；掌握小学体育教案的编写及设计；了解小学体育教研活动的形式与内容；掌握小学体育教学方法及了解体育教学模式；了解体育教学中的技巧和艺术。

实践部分：以小学体育教材为基础，结合教学观摩、试讲、说课、模拟上课等内容，对小学体育教学有全面的了解。

2. 小学体育教学法的课程任务

小学体育教学法的课程任务是研究体育教育专业的学生应如何面对体育与健康课程改革的新任务、

迎接新挑战，如何掌握体育教材内容、改革教学方法，如何更快地转变教育思想、适应改革与发展的要求，从而不断提高教学质量和教学水平，为成为一名合格的体育教师打下扎实的基础。

教学任务具体如下：①通过对本课程的学习，使教师正确理解学校体育教育在教育和国民体育中的地位与作用，明确学校体育教育的目的、任务及其重要意义；贯彻体育与健康课程标准，科学地选择教学内容和方法，合理地运用教学原则，以及提高学生对体育的认识。②激励教师努力钻研体育与健康课程标准和教材内容，熟练地掌握体育与卫生保健的基础知识和基本技能，能根据不同教学对象的特点确定相应的教学重点和难点，熟悉教材的教学步骤，提出教学的基本要求，掌握和合理地运用教学技能、教学方法及组织方法，从而达成体育与健康课程的目标。③培养学生语言表达、动作示范、文字表述、教学组织、自学和科研等方面的能力，并提高学生在掌握技能过程中对各种矛盾与困难的分析能力和灵活运用教法的能力。④指导教师学会将教学理论知识结合到体育教学的实践中去。从教育思想、知识底蕴和实践经验上，为今后学校在体育教学方法的改革和创新上创造条件，打下基础。

（四）小学体育教学法的研究对象

体育教学法的研究对象主要是在体育教学过程中教师、学生、教材和教学手段四个要素，以及它们在教学过程中的相互关系、由这种关系引起的矛盾和解决这些矛盾的规律。

1. 体育教师（教的主体）

（1）体育教师的作用

体育教师在体育教学过程中起主导作用，主要体现在贯彻小学体育与健康课程标准、钻研体育教材并根据学生的特点通过科学的方法把知识和技能传授给学生，教会学生自己学习和锻炼，促进学生身心健康全面发展，推进思想品德教育。

因此，作为一名体育教师，首先要忠诚于人民的教育事业，热爱教学工作，关爱学生并应具有丰富的知识，要掌握教育学、心理学、体育学的基础理论以及与体育密切相关的边缘学科的理论，并能指导实践。

（2）体育教师的工作任务

体育教师工作的多样性，工作对象的复杂性，教学过程及教学手段的特殊性，决定了体育教师的工作任务繁重而复杂，包括以下几个方面：①完成体育教学工作；②组织课外体育活动；③培养体育特长生，带领学校运动队训练；④策划和组织学校运动竞赛；⑤开发体育课程资源。

2. 学生（学的主体）

学生在体育课堂上是学习的主体。他们不仅性别、年龄不同，生理、心理特点也各有差异。在教学过程中，学生的认识过程虽然是在教师的指导下进行的，但是学生学习、锻炼的主动性和积极性是学习的内因，决定着学生学习、掌握知识及技能的可能和限度。教师的教是外因，必须通过内因起作用。因此，学生知识的增长，技能的形成，体质的增强，思想感情及意志品质的培养，都要通过学生自己的积极思考和实践活动才能达到。如果没有学生的主动性，教学就会失败。

3. 教材（教的客体）

小学体育与健康教材是依据课程标准和本地区实际而编写的，是为实现体育与健康课程目标所选择的具体教学素材的总和，是体育教学的内容，也是完成教学任务的主要依据。体育教材被习惯称作教学内容。

体育教学内容是体育教学中的要素之一，它不仅制约着教师“教”的活动，也影响着学生“学”的活动。体育教学内容又是联结教师与学生的“中介和媒体”，是师生进行信息交流的重要“纽带”。

传统的体育教学大纲中有明确的教学内容安排，现在的体育与健康课程标准根据多维健康观和体育学科的特点，借鉴国际体育课程发展的经验，设置了课程目标体系以及运动参与、运动技能、身体健康、心理健康与社会适应四个方面的课程内容，为各地区和学校制订课程实施方案以及教学计划提供明确的指导，从而保证学生更好地达成学习目标。

（五）小学体育教学法的教学建议和要求

小学体育教学法是理论性与实用性较强的知识体系，学习方法正确与否直接关系到学生的学习效果，在学习过程中要做到学以致用。学习与研究小学体育教学法，应根据本学科的性质、任务以及体育教师的教学特点，处理好理论与实际、知识与能力、工作与学习、继承与发展、改革与创新等关系，深入研究，拓展思路，以提高学生的创新精神和实践能力。

1. 理论联系实际

教学理论密切联系实际是提高教师创新精神和实践能力的主要途径。小学体育教学法的课程教学应认真贯彻理论与实践相结合的原则，密切联系小学生、场地、器材等客观实际，即把书本知识与学生实践经验相结合，从各地区小学场地器材条件和学生的实际出发。本课程可采用以下方法：①组织教学观摩、学习、交流教材教法经验；②开展专题或专项教材教法；③加强实际作业和实习、见习工作，探讨实验新的教学方法。

要想实现理论密切联系实际，教师必须具备独立思考，发挥创造力，着眼于提高自己的实际能力，高度重视讨论研究、教育见习、教学实习等过程，并结合自身实际，进行理论与实践教学相结合的研究。

2. 加强教法研究

在本学科的教学过程中教师可广泛采用讨论式和座谈式的教学方法。这样既可以调动学生学习的主动性和创造性，又能集思广益，取长补短，集大家的智慧和经验，丰富教学方法，进一步认识和掌握体育教学的规律性，同时也能启发和提高学生独立思考、积极创新以及分析问题、解决问题的能力。

教师要树立正确的学习态度，明确体育教学法对于体育教师职业训练、培养合格体育教师以及体育教师组织与实施学校体育工作的重要意义，使学习者能够自觉地参与学习和研究，并在学习过程中取得最佳效果。

教师要勤于思考、善于观察、因人而异地分析学生的特点，并不断加强对各类教学方法的研究和应用，同时能够进行教材资源的开发。

二　小学体育教学法的特点

（一）小学体育教学的特点

1. 身体直接参与并要承受一定的生理负荷

体育教学是以身体练习为主要内容的，是对运动性的认知。这就使学生在体育课中要承受一定的生理负荷。这是体育教学所独有的特点。

2. 体育教学组织的多变与复杂

体育教学一般是在体育场馆内或室外的活动空间进行，教学空间较大，环境比较复杂，而学生又处于动态中，并且需要使用多种器材进行练习，因此，教学组织工作有一定难度。

3. 体育教学中人际交往频繁

由于体育教学内容多以集体活动或采用分组教学的形式来进行，而运动是以位置的变动方式来进行的，在运动技术学习、练习和比赛中人际交往极其频繁。因此体育教学与其他教学相比，人际交往更为频繁，十分有利于培养学生良好的社会行为和交际能力。

4. 体育教学对空间场地有特定的要求

由于很多体育项目需要在固定的场地进行，如篮球、沙滩排球等，换句话说，如果这些内容离开了特定的空间场地的制约就会产生质的变化，所以这使得体育教学内容对场地和器材具有很大的依赖性，而且使得场地、器材、规则本身也成为体育教学内容的重要组成部分。

5. 体育教学有利于开展有针对性的思想品德教育

由于体育教学是在室外进行，学生又处于动态中，因此各种突发事件随时都有可能发生，这就为教师有针对性地进行思想品德教育提供了一个很好的机会。体育教师应针对突发事件及时对学生进行思想品德教育，并要求学生在活动过程中付诸实践，使学生的行为表现直接受到实践的检验。

（二）小学体育教材的特点

课程标准最显著的特征是允许教师自主构建体育课程的内容体系。从某种意义上来说，体育课程的教材均是可以选择、自主开发的。

1. 运动健身性

课程标准的核心理念就是要坚持“健康第一”的指导思想，促进学生健康成长，而体育教学内容与其他学科的最大区别在于，体育教学主要是由体育运动的身体练习构成，与身体实践活动紧密相关，而学生在以身体实践参与体育教学的过程中，必然要承受一定的运动负荷，合理地安排身体练习的负荷大小与负荷过程，运动健身对于增强体能、增进健康的作用是其他任何一门学科都不具备的。因此，运动健身性是体育教学内容最为突出的一个特点。

2. 多样丰富性

在课程标准的指导下，由于体育教材是可自主开发的，因此在实际教学中，可供开发利用的教材不仅仅局限于学校内部，它涉及的数量和领域都十分广泛。既可以是社会体育、竞技运动的内容，也可以是医疗卫生、军事等方面的内容；既可以是技术实践内容，也可以是理论知识内容；既可以是校内的，也可以是校外的；既可以是当今流行的，也可以是民族民间的；等等。另外，由于体育教学内容非常丰富，所以还体现出内容之间没有明显的逻辑关系，这使得教学内容安排时无法像其他学科一样完全按照知识的难易程度循序渐进地排列教材的顺序，如体操和武术、篮球和排球，看上去好像有一定的联系，但却无法说清到底哪个应该是基础教材或者是提高教材。

3. 娱乐性

体育教学内容来自各种身体活动，而大部分身体活动都是从各种游戏中演变而来的，在游戏中所体现出来的团结、竞争、拼搏、挑战以及成就感，使得它具有很强的娱乐性，再加之运动学习过程中的成功与失败的体验，更加强了体育教材的娱乐性。

（三）小学体育教学方法的特点

体育教学方法是体育教学过程中完成教学任务所采取的教学途径和手段。根据体育教学所要实现的目标以及时空条件，体育教学方法具有以下特点。

1. 教师与学生共同参与的双边性

体育教学中，教学方法与教师和学生有着密切的联系，它是由教师教和学生学共同组合而成的。在体育教学方法的实施过程中，教师教的方法制约着学生学的方法，学生学的方法也影响着教师教的方法。所以，体育教学方法充分体现师生在体育教学中相互联系、相互作用和相互统一活动的特点，而不是教师教的方法与学生学的方法的简单相加。

2. 多种教学方法的相互配合性

由于体育教学的特殊实践性，其教学方法也有别于其他学科的教学方法。体育教学是通过多种教学方法的相互协调与配合来共同构成一个完整的方法体系，以此来完成教学任务、实现教学目标。教师在运用教学方法时，应该根据教学的需要，即教材、学生、场地等的特点选用不同的教学方法的组合，通过这些教学方法的相互配合来达到教学目标的最优化。例如，在体育教学过程中，往往是练习法和恢复法相结合。练习法是用运动刺激有机体，使其承担一定的身体负荷，产生疲劳。学生通过对运动负荷的适应，提高机体的能力，增强体质。而适应与恢复的手段有关，根据疲劳产生的不同机制，其恢复手段也不同。休息是体育教学过程中最实用、最方便的恢复手段，当然也是提高学生身体机能，促进学生产生适应、增强学生体质的重要手段。另外，以练习、保护、帮助为目的的各种教学方法也是相互结合使用的。保护与帮助的运用是体育教学的显著特点之一，也是教学中经常采用的一种有效手段和预防运动创伤的重要安全措施。在练习中，正确运用保护与帮助，有助于减轻学生的身体负担，消除顾虑，增强学习的信心，以利于尽快建立动作概念。除此之外，在体育教学实践中，往往是讲解法与示范法相结合、分解法与完整教学法相结合等。

3. 教学组织与教学方法的结合性

组织与教法是体育教学中的重要因素。在体育教学中，特别是体育课中的基本部分，为了尽可能地给学生充足的练习时间，组织与教法应以追求教学整体效益为目的，以最佳的组织形式与教学手段相结合。

第二节 SECTION 2

小学体育教学法的理论依据

一　科学与人文融合的体育教学原理

小学体育教学以研究生物学的健身原理为主，超量恢复、新陈代谢等都是生物学原理，是人和动物都有的，这是一个基础，也是促使其“重体轻育”的思想与行为产生的症结之一。人和动物是有区别的——人具有精神性、社会性。当代社会的小学体育教学不仅要满足学生的生理需要，更要满足学生的更高层次的心理需要和社会需要。因此，小学体育教学要研究科学与人文融合的原理，即通过体育教材和教法教学生学会做人与健身。

科学与人文是有区别的。科学是揭示规律、求真。人文追求教化、求善，追求人性的关怀。通过体育教学的整体环境教育，把一个自然人通过教化变成社会人。

（一）小学体育教学的科学原理

小学体育教学的科学原理主要是指通过小学体育教学使学生明确如何通过锻炼和养护，改善自身的身体形态、身体机能和身体素质，以及提高自身体育素养的科学道理。有人曾质疑科学健身的有效“价值阈”。其实，无论体育教学如何改革，都应遵循这一规律。因为医学早已证明，当人体在运动中心率达到 120~140 次 / 分的中等强度以上时，心排血量和肺气量都达到最高水平，此时健身效果最佳。因此，按不同年龄段的身体锻炼“价值阈”进行健身是科学健身的基础。同时让学生明确锻炼后的身体养护和身体维护对身体的重要作用。

（二）小学体育教学的人文原理

小学体育教学的人文原理主要是指通过小学体育教学培养学生的人文关怀，提高学生的心理素质和社会适应能力的人文道理。其中，培养人性更有助于增加健康。人性是一切学科的基础。人性主要包括情感与责任感两大要素。实践证明，在运动中培养情感能使学生对他人、自然、社会及事业产生关心、理解和创新的心态，有助于增进学生心理健康，从而激发出更多的激情和动力。但是若情感没有责任感的制约，则会失去方向，失去正义，失去诚信；培养责任感能促使学生对他人、自然、社会以及事业产生使命感、压力感，关心他人，理解他人，有助于提高社会适应能力，但责任感若没有情感作支撑，将会失去生活动力和激情，最终使责任感日渐减弱，甚至消失。体育教学是培养学生情感和责任感最好的途径之一，因此，应充分利用此环境和内容，培养学生的情感和责任感，不能偏向任何一方，否则将会适得其反。

因此，要把二者紧密结合起来，建立科学与人文相融合的体育教学原理。

 科学与人文融合的体育教学规律

（一）定义

规律是揭示事物之间联结和关系的本质与内涵。体育教学规律同其他事物的规律一样，是体育教学活动内部连接性的反映，是体育教学及其组成成分发展变化过程中的本质联系和必然趋势；这种内在的规律是人的感官不能把握的，而只有抽象的逻辑思维才能提炼和把握。规律不以人的认识和作用而转移，是一种纯粹的客观存在。

体育教学的规律决定着体育教学中应贯彻的教学原则。体育教学规律可分为一般教学规律和特殊教学规律，一般教学规律是指教学的普遍规律，对一切教学都起作用，也是体育教学中所必须遵循的。特殊规律具有较强的专业针对性，这里主要介绍体育教学中的基本规律。

（二）体育教学规律

从小学体育教学的整体性出发，小学体育教学过程的基本规律至少应包括科学范畴的规律和人文范畴的规律。

1. 科学范畴的规律

（1）人体生理机能活动能力变化规律

人体生理机能活动能力变化规律为上升、稳定、下降的动态发展趋势。

人体开始运动时，机体有一种惰性，人体各器官系统的功能活动能力从相对较低水平逐渐上升，这一阶段称“逐步上升阶段”。在一段时间内，人体机体活动的能力稳定在较高水平，保持在一个起伏变化不大的范围内，这个阶段，称为“稳定阶段”。人体功能活动到一定程度时产生疲劳，机体功能活动能力下降；经过休息，机体功能能力又逐渐恢复到相对安静的水平，这个阶段称为“下降和恢复阶段”。机体功能活动能力从上升到稳定再到下降恢复的过程，被认为是人体生理机能活动能力变化规律。

（2）动作技能形成的规律

在体育教学过程中，学生掌握动作技能要经历一个由不会到会、由不熟练到熟练、由未巩固到巩固的发展过程。动作技能形成、提高的过程，一般包括三个阶段，即粗略掌握动作阶段、改进与提高动作阶段、巩固与运用自如阶段。

①粗略掌握动作阶段

这一阶段的生理机制是，大脑皮质兴奋与抑制都呈现扩散状态，出现泛化现象，使条件反射暂时联系不稳定，因而表现出做动作很吃力、紧张而不协调，并伴随一些多余的动作。

②改进与提高动作阶段

这一阶段的生理机制是，大脑皮质运动中枢的兴奋与抑制过程逐渐集中。由于抑制过程加强，特别是分化抑制得到发展，由泛化进入分化。练习过程中的大部分错误动作得到纠正，能比较连贯却又不熟练地完成完整动作技术。初步建立的动力定型，遇到新的刺激、多余的和错误的动作可能会重新出现。

③巩固和运用自如阶段

这一阶段的生理机制是，大脑皮质运动中枢的兴奋过程高度集中，内抑制相当牢固，接通机制稳定，

形成牢固的动力定型，因而能高度准确、熟练和省力地完成动作，并能随机应变地、灵活自如地运用。随着动作的不断重复和动作细节的不断改进，动作准确、熟练和自动化的程度还会不断地发展和提高。如果一段时期中断学习，已形成的动力定型会逐步消退。

动作技能形成的三个阶段是有机联系的。在体育教学实践中，由于教学内容的难易程度、教师的教学组织水平及学生的运动基础等条件的不同，三个阶段的具体特点和所需时间也各不相同。因此，三个阶段的划分是相对的，没有严格和明显的界限。尽管如此，动作技能形成的三个阶段是客观存在的，在不同的阶段中，动作技能的教学各有特点，并有与其相应的教学目标和要求。只有根据这些特点、目标和要求，使用相应的手段和方法，才能收到事半功倍的效果。

（3）人体机能适应性规律

人体进行运动时，体内会产生一系列的变化。机体功能对这些变化有一个适应过程，产生这种适应性的过程，是有阶段性和规律性的。

人体机能适应性规律包括工作阶段、相对恢复阶段和超量恢复阶段、复原阶段。

根据这一规律，为了使学生达到增强体质之效，后一次课应尽量安排在上一堂课后的超量恢复阶段，这样才能产生体育练习的效果积累，提高学生身体的功能水平。如果间隔时间过长，失去了负荷后的痕迹效应和最佳时间，机体工作能力就会降到原来水平——“复原阶段”。

（4）少年儿童生理和心理的发展规律

人的生长发育以及心理的变化有一定的规律。在体育教学中，必须遵循身心发展的规律，有计划、有组织地进行教学。如果违背身心发展规律，不但不能引起学生的学习兴趣，还会造成危害学生身心健康的不良后果。

儿童时期，由于大脑和神经系统发展较快，对于身体活动能力、灵敏、速度、柔韧等身体素质的发展，也有较大的影响。但骨骼和肌肉生长缓慢，心血管系统的生长发育还远未完成，过大的力量性和耐力性练习，超过了骨骼、肌肉、心脏功能的承受能力，不仅使骨骼受伤，甚至可能造成过早完成骨化，或骨骼畸形，影响正常的生长发育。

少年儿童大脑皮质中兴奋过程占优势，易扩散，因此容易学会动作，但也容易出现多余动作、动作准确性差；注意力集中时间短，易分散和转移；学习的情绪时而高涨，时而低落，极不稳定。

青春期是身体生长发育的高峰时期。由于身体的迅速增长，需要大量的营养，这时体育锻炼的运动负荷要适当，否则会影响身体的正常发育和健康。青春期开始后，性别差异日益显著，体育活动的内容、练习方法和要求，也应随之有所区别。

2. 人文范畴的规律

（1）交往规律

体育教学中，强调师生、生生和谐相处，平等交往与合作，教师利用体育教学环境帮助学生学会学习、学会做人、学会创造，发展学生个性，使学生轻松愉快地学习。

体育教学过程是师生、生生交往的一个过程，社会学提倡人与人之间平等交往与合作，加强心灵的沟通，体育教学应充分利用其特殊的环境加强交往。强调交往规律，主要是让学生在交往中学会尊重教师和他人。

运用此规律在体育教学中应注意以下几点。

①培养学生的主体意识。强调学生是学习的主体，要尊重学生，尊重学生的情感需要和人格的满足，使学生从受教育的状态中解脱出来并负担起责任。培养学生的主体意识，师生间要平等交往使师生关系融洽，体育教师在体育知识、技能及综合能力等方面的优势就成为学生追求的目标，再加上体育教学的特殊环境，教师即使不强迫学生，学生也会自觉。

②培养学生的合作意识。培养学生的合作意识有利于促进社会化进程，在体育教学中分组，形成组内合作、组际较量的氛围，小组每个成员都为同组的其他成员负责，既要自己努力，又要帮助其他成员，战胜自我，战胜对手，合作意识就会油然而生。

③为学生主体性发展提供有效途径。体育教学中体现的人际关系可以使学生学会正确认识自己，懂得对自己的言行负责，善待他人，尊重他人人格和为他人付出。这就需要教师提供有效的途径：一是创造和谐的氛围，使学生真正地感受到师生间平等、合作、信任和包容的含义，使学生感到自身价值被充分肯定，从而焕发出巨大的进取精神和活力。二是满足学生的愿望，学生带着各种欲望进入学习中，当求知欲、归属欲、自尊的欲望，期望归属于团体和他人，得到同伴承认，取得应有的地位和他人的尊敬等得到满足时，学生的主体性就会得到顺利发展。教师怎样利用课堂教学，满足学生的欲望呢？这是我们所面临的挑战。三是创造轻松愉悦的环境，交往规律体现师生关系是平等、合作的，学生应在没有任何压制的环境下轻松愉悦地学习。怎样让学生心理放松，也是值得我们深思的。

（2）情感规律

情感规律是在体育教学中，以培养学生良好的情感为依托，培养人文精神为准则的教学规律。情感规律和交往规律是紧密联系在一起的，师生如何在和谐、轻松、友好、愉快的氛围中达到目的，情感的交流是很关键的。《论语》曾记述，孔子的学生问孔子：君主治理国家需要什么？孔子说：“有三点，一是要有仁爱之心；二是要有威严；三是要有渊博的知识。”仁爱之心反映的就是情感，体育课堂形成的是一个小社会、小群体，教师对学生如果能做到情感上的交流、信任、关怀和爱护，真诚地对待每个学生，再加上教师渊博的知识和威严，一定会赢得所有学生的信赖和拥护，从而实现教学目标。西方哲学思想认为“性格决定人的命运”，由此可见，情感因素对学生起着非常大的作用。

体育教学中遵循情感规律应注意：教师用人格魅力感染学生；利用体育教学内容激发学生间的友爱之心，培养每个学生的爱心；教师要用一颗爱心，以身作则；教师的爱要体现在体育教学的各环节中。充分利用情感规律体现的教学模式有：快乐体育模式、成功体育模式和愉悦体育模式。成功的体验不仅仅是“快乐”的，在通往“成功”的道路上，既充满友谊和快乐，更充满艰辛和苦涩以至挫折和失败，只有不畏艰难险阻，登上成功的顶峰，才能真正领略和体验体育的全部乐趣。

第三节 SECTION 3

小学体育教学方法

一 体育教学方法概述

（一）体育教学方法的概念

1. 体育教学方法

教学方法是教学理论中的一个重要组成部分。经过千百年的教学实践，教育工作者创造了许多教学方法。教学方法是指教师和学生为完成教学任务，实现教学目的所采用的工作方式。所以，体育教学方法是实现体育教学任务或目标的方式、途径、手段的总称。

体育教学方法和体育教学法的概念也是不同的，教学法的含义比教学方法更为广泛。体育教学法研究的对象包括整个体育教学的理论和实践，包括教学过程、教学原则、教学内容、教学组织、教学方法、教学评价等，又称体育教材教法。因此，体育教学法从某种意义上讲就是体育教学论。体育教学论是关于体育教与学的理论，研究的是体育教学中的教与学的关系、教与学的条件、教与学的操作等问题。研究对象是体育教学原理和体育教学要素。

教学方法包括教学方式和教学手段，但不能把教学方法与教学方式、教学手段等同起来，它们之间是有区别的。

2. 体育教学方式

教学方法和教学方式也是不同的。教学方式是教学方法的活动细节或者构成部分，如语言法中的讲述、口令、口头评价等，演示法中各种操作都只能称为教学方式。教学方式是个小概念，而教学方法是个大概念，教学方法是由许多教学方式组成的，是一连串的教学活动，它能单独完成某项教学任务，而教学方式本身不能独立完成某项教学任务，这就是它们的区别。

3. 体育教学手段

教学手段是指为提高教学方法效果而采用的各种器具和设备，体育教学手段是指体育教学传递信息和情感的媒介以及发展体能和运动技能的操作物。

体育教学方法与教学手段既有区别也有联系，其联系是教学方法的运用离不开某种物体、工具或器材与设备（教具）；其区别在于教学手段是指师生在教学过程中相互传递信息的工具、媒体或器材设施。

（二）体育教学方法的作用

体育教学方法在实现体育教学任务和目标中起着桥梁与中介的作用。体育教学方法是体育教学过程整体结构中的一个重要组成部分，是体育教学的基本要素之一，它直接关系着体育教学的成败。任何体育教学活动都离不开体育教学方法。不同的教学方法对学生的体育学习会产生很大的影响。适宜、正确、丰富、多样的教学方法能够激发学生产生积极的学习动力，产生良好的教学效果。反之，枯燥、乏味、不正确的教学方法会极大地影响学生的学习动力，甚至会产生反作用。

（三）体育教学方法的制约因素

1. 体育教学方法受世界观和方法论的制约

科学的世界观和方法论反映在教育学和体育教学论方面主要集中在“教学观”和“学生观”问题上。传统的教学观与现代教学观形成了鲜明的对立。传统的教学观强调以“教师为中心、教材为中心、课堂为中心”的教育理论体系。传统的学生观认为，学生是消极、被动接受“三基”的容器，反映在教学方法上是重视教师的“教”，忽视学生的“学”的“填鸭式”“注入式”教学。

与传统的教学论相对的是人本主义、实用主义，强调人的本性、尊严、理想和兴趣，但过分夸大学生的兴趣，贬低教师的主导作用，因而形成了以“儿童为中心、活动为中心”的教学观。在教学方法上强调学生的兴趣，把学生的生动性限定为主观自主、随心所欲的活动性，倡导“从做中学”“从经验中学习”的方法。

2. 体育教学方法受教学目的、任务的制约

教学方法的概念反映出教学方法是以完成体育教学的教养、发展、教育目的与任务的一种有序的工作方式。因此，检验教学方法运用的实效性也必然从某种教学方法对完成教学任务的作用上加以检测与评估。例如，在体育教学中，为了发展体能、锻炼身体，除运用和选择传授知识、技能、技术的方法外，主要还要选择锻炼身体的方法，或者选择比赛的方法和游戏的方法。因此，教学方法受教学目的、任务的制约是显而易见的。

3. 教学方法受教学内容要素与结构的制约

体育教学内容是多种多样的，但无论什么内容和教材，其基本要素是身体练习。由于身体练习的动作技术及其结构的复杂性，为了掌握这些动作技术，必然要运用与其动作技术相适应的教学方法。例如，动作技术比较简单又不易分解的动作，常常采用完整教学法来教授；比较复杂的可采用分解方法掌握的动作技术；等等。

4. 体育教学方法受体育教学原则的制约

教学原则是教学工作必须遵循的基本要求，整个教学过程、教学的各个环节都要以教学原则为指导，教学方法也是如此。例如，各种教学方法的运用，首先，要贯彻自觉积极性原则。教学工作是师生双边活动，只有教师的积极主导性，而没有调动学生主体的能动性，再好的教学方法也不会取得好的效益。其次，教师在运用讲解和示范方法时，也要时时、处处考虑贯彻直观性原则。最后，要取得增强体质，锻炼身体之效，教师与学生都要以适宜的运动负荷原则为指导。因此，教学方法应该体现教学原则的基本要求。

5. 体育教学方法受教学对象心理与生理条件的制约

由于学生的生理与心理条件在不同的年龄段和学龄的不同阶段有其不同的特点，因而深刻认识这些特征，才能更好地确定合乎他们需要的教学方法，如小学生活泼好动，注意力不易集中，宜多采用生动、直观的方法，并常用游戏方法进行教学，这样效果会更好；中学生争强好胜，集体主义荣誉感强，

可采用集体分组比赛的方法教学。

6. 体育教学方法受社会的物质、生产条件的制约

因为体育教学方法离不开具体的场地、设备与器材，离开了这些最基本的物质条件做保证，很难采用科学的方法完成体育教学目的与任务。特别是现代化的教学手段，如摄像、电视等引入体育教学，对加强直观教学、活跃课堂气氛、改进教学方法、提高教学质量起到非常重要的作用。

（四）体育教学方法的分类

分类就是根据各种方法具有的共同特点划分归属，建立教学方法的秩序和系统。即把众多的体育教学方法，按照一定的标准归属到一起；又按照某些不同特点，把它们区分开来。分类有助于从教学方法中分清一般的和具体的、理论的和实际的、本质和次要的东西，从而有助于在实践中更有效地运用教学方法；运用分类为教师学习教学内容选用适当方法，正确理解自己工作中的优点和缺点，并为改进学习创造条件；分类有助于教师理解教学理论原则，提高教学实践自觉性，增强教育素养。因此，对体育教学方法进行合理的分类，是十分必要的。

二 体育教授方法

在体育教学中，学生能否掌握基础知识、基本技能与方法，养成良好的锻炼习惯，与教师运用的教法有着密切的关系。教师的教法起着组织、启发、教育等多种作用。根据体育教学规律、原则及教学目标，可将体育教学教授方法分为四大类型，即传授体育知识的方法、掌握运动技能的方法、评价与教育的方法和发展个性的方法。

（一）传授体育知识的方法

1. 讲授法

讲授法是教师以学生所能接受的简明语言，系统地讲述教学大纲所规定的体育基础理论知识。由于理论知识和学生的年龄特征不同，在实践中又可把讲授法区分为讲述法、讲解法、讲演法。

讲述法是教师以讲故事的方式向学生叙述事实材料或描绘学习的对象，分析它的发生和发展过程及其结果。这种方法适用于讲授体育教学知识、运动项目的产生与发展、有关奥运会与亚运会知识、体育明星故事等。

讲解法偏重叙述事实、现象、定理、定律，常常运用这种方法加以分析、讲解和论证。

讲解法与讲述法的主要区别在于：讲述法偏重叙述与描绘，而讲解法则主要对某些事实、现象、定理、定律等加以分析、解释和论证。例如，在理论课教学中，讲解某项教材的动作要领、原理和方法。

讲演法是教师在较长的时间里持续地讲授教材，不仅向学生描述事实，而且深入分析和讨论事实，并在此基础上做出科学的结论。它以演说、报告的形式出现，通常采取专题讲座的形式，如“女子健美与体育运动”“生命的意义在于运动”“体育锻炼与智力开发”等。

讲授的内容是注意逻辑程序，使学生不断产生“是什么”“为什么”的心理定向反射。其讲授程序可以从具体到抽象，也可以从抽象到具体，但要注意由浅入深、深入浅出地讲授技巧。

2. 谈话法（问答法）

谈话法是教师提出问题，引导学生运用已有的经验、知识进行积极思考，并回答教师提出的问题，从而获得知识的一种方法，亦称问答法。

谈话法能激发学生的思维，锻炼学生的记忆力和语言的表达能力、引起学生的注意和学习兴趣。通过此种方法教师可以了解学生掌握知识的情况，及时获得反馈信息。由于教学任务不同，谈话法又可分为以下几个方面。

（1）传授知识谈话

首先由教师提出问题，让学生运用已有的知识和运动经验回答问题。

（2）巩固与检查知识的谈话

这种谈话是教师根据学生过去已经学过或掌握的教材内容提出问题，让学生回答，以达到了解学生、掌握知识的情况和巩固知识的目的。

（3）指导或总结谈话

这种谈话常常用于讲课之后，教师回答学生提出的问题，最后进行概括与总结的一种方法。

提出的问题要切合学生的实际水平，要考虑学生已知的认知水平，避免提出比较复杂的怪题、偏题，使学生无所适从。教师提出的问题应具有启发性，能激发学生的思维；多运用思考题，少用事实题；要引导学生通过比较分析来说明原理、指明关系、判断正误。

3. 演示法

演示法是教师把模型、图表、实物等直观教具或幻灯、投影、录像加以演示，引导学生从观察中获得知识的方法。由于电化教育日益发展，视听工具不断更新，演示内容与范围不断扩展，这种方法在教学中的作用越来越大。

演示法使学生获得生动直观的感性认识，加深理解体育运动的原理与方法。有助于提高学生的注意力，激发学生的兴趣，发展学生的观察力和思维能力。

演示法的基本要求：①教师依据教学的目的与任务、教材的性质和学生的需要，有计划、有目的地运用直观教具。②要预先做好演示教具的准备，使用前应检查和试用。③直观教具应选择适宜的时机演示，不要在上课前陈列出来，以免分散学生的注意力，演示完毕，要收管好。④教具要注意大小适当，如挂图、模型等以让全班每个学生都能看到为原则。⑤如果运用录像、投影等电化教具，事前教师应做一简单的说明，要求学生重点观察什么；在演示过程中，可插话和适当讲解，在演示后，要给予全面分析与概括性的总结。

（二）掌握运动技能的方法

1. 讲解法

讲解法是指在体育教学中，运用各种形式的语言指导学生掌握体育知识、技能、技术的一种方法。正确运用讲解法，对顺利地完成教学任务具有重要意义。

讲解法的作用有：①运用讲解法进行体育知识教学；②指导学生进行身体练习活动；③分析与评价学生的练习活动；④进行思想品德教育。

运用讲解法应注意的事项：①讲解时要有明确的目的性，对于“讲什么”“怎样讲”“讲多少”要做到心中有数；②讲解时要符合学生年龄特征；③讲解要通俗易懂，用词得当，生动形象，富于启发性；④要注意讲解的时机和效果，要贯彻精讲多练的精神，突出重点、难点。

2. 直观法

直观法是指在体育教学中，借助视觉、听觉、动觉等感觉器官感知动作的教学方法。直观法包括视觉法、听觉法、动觉法三种方法。

（1）视觉法

通过学生视觉器官直接观察学习知识技术的方法。视觉对评估和校正动作的空间特征具有重要作用，但对动作的时间与动态感知则较差。

在体育教学中，通常在动作示范、直观教具和模型的演示、定向标记直观等情况下运用此方法。

（2）听觉法

这是运用声波信号，迫使学生准确地掌握动作空间与时间特征的一种方法。例如，在跑的教学中，以击掌声和节拍器的节奏来控制跑的速度，按口令、口笛或按乐曲节奏练习广播操、韵律操等活动。利用各种音响，事先应有所准备，要掌握好动作的瞬息因素，依据动作反应时间，给予相适应的超前信号。

（3）动觉法

是借助外部力量帮助学生通过触觉的肌肉本体感受器，直接体验动作的要领，辨别动作的空间与时间的关系和对身体及身体某部位影响的一种方法。这种方法是一种引导辅助的练习，在改进与提高动作技术教学中运用广泛。这种方法可以运用一定的教具，也可以徒手进行。如在体操教学中，学生练习双杠挂臂摆动屈身向上，当学生向前上方蹬起时，教师适时地托举，强化了“蹬”的时间体验。学生在练习技巧肩肘倒立时，教师提拉双腿和触动腰背部以帮助建立正确的倒立姿势。

为了提高动觉的感受性，还可以运用正误比较法，对正确与不正确动作进行比较与体验，同时应适时强化正确动作的体验。运用这种方法教学应注意以下两个方面。

第一，不应该过分依赖外部力量，而应加强学习者的自我体验。

第二，避免长期采用这种方法，养成不良的习惯。

3. 完整法与分解法

（1）完整法

完整法就是从动作的开始到结束不分部分和段落，完整地进行教学。它的优点是便于学生完整地掌握动作，不致破坏动作的结构和割裂动作各部分或动作之间的内在联系。不足之处是不易很快地掌握动作中较为困难的要素和环节。

完整法一般是在动作比较简单，或者动作结构虽然比较复杂，但若分成几个部分会破坏动作结构时采用。对于不同的动作，运用完整法时，可采用以下方法。

①在教简单的、容易掌握的动作时，教师在讲解示范后，就可让学生完整地学习整个动作。

②在教复杂和较难的动作时，在学习完整动作过程中应突出重点。如重点先注意技术的基础部分，

然后再逐渐掌握细节部分；或者先要求动作的方向、路线等要素，然后要求幅度、节奏等要素。至于应先着重掌握什么，则应根据动作的特点和学生掌握动作的情况来决定。

③简化动作的要求。如跑，可缩短跑的距离或速度；跳高，可降低高度；投，可减轻器械的重量等。

④广泛采用各种辅助性或诱导性练习，发展相应的肌肉群及其协调配合的能力，体会动作的关键。

（2）分解法

分解法是把完整的动作合理地分成几个部分，按部分逐次进行，最后达到全部掌握。分解法的优点是可简化教学过程，缩短教学时间，并能提高学习的信心，有利于更快地掌握动作。但运用不当，容易使动作割裂，破坏动作的结构，因而影响动作的正确形成。

完整法与分解法，在实际应用中是互相紧密配合的。运用分解法时，应积极创造条件，以使学生完整地掌握动作。在以完整法为主练习时，也可对动作的某些环节进行分解学习，但要根据教材特点和教学的需要而定。

4. 预防和纠正错误法

预防和纠正错误法是指教师针对学生练习中产生错误动作的原因，选择最有效的手段，及时地预防和纠正错误动作的一种方法。在体育教学中，要正确掌握身体练习的技术，必须注意防止和纠正可能产生的某些错误。若不及时纠正，就会形成错误技术定型，不仅会影响技术的掌握和提高，而且还易产生伤害事故。

运用预防和纠正错误法，首先应以预防为主，分析产生错误的原因，针对产生错误的原因，采取预防措施。学生产生错误的原因，一般有练习目的不明确、练习不积极、怕伤怕累；动作技术观念不明确或者受旧的技能干扰；学生身体素质欠佳，技术基础差；教学内容安排不当，教法运用不当等。

如果错误动作已产生，应及时分析研究，找出错误原因，抓住主要错误对症下药。纠正方法是及时加强思想教育；加强基本技术教学、发展运动素质；加强备课，认真钻研教材，科学运用教法；注意创造良好的教学环境和条件。

5. 领会教学法

领会教学法是一种不同于传统的动作技能传授方法，是强调学生认知能力和兴趣的教学方法，是体育教学指导思想的一项重大改革。领会教学法包括六个部分：①项目介绍；②比赛概述；③战术意识培养；④瞬时决断能力训练；⑤技巧演示；⑥动作完成。

领会教学法是以项目介绍和比赛概述作为运动的开始，让学生了解该项目特点和比赛规则，从而使学生一开始就对该运动项目有一个全面的了解。领会教学法与传统的技能教学不同的是：教师不是从基本的动作教起，而是首先对学生进行“战术意识培养”。教师在战术介绍以后，结合实战向学生演示一些临场复杂的情况和应对方法，对学生进行瞬间决断能力的训练，培养学生全面观察情况、把握和判断时机的应变能力，使学生最终可以根据所学的技术和战术，判断应该“做什么”和选择最佳的行动方案“如何去做”。

（三）评价与教育的方法

1. 评价法

评价是指对一件事或人进行判断、分析后的结论。其基本思想是将多个指标转化为一个能够反映综合情况的指标来进行评价。

教学评价是以教学目标为依据，按照科学的标准，运用一切有效的技术手段，对教学过程及结果进行测量，并给予价值判断的过程。

学生评价是指在一定教育价值观指导下，根据一定的标准、运用现代教育评价的一系列方法和技术，对学生的思想品德、学业成绩、身心素质、情感态度等的发展过程和状况进行价值判断的活动。它是教育评价的重要领域之一，也是学校教育中每一位教师都必须实际操作的一项重要内容。学生评价不仅包括教师对学生的评价，也包括学生的自我评价。

2. 竞赛与评比激励法

所谓竞赛与评比激励法，是指通过组织开展正确的竞赛与评比活动，以增强学生不甘落后的压力感和奋发向上的竞争心的教育方法。在体育教学中，通过竞赛、检查、评定和比较学生在体育教学中思想行为等方面的表现，对学生进行教育。青少年朝气蓬勃，进取心、好胜心强，根据这一特点，有目的、有计划地组织评比、竞赛，有利于培养学生的进取精神和竞争精神。

3. 说服疏导法

说服疏导法是进行道德教育时普遍使用的一种方法，是指在道德教育中广开言路、循循善诱、说服教育，引导谈话对象不断提高自己的道德觉悟的教育方法。运用说服疏导法，首先，要坚持以理服人的原则，这是说服疏导的前提；其次，要讲究针对性的原则，教师要根据具体情况，因人、因事、因时地进行说理引导；再次，要相互尊重、平等交流；最后，要学会说服疏导的技巧。教师的语言应该深入浅出，富有感染力和说服力。

4. 榜样示范法

榜样示范法，是指在开展公共关系活动中，通过活生生的典型人物和事件来积极影响公众心理，争取公众与组织的良好合作，从而达到公众目标。在体育教学中，是以英雄事迹和模范行为对学生进行教育的方法。榜样的力量是无穷的，它能激励学生，使其赶有目标，学有样板。青少年儿童善于模仿，常以英雄人物及自己最佩服的人的光辉形象、言谈举止为榜样，所以先进人物、优秀运动员的事迹和行为对青少年具有很大的感染力，对提高学生的思想认识、熏陶他们的感情、培养他们的意志、形成优秀的品质具有特殊的作用。此外，教师能以身作则，为人师表，也具有榜样的教育作用。

5. 表扬与批评法

表扬与批评法是指对学生的思想行为做出肯定或否定评价的教育方法。其意义在于巩固和发扬他们的优良思想行为，克服和改进他们的错误思想行为。对学生的思想行为给予肯定或否定的评价，可使学生分清是非，认识自己的优、缺点，并产生一定的荣誉感，从而激励他们更好地扬长避短，形成优良的思想品德。表扬有口头表扬和书面表扬两种形式。而批评也有个别批评和当众批评两种形式。在表扬、批评时，教师应注意学生的特点，区别对待。掌握好分寸，采用不同的方式进行，如口头的、个别的或当众的等。

（四）发展个性的方法

1. 发现教学法

发现教学法，是指教师在学生学习概念和原理时，不是将学习的内容直接提供给学生，而是向学生提供一种问题情境，给学生一些事实和问题，让学生积极思考，独立探究，自行发现并掌握相应的原理和结论的一种方法。

发现教学法亦称假设法和探究法，是一种基于问题学习的教学方法。它的指导思想是以学生为主体，独立实现认识过程。即在教师的启发下，使学生自觉地、主动地探索科学知识和解决问题的方法及步骤；研究客观事物的属性；发现事物发展的起因和事物的内部联系，从中找出规律，形成自己的概念。教师扮演学习促进者的角色，引导学生对这种情境发问并自己收集证据，让学生从中发现问题。

2. 启发式教学法

启发式教学法，是根据教学目的、内容、学生的知识水平和知识规律，运用各种教学手段，采用启发诱导办法传授知识、培养能力，使学生积极主动地学习，以促进身心发展的一种方法。是指教师在教学过程中根据教学任务和学习的客观规律，从学生的实际出发，采用多种方式，以启发学生的思维为核心，调动学生的学习主动性和积极性，促使他们生动活泼地学习的一种教学指导思想，更是教师在教学工作中依据学习过程的客观规律，引导学生主动、积极、自觉地掌握知识的一种有效教学方法。

启发式教学法的特点在于强调学生是学习的主体，教师要调动学生的学习积极性，实现教师主导作用与学生积极性相结合；强调学生智力的充分发展，实现系统知识的学习与智力的充分发展相结合；强调激发学生内在的学习动力，实现内在动力与学习的责任感相结合；强调理论与实践联系，实现书本知识与直接经验相结合。启发式教学法的关键在于设置问题情境，有效的设疑则能创设问题情境，打开学生的心扉，促使他们开动脑筋，独立思考，求得问题的解决。

3. 学导式教学法

学导式教学法，是教师在充分发挥学生主动性的基础上，采用各种教学手段创造条件、积极引导，使学生主动探索，开发智力，发展体能，成为学习的真正主人的一种方法，是在教师的指导下，学生进行自学、自练。它把学生在教学过程中的认知活动视为教学活动的主体，让学生用自己的智慧主动地获取知识，发展各自的智能，从而达到在充分发挥学生主动性的基础上，贯彻教师的正确引导，使教学双方各尽其能、各得其所。

4. 小群体教学法

小群体教学法是通过体育教学中的集体因素和学生间交流的社会性作用与学生互帮互学来提高学生学习的主动性，提高学习的质量，并达到对学生社会性培养的一种教学方法。

小群体教学法也称为“小集团教学模式”等，其基本思想是通过体育教学中的集体因素和学生间的交流的社会性作用，通过学生互帮互学来提高学生的学习主动性，提高学习的质量，并达到对学生社会性培养的作用。要指出的是，小群体学习的模式与以往为提高教学效率和进行区别对待的分组教学是有根本区别的。前者依据体育教学中的集体形成和人际交流的规律性来设计教学过程。

三　体育学习方法

体育学习方法的种类很多，根据学习方法的基本特征与内在结构，可分为自学法、自练法两种。而每一种方法又可分为若干具体方法。

（一）自学法

自学法是指学生自己学习有关体育基础知识，领会、掌握动作要领、技术环节与特征的一种方法。它主要包括阅读法、观察法、比较法、讨论法、互助法等。通过这些具体方法，可以加深对动作的感知和理解，培养学生的认知、观察与分析能力，为学习与掌握体育基础知识和学习动作技术奠定良好的基础。

（二）自练法

自练法是以学生自身的独立活动为主，有目的地反复进行某一运动动作的一种方法，它是学生掌握体育知识技术与技能最基础的实践操作活动和方法。自练法改变了学生在教学中被动地接受学习内容的形式，从自身实际出发，对掌握和巩固体育知识、技术和技能，发展智力和体力，掌握锻炼的方法具有积极的作用。常用的自练法有模仿练习法、适应练习法、强化练习法、反馈练习法、自我定向法等。

四　合理运用体育教学方法的原则

体育教学是有目的、有组织地教育、教养的发展过程。在运用教学方法过程中，也必然遵循一定的原则与要求，这样就形成了体育教学方法的运用原则。体育教学方法的运用原则是在教学原则指导下，综合运用一系列教学方法的经验和总结，也是教学过程的一种客观规律。

（一）教法与学法协调统一的原则

教师的“教法”必然制约与规定学生的“学法”；反之，学生的“学法”也必然影响和作用于教师的“教法”，这种教法与学法的双边及其辩证统一关系，必然使教师的“教”和学生的“学”成为相互适应、协调、配合的双边活动。

（二）学习方法与学习任务相适应的原则

学习方法是为完成学习任务服务的，因此，用什么样的方法，应服从学习任务的要求，使学习方法与学习任务相适应。学习方法是具体的，每一种方法都有它的特点，既有长处，也有短处，也有它的适用范围。

（三）综合运用看、听、想、练的直观性原则

在体育教育过程中，教师实施各种教学方法时，不仅要让学生观察，更重要的是综合运用视觉、听觉、肌肉本体感觉的直观作用，使看、听、想、练相结合。

看、听是学习的前提，想、练是学习的深入，它们之间相互联系，相互促进。只有综合运用看、听、想、练，即发挥视觉、听觉、动觉的直观作用，才能发挥其整体效果，这也是提高教学质量的关键。

（四）统一要求和因材施教相结合原则

统一要求充分考虑学生的年龄、性别、健康水平、训练程度及不同体力与心理能力来确定方法，

使大多数学生都可接受。教师在教授新动作时，不仅要考虑难度，也要考虑可能性。教师运用教学方法时要安排好练习连续的时间和强度，并考虑好外部的手段及体育设备与器材等合理搭配。如果困难性超出学生的实际能力，学生力不胜任，必然会造成过度紧张和导致伤害事故。当然，过于降低要求，会使学生失掉练习的兴趣，影响练习效果。另外，统一要求应做到计划和设计，拟定一定的评价标准。

（五）多样化原则

从系统论观点分析教学方法，可把教学方法理解为教师调节“教”与“学”活动的一种控制方式。教学方法作为调节“教”与“学”活动的控制方式，它要受到实体因素与非实体因素的制约与影响。这种影响因素的复杂性、多样性、动态性，决定了教学方法的多样性。现代教学的一个鲜明特点，就是教学方法的丰富多彩。那么，如何理解教学方法多样化原则这一特点呢？可以从以下几个方面加以探讨。

1. 教学方法不是单一的

任何单一的教学方法都是不能满足教学多维的功能和完成教学目标的，在实践中必然需要多种教学方法的最优组合相辅相成，才能取得整体的效能。

2. 教学方法不是一成不变的

教学认识过程是一个历史进程，随着学科教育学、体育教学论等理论的发展，人们的认识不断深化，不断创新，教学方法也不是一成不变的。教学方法这种动态性，必然对教师的课上应变能力提出更高的要求。因此，教师教学方法的设计不是一套方案，而是几套方案，以加强适应性和以备不时之需。

3. 教学方法的继承性

传统的教学方法在体育教学中起到了重要作用，至今仍有值得学习与借鉴之处，人们不能割断历史，应对传统的教学方法加以批判地继承，在继承的基础上创新和发展。

4. 教学方法的时代性

教学方法具有鲜明的时代性，它不仅受教学思想、教学目的、教材内容和学生等因素的制约，而且受生产力和科学技术发展的制约。随着体育教学器材设备的更新和电化教学技术手段引入课堂，对体育教学方法提出了更高的要求。

5. 教学方法不是万能的

一定的教学方法是在一定教学思想的指导下，受培养目标、教学内容、教学对象、场地、器材等因素所制约而产生的，都有一定的适用对象和范围，任何一种方法，如果撇开一定的时间、空间和具体条件这个前提，那么这种教学方法就没有什么价值和功能可言。一定的场地、器材与设备使教学方法获得了利用多媒体的前提，在对传统教学方法的继承与创新中，在纵比与横比的实践中，促进了教学方法的发展。

6. 教学方法不是随意的

教学过程涉及多因素并处于动态变化的控制系统之中。教学方法不是随意的，它为完成一定的教学目标，始终处于最优化的永不停息的组合之中。

（六）“教书育人”原则

在体育教学中，教学方法的实施过程，也是学生知、情、意、行的体验和锻炼，无论是学习“三基”，还是锻炼身体，都需要学生勤奋思考，刻苦锻炼，反复练习，克服来自内部和外部的各种困难。所以，要求学生不仅要发挥积极性、主动性，而且还要具备良好的道德和意志品质。

认知是形成思想品德的基础，情感是内部的动力，意志是精神的支持。认知和情感是意志转化为行动的重要环节，而行为则是知、情、意的综合表现。知、情、意、行四个因素互相联系、互相制约、互相促进。

总之，这六项原则是统一的、相辅相成的，运用优化教育方法必须依据教学规律和教学原则，以系统的观点，从整体出发，充分发挥教与学两个方面的积极性。全面考虑教学的目的任务、教材的内容、学生的特征、教师的能力、场地、器材、时间与空间等条件；采取多样化的手段与方法，加强因材施教、区别对待；同时在实施教学方法过程中，要重视“教书育人”，强化管理，更好地完成体育教学任务。

3 Chapter 第三章 小学体育教学技能

第一节 SECTION I 教学技能的定义

教学既是一门科学又是一门艺术，而教学中的科学与艺术是建立在教师广博的专业知识和娴熟的教学技能基础之上的。通过对师范生或在职教师进行各种教学技能的训练，来达到提高教学能力的目的。在进行教学行为反馈方面，利用现代视听设备进行全面真实的反馈，通过反馈使他们的教学技能不断地得到改进与提高。教学技能则是指在课堂教学过程中，教师完成某项教学任务所采用的一系列的行为方式。

通常人们所说的教学能力是顺利完成教学任务的个性心理特征，而教学技能则是完成教学任务的行为方式。“教学技能”一词比“教学能力”更具体，有其确切的含义。教学技能是可描述、可观察、可训练的具体教学行为。同时，每一种教学技能又有被分解成不同构成要素的特点。教学技能在教学过程中灵活合理地运用，可以激发学生的学习兴趣和动机，引导学生更好地理解学习任务，为达到既定的教学目标创造有利的条件。因此，教学技能是从事教师工作的职业技能，同医生、演员、律师的专业技能一样，是每一位合格的教师必须掌握的。

从微格教学开始，人们就对教学技能有了以上的认识。微格教学的开创者们认为，实习生到学校实习的时候，首先都会对资历较深的老师的课堂教学进行观摩，在通常情况下，他们观摩时的方向和具体的提示是不清晰、不明确的，主要理由：①观摩课堂教学时，有时好的与不好的教学活动会一同出现，实习生不容易辨别。②在观摩课上，实习生一定要根据自己的感觉去捕捉自己应该学习的教学活动或者行为。③观摩的时候，重要的、良好的教学行为基本上没有被实习生及时提取，因而对他们的教学实践起不到指导作用。④因为上述原因，实习生极易厌倦观摩课，浪费时间。

以上述原因为依据，微格教学的开创者们提出了将教学活动划分为若干教学技能的想法，给实习生指出观察教学技能的准确方向。如此，他们可以在观摩教学课时就能掌握更多的教学技能。沿着这条线索走下去，为了有效地对教学技能加以分析、研究和掌握，他们又开始有计划、有步骤地对教学技能进行开发和训练。最初开发的技能叫作“精神诱导技能”，进而又开发出“强化技能”“探索式提问技能”等。教学技能的特点是有明确的含义、能够被广大教师操作和利用、能够被观察和测量、能促进师生间和谐的相互作用、符合教学的规律和原则。

第二节 SECTION 2 教学技能的分类

一 教学技能分类的意义

针对教学技能范围的看法对其进行分类，通常分为两种观点：第一，应该根据教学场景进行分类，将教学分为不同的课型，在此基础上教师采用不同的教学技能，是一种宏观的分类方法。第二，按照教师的职业技能进行分类，也就是各种教学场景中的教学技能分类。不能局限于大的教学场面的交流技能，还要将在多种场面当中教师的教学行为进行细分，划分为各种具体的教学技能。例如，把教师的教学行为分解成不同的构成要素，抽出最主要的若干要素划定为不同的教学技能。这一教学技能的分类观点逐渐成为微格教学技能分类的主流。

对教学技能进行分类的意义如下：

（一）培训目标明确

之前对于在职教师或者师范生的课堂教学技能培训一般都不是很清晰，只是概括性地讲述了一些教学方法便让学生们对整节课进行设计，理论和技术基础有待加强。所以，他们只能根据教材内容进行论述，抓不住重点，对于在实习课当中要重点使用学习的教学技能目标不明确。如果将教学行为进行划分，即分为不同的、具体的教学技能，就可以明确培训目标。在职体育教师或者师范生在训练一项教学技能时，学习者对于需要达成的目标要清楚，努力的方向也要确定下来。在培训教学技能时，涉及的教学环节比较少，相对目标比较集中，容易达成，可以增强学习者的信心，对在职教师和师范生进行教学技能培养能起到一定的帮助作用。

（二）示范鲜明具体

在师范生或者在职教师培训时，通常情况下，观摩某位教师完整的体育课是提供教学示范的传统方法。但是，在一节体育课当中，授课教师可以使用多种教学技能，然而，对于观摩者而言，通常难以分辨授课教师在什么时候会使用怎样的教学技能。微格教学在训练每种教学技能时，一般会提供优秀教师的现场示范或者提供典型的录像示范。示范主要是为了给学习者提供特定教学技能的具体说明和解释，让他们在使用某一教学技能时获得感性认识，进而起到学有样板、赶有目标的作用。与此同时，示范的内容少，时间短，方便学习者研究和分析。学习者能够多次观看，进行深层次的理解。除此之外，学习者通过录像的方法一方面能够静心选择示范，另一方面可以从录像所提供的多个不同的优秀以及反面示范中，多方面吸收营养，进而提高自己的教学技能。

（三）培训方法科学

21 世纪，科学技术和信息技术高速发展，在体育运动的训练中不断有很多先进的设备、仪器投入使用，而且非常普及。对于各种复杂的技术动作，科研人员可以利用设备进行分解、分析，并以此为基础制定有针对性的强化训练。分析训练的情况时，通过分析提前用摄像机记录下来的训练状况，不断提出要求、改善不足，从而实现提升技术水准的目的。运动训练由于这些现代化设备和科学技术的介入也产生了翻天覆地的变化，它逐渐向科学化训练转变。

微格教学就是要将这样的条件创造出来，将复杂的体育教学过程划分为单独的教学技能训练，让教师的培训方向朝培训人员的集中化以及教学技能的微观化方向发展，使得在职教师或是师范生通过相对科学的方式将各项体育教学技能熟练掌握。

（四）评价结果客观

通常在一节体育课的教学过程中，师生之间会有很多互动，相互影响、关联的因素非常多，因此想要全面地评价一节课的实际效果是有难度的。但是，以往的评价都是经验型的定性分析，也就是根据评价者的印象和感觉来评价一节课是否成功，这种评价结果会受到片面性和主观性的影响。教学技能分类之后，每节微格教学课只评价一两项教学技能，只训练一两项教学技能，更重要的是每一项教学技能在评价过程中都有详细的评价标准和要求，大大地方便了评价者进行评价、分析和观察。对于评价者而言，明确了评价目标，评价内容更加详细，更容易掌握，较易形成统一意见，哪怕存在不同的看法，也可以重放录像进行研究和分析。各评价者的评价数据在最后会运用教育统计学进行处理，因此评价结果是有科学根据的。之所以说运用微格教学评价的结果比较客观和科学，是因为其运用的是定量和定性相结合的评价方法，拥有较大的集体倾向性。

二　教学技能分类的原则

在学校体育课中，教师所展现出来的教学方式，可以被分解为不同的教学技能，通过每一项教学技能的示范、学习、训练、评价，不断地提升和改进。将达到要求的每一项教学技能综合起来形成整体的课堂教学技能，这是提升教学质量和能力的有效方法。

体育教学是一个非常复杂的过程，教师的课堂教学行为也是多样化且非常灵活的。体育教师的哪些教学行为可以定为基本的教学技能，作为教师教学技能培养训练的基础呢？对体育教师的教学技能如何分类，这是进行微格教学前必须解决的首要问题。在分类的时候，一方面要将教师、学生以及师生在教学当中的教和学的行为考虑到，另一方面还要明确教学技能是否具有可训练性等因素。所以，在对体育教学技能进行分类时，需要遵循以下原则。

（一）主导性原则

教学活动目标明确，计划性强。为了实现教学目标，每一种教师的教学行为都应该有详细的目标指向。实现教学目标是运用教学技能的目的，属于教师的教学行为方式。在这里有三个问题，需要在确定教学技能前考虑：对于学生而言，教师的教学行为准备让学生学习什么，都提供了什么信息？能不能教会学生如何学习，能不能促进学生的学习？对于教学而言，这种教学行为是不是影响其质量的重要因素，对提升教学质量有没有起到重要作用？回答这三个问题在教学中有着非常重要的意义，可以被确定为教学技能。现实的教学中运用和实践这些教学技能，将会起到积极有效的作用。所以，确定的教学技能必须符合教学原则，是众多教师在长期的教学实践中证实过的，同样也必须是影响体育课教学质量重要方面的教学行为。

（二）交流性原则

教学是师生相互交流、作用的过程，是定向的双边活动过程。对于师生而言，确定教学技能在很大程度上方便了师生在课堂上的相互交流，也极大地促进了学生思维活动的发展。影响学生积极主动学习的因素非常多，大部分是学生自身原因，还有教师创造的原因。能否使学生从愿意学习发展到自觉主动地学习，能否为学生创造一个良好的学习情境，是确定教学技能要看的地方。所以，确定的教学技能应能够对于师生的相互交流和作用起到促进作用，是重要的课堂交流手段。

（三）可观察性原则

让师范生或在职教师学习、掌握并在未来的教学实践中运用是教学技能确定的主要目的。所以，确定的教学技能在教学中要能够让教师表现出来，而且可以观察到。只有这样，明确下来的教学技能才可以让教师示范、学生学习，并且进行有计划、有组织的训练。

（四）可操作性原则

为了方便被培训者掌握和理解，以及方便指导老师、被培训者和研究者之间相互交流，任何教学技能都要具备明确的外延和内涵，并将教学技能的本质和适用范围揭示出来。这样一来，要求确定下来的教学技能需要具备明确的构成要素。只有这样，教学技能的可操作性才会非常强，才可以更规范地学习和使用教学技能。

（五）可测量性原则

在对师范生或在职教师的教学技能进行培训时，可以采用微格教学的方法进行，这样的培训可以准确、具体且及时地做出反馈。怎样衡量被培训者反馈回来的教学信息呢？要对所有的教学技能提出确定的应用原则和要求，使得被培训者都可以通过参照体使用某一项技能。被培训者将自己的教学技能实践活动同这一参照体或是要求进行对照，便可以发现成功和不足之处。这样，在体育课教学中，明确下来的教学技能是可以被测量的教学行为。评价的基础是测量，测量出确定的教学技能之后，这一技能才可以被评价。在训练的时候，可测量的教学技能才可以确定出明确的训练目标、制定出准确的评估标准，并且评价训练的效果。这种教学技能才能应用到微格教学训练的实践当中，进而准确地反馈提供给被培训者，并进行改进和提升，从真正意义上服务于教学实践。

三　教学技能分类的方法

采用怎样的方式方法对教学技能分类，目前大体上有两种观点：第一，应该根据教学场面对教学技能展开分类，也就是把教学分为不同的课型，并基于此让教师采用不同的教学技能，这是一种宏观教学技能分类法。第二，应该根据教师职业所应具备的职业技能进行分类，这样的职业技能要适合应用在多种教学场景，同时，在多种教学场景中教师的教学行为可以细致地分为多种具体的教学技能，即分解为不同的构成要素，将最主要的若干要素抽出即可定为不同的教学技能。这种分类方法已经成为教学技能分类的主流。

教学活动是教师和学生之间定向的双边活动。在此强调定向是因为教师和学生之间的活动不是教学活动。如果教师和学生之间的活动目标非常明确，任务非常具体，他们之间的活动则会成为教学活动。所以，师生之间有效交流的第一个教学技能便是设定课堂教学目标。确定了交流方向，课堂教师的教学行为和学生的学习行为就有了明确的指向性，都围绕着相同的目标开展，而非其他的行为。

教学活动是一个有组织、有目的、有计划的信息传播过程，如果想要这样的传播有实效，教师就需要将传递信息的手段和载体熟练掌握并运用。语言是借以传播的一种结构化的符号系统，是人们最重要的传播工具。自人类产生语言之后，通过世世代代的人使用，使其在含义、声音等方面获得较为规范的结合，进而语义、语音、语调、语法的系统性慢慢出现了。与此同时，随着传播和沟通活动的扩大而不断地推陈出新，语言渐渐得以丰富和发展。一个人语言的发展是先天的语言能力，加之后期的模仿和学习行为的有效结合。在体育教学中，语言是传递信息的主要手段和工具，因此，语言表达技能是教师必备的基本教学技能。

教学活动是教师和学生之间面对面的一种传播活动，如果要让其达到最佳效果，则需要让传播和接受双方一同进入传播过程，通过相互作用将传播的质量和效率提升上去。怎样让信息的接收者快速进入这个传播过程，传授者需要采用多种方式将学习者的学习动机激发出来，进而引起他们对信息内容的注意，然后进一步引导其到特定的教学内容当中。

依据这一特定的行为意图，教师应该具备课堂教学的导入技能。若是合理有效地使用这一技能，教学内容则会自然地被引入课堂，给予学生一定的帮助，让他们建立良好的学习心理定式，并打造良好的学习氛围，进而提升学习效率。

从信息交流内容上来说，教学信息的种类很多，其中包含体质健康、运动技能的原理、概念、安全注意事项以及规则。其中，相对复杂的是原理、概念、规则以及技战术等的教学。教师讲解主要是为了让学生掌握其所学习的知识和技能。除了学生自身的能力、学习技巧和知识水平对他们接受和理解教师讲解的知识有所制约外，在一定程度上，教师的讲解方法也会对学生接受和理解课堂知识产生深刻的影响。教师讲解包含内容和形式这两个方面的因素。简言之，就是说什么和如何说的问题。有时候，人们在表达自己的意见或者是对某一事物进行解释的时候，通常会感到“如何说”比“说什么”更重要。讲解的类型或者方法是多样化的，任何一种讲解方法都具有一定的特性以及不同的思维方式、语言组织、内在的逻辑特点。教师在讲解的时候能否让“如何说”和“说什么”达到高度的统一，并把多种讲解方法的特殊作用灵活运用，作为向学生施加某种思想和动作技术概念的媒介，因此，教师一定要努力学习以及提升讲解技能。

教学信息可以通过语言进行传递，然而，通常大量的信息则是通过非语言的方式进行交流的，在体育教学的信息传递和交流中，这一点非常明显。鲜明、清晰、生动形象的技术图片，准确、优美、利索、熟练的动作示范，学生被教学影片和录像当中的动作示范以及表演深深吸引。教师灵活使用非语言的方式进行交流，主动使用或者改变不同的信息传递通道，起到了强化语言交流和辅助的作用。这种形式对活跃课堂氛围起到一定的辅助作用，对教师激发学生的学习动机和兴趣也有一定的帮助，能够激发学生的学习欲望，进而将他们的学习中枢兴奋性提升上来，为即将面临的学习任务创造良好的心理条件。教师如何把非语言的方式充分利用起来，进行信息传递和交流，把更多的学习经验提供给学生，并有效结合基本语言技能，将教学目标更好地实现呢？直观演示技能是教师所必备的一项教学技能。

在教学活动中，师生之间经常使用的相互交流的教学方式是提问。提问包含教师的询问、学生对教师询问做出的反应和回答，以及教师对学生所做出的反应、回答的处理等。通常，人类的思维是从解决问题开始的。教师有目的、有准备地提问，能够引发学生积极思维的过程，“学起于思，思源于疑”便是这个道理，它深刻地将疑、思、学之间的关系揭示了出来。所谓提问技能，指的是教师依据教学内容的需求，对相关问题进行精心的选择和设计，并给予学生正确的引导，让他们围绕这些问题，根据已经获得的理性和感性的材料或者是已经具备的体育运动技能，积极思考、探索，进而获得相应的概念或结论，达到检查、巩固的目的，并运用其所学的技能、知识实现教学目标的教学行为方式。因此，提问技能是体育教师需要掌握的另一项教学技能。

反馈技能指的是体育教学当中的一项重要的基本技能。反馈在教与学中一直扮演非常重要的角色。通过学生的反馈，教师可以对学生所掌握的教学内容的状况有一定的了解，从而能够发现教学中存在的问题，并进一步改进教学的手段、步骤和方法。然而，对于学生而言，可以通过教师的反馈，把自己学习达到的程度确定下来。在体育教学中，尤其是学习运动技能动作时，在运动技术的掌握、改进和提升上，反馈具有重要作用。教师对学生的反馈是多样性的，所采用的方式也不同；反馈的性质不相同，则会起到不一样的强化作用。教师通过向学生提供反馈信息进而掌控学习过程，获得最优的学习效果，进而达成最终的学习目的。

所谓教学有方是合理控制课堂，适当执教调节。多数情况下，体育课堂教学活动都是在室外进行，学习过程大部分也是学生进行的多种身体练习活动。因为课堂教学会有很多干扰因素，如多变的组织形式、学生情绪不稳定、运动能力个体差异显著等特点，进而使得教师对课堂教学的实时控制显得格外重要。在实现课堂教学目的和传递教学信息方面，控制好教学至关重要。同时，控制好教学也是能否上好一节课的关键因素。教学控制技能一直贯穿于课堂教学的整个过程，对于和谐教学气氛的营造，学生掌握体育知识、身体机能、技术技能的提升，助力学生达到预期的课堂教学目标具有重要作用。所以，体育教师一定要具备教学控制技能。

依据以上教学技能的分类原则，在查阅了很多体育教学的文献资料之后，参考国外对于教学技能的分类，并与我国多位有着多年教学经验的教师的访谈相结合，在将教学技能的可描述、可训练、可观察、可操作、可进行量化分析的教学技能充分体现出来的原则之上，本书把体育教学技能分为课堂教学目标设定、语言表达、板书、讲解、导入、提问、控制、直观演示、反馈、结束等技能。

第三节 SECTION 3 体育教学的基本知识

一 体育教学的概念

在诸多教学当中，体育教学是一种具体形式，为了进一步认识体育教学的概念，需要先了解教学的相关知识，分析教学的基本含义。

（一）教学的基本含义

“教学”属于一种动态行为，是对具体学科或者技能组合所进行的一种有计划、有组织的教学行为。可以从微观和宏观两个方面分析教学的含义，具体分析如下。

第一，从微观意义来看，教学是一种直观的教师讲授、学生学习的活动，在此过程中，教师对教学起到一定的引导作用，是教学活动的知识传授者和组织者；而学生是教学的主体和接受者，简单来说，教学是一种基于特定文化对象的“教”与“学”的活动。

第二，从宏观角度来看，教学是一种特殊的教育活动，指的是教学者以一种或者多种文化作为对象，教育受教者希望他们能够获得这种文化的活动。其中的教学者是对某一种知识或者技能有所掌握的人，同接受教育的人一同形成了教学主体。

综合以上提及的内容可以看出，教学是一种教育活动，需要师生一起去参与，并且为了实现某一具体教学目标而相互协作。

（二）体育教学的概念

与其他教学形式相比，体育教学同样需要系统的组织和管理，但是，不同于其他学科教学的是：对教学环境的要求比较高，需要的教学场地和器材也比较严格和苛刻。所以，体育教学并非随意且随心的教学活动，更不可以将其与课余的休闲活动相对比，需要诸多要素的参与才能合理、正常、科学地开展教学。

体育教学就本质上而言，主要在学校环境中进行，师生是主要的参与者，在教师的组织和指导下，对学生了解和掌握具体的活动内容、相关的基本知识、体育运动技能和素养有一定的帮助，其教学的主要目的是促进学生身心的健康发展，进一步完善他们的个性心理特征，进而提升他们对社会的适应能力，使他们尽早成为社会所需要的人才。

体育教师在体育教学过程中，基于对体育教学概念的认识和了解，将体育教学与教学的概念和有关知识有效结合，进而形成新的教学内容和方法。

二 体育教学的性质

决定事物本身与其他事物之间最本质的区别是性质，若两种事物的性质不同，则其表象自然也不一样。体育教学与其他学科教学最本质的不同之处在于体育教学自身所具备的体育教学性质。

体育运动技能的教学是现代体育教学最重要的教学形式，同时也是体育育人的主要方式。运动技能的传授也是体育教学和其他学科教学的主要差别。具体而言，在对其认知阶段，学生和体育运动技能之间的联系是最紧密的，这一阶段的教学主要是为了让学生表象化地认识所要学习的技能要素、力量、结构、速度、关系等，因此体育运动技能只是提升学生的身体素质、完成技术动作的一种方法，可以认为运动技术没有人的特性，只是一种“操作性知识”。

结合上述论述，可以认识到，“一种针对运动技术和知识的教学”是体育教学的本质，学生在教学中学会了运动知识，并且可以将其转化为运动技能，从而达到体育教学的目的。

三　体育教学的特点

体育教学的特点，主要表现如下。

（一）教学环境的开放性

体育教学大多数情况下都是在室外开展的，目前，我国各级院校的体育教学基本上主要是体育实践，教师基本上都在操场上讲授体育课。其他学科会在比较封闭的教室或者是在实验室当中进行教学活动，体育教学在教学空间上是有一定变化的，同时环境也更加开放。

（二）教学过程的直观性

这种直观性特点主要体现在三个方面，即讲解、示范和教学组织管理。具体分析如下。

1. 教师在讲解教学内容时具有直观性特点

教师在教学中讲解体育教学内容时，除了要达到同其他学科教师讲解要求相同的标准外，还要具备生动的语言，并具有一定的肢体表现能力，进而让学生感受到教学内容贴切、形象、有趣。特别是在一些具有难度的技术动作的体育教学当中，教师要具体描述教学的重点，同时还要使用形象生动的语言简单地讲解较为复杂的技术动作，做到深入浅出，方便学生理解。

2. 教师对体育动作技能的示范有着直观性的特点

在体育教学中，所有的体育项目的教学都关乎技术动作或者战术配合，为了进一步深化学生的认识和理解，教师需要进行动作示范和实践演示。在教师使用示范法的时候，需要使用非常直观形象的动作来示范，其中包含正确和错误动作的演示，然而，这些动作演示需要直观地呈现在学生面前，不可以有任何的艺术加工与变形，让学生可以从感官上直接感知动作的正确与否，进而对他们建立正确的、清晰的运动表象起到一定的帮助作用。当学生将正确的动作表象建立好之后，再配合教师的讲解，让其同思维有效融合，这样能够更好地掌握体育技能、知识和技术，对改善身体素质也起到一定的促进作用，从而提升运动水平。

3. 教师对体育教学组织管理有着直观性的特点

教师在体育教学中，与学生的接触非常多，关系也特别融洽，在组织和管理学生方面也具有直观性，如果更加富有责任心和活力，身体力行，这对学生的身心也是无形的教育，对教师观察和帮助学生起到一定的作用，从而能更好地掌控教学效果，同时也为学生创造了轻松的教学环境，让他们在教学中所表现出的言行都是最真实的一面，对教师获得正确的教学反馈也起到一定的帮助作用，并且能够得到及时修正。

（三）人际关系的多边性

人际交往在体育教学中是不可替代的，通常具有多变性特点。

现代体育教学的组织形式主要在小群、双人、单人以及全班之间进行转化，对学生的要求是，要在不同的时空当中完成不同的身体运动、变换角色地位，相互之间将多种不同的联系建立起来。所以，教师和学生之间、学生之间以及小群体之间有着频繁且形式多样的人际交往关系。

体育教师可以利用许多不同的方式，有针对性地对人际关系在教学过程中呈现的多边性特点与学生沟通交流，引导学生相互评价、鼓励和合作，使学生初步体验社交关系，并提升和培养学生的合作能力和意识，从而达到提升其人际交往能力的目的。

（四）技能学习的重复性

现代体育教学应该对学生完成运动参与、学生的身体和心理健康等起到一定的促进作用，并且，能提升社会的适应能力。让学生掌握运动技能是体育教学最基本的目的，要达到这一目的就需要重复学习运动技能。

运动技能的形成具有规律性和阶段性，大体上可以分为动作分解练习、动作连贯练习、连贯动作的独立完成以及连贯动作的熟练完成四个阶段。如果学生想要熟练掌握运动技能，需要长时间的反复练习。不管他们是学习体操中的滚翻、田径中跑的技能，还是掌握足球、排球运动中的复杂技能，都要经历从不会到会、从简单的初步学习到复杂的深入学习、从不熟练到熟练的发展过程。基于此，上课时体育教师要严格遵守循序渐进原则，指导学生将多种运动技能一一掌握，依据不同的运动技能特点，合理地安排练习时间和内容，让学生通过多次练习，将运动技能熟练掌握并有所提升。

（五）身体活动的常态性

学生在体育教学中要不断地重复学习体育运动技能，因此在教学过程中，学生要经常进行身体活动，这就是教学所具有的身体活动的常态性特点。师生在体育课堂教学中的身体操练是很频繁的，这样接近常态化的特点成为体育教学特别明显的特点。

通常文化类学科，即一般性的教学，大多数在教室、多功能厅、实验室等室内进行，要达到激发学生思维、促进良好的学习效果的课程目标，就需要保持安静的环境。然而，相较于这些学科而言，体育教学则恰恰相反，教学地点大部分是在运动场馆或者是户外，一般都非常宽广，而且大部分时间的运动技术练习环节不用刻意保持安静，学生之间、师生之间都能随时进行沟通和交流，这样的学习状态才会对学习运动技术起到一定的帮助作用。

体育教学和其他学科教学的最大区别在于前者在教学过程中无时无刻不在对身体活动提出要求，学生在受教过程中被要求掌握基本的运动技能。所以，绝大部分的教学内容都涉及身体活动，或者准备活动。这无疑是体育教学的“身体知识”最好的特点。在体育教学中，学生需要进行一定运动负荷的运动，同时，在指导、示范以及参与组队教学赛中，教师的体力付出也比较大。由此可以看出，体育教学中身体活动常态性的特点针对的是学生和教师。

（六）身心练习的统一性

身体与心理通常都被认为是两种不同的事物，相互之间没有太多的交集。实则不然，现代科学研究指出，身体健康对改善心理健康能起到一定的帮助作用，心理健康程度也会对身体健康造成一定的影响。因此，体育教学具有要求学生身心共修的特点。

体育教学不仅对学生身体素质的提升非常关注，对增强学生的心理素质和适应能力也非常关注。这种效果在其他学科教学中是无法实现的，主要是因为体育教学不仅制造出了各种各样的学习情景，还能够让学生在耳濡目染中逐渐改变。学生在体育教学中实现了心理和身体的共同发展与增强，这是身心统一的锻炼，具有很强的统一性。基于此，体育教学对于学生掌握运动技能、发展身体、增强体质能起到一定的促进作用，与此同时，对学生良好的思维方式和心理品质的培养也会起到一定的帮助作用，可以进一步促进他们的身心健康协调发展。

（七）教学内容的情感性

体育教学具有非常丰富的内容，所涉及的同体育相关的内容也非常多，不单纯局限于球类运动、田径、游泳，还包含其他内容，如体育舞蹈、瑜伽等。学生通过对这些内容的学习，可以从中体会到来自体育课堂的丰富情感。

（八）教学条件的制约性

体育教学涉及很多要素，并且具有丰富的内容，但是受许多客观条件的约束，这是体育教学中的重要特点。学生的运动基础、性别、心理特点、年龄、生理以及体育教学场地气候、器材等条件制约着教学活动。

四　体育教学的功能

（一）教育学生

与其他课程一样，体育教学也具有教与学的共同特点，体育教师与学生在体育教学的双边活动中，具有学习知识与技术的共性。在体育教学过程中，教师发挥着教育和主导的重要作用。其他课程的主要教学特点是教师传授的知识和技能，学生通过思维活动来掌握。在体育教学中，教师不仅要传授医学、心理、生理、生物等体育基本知识和自然科学，还要传授科学的身体锻炼方式和方法，让学生能正确地掌握运动技能，实现锻炼、健身、学习的目的。除此之外，在学生的集体主义价值观、爱国主义情感和顽强拼搏、积极进取、互帮友爱精神的培养上，体育教学能起到一定的促进作用。

（二）促进身心健康

体育教学的本质功能即健身功能。体育教学应当注重健康教育，因为发展体育运动的本质属性是提升身体素质。学生科学地进行体育运动，有利于其身心健康。

体育教学经过长时间的实践和改革，现如今在实施教学组织、安排课时、选择教材内容、设计教学大纲等方面逐步趋于科学化和合理化。体育教学的主要方式是学生自身的身体运动锻炼，特点是学生直接参与。因此，教师应在教学过程中，将各种有效的健身手段、方法、内容运用其中，并统一和协调教学的娱乐性、竞技性、健身性、教育性等特点，从而提升体育教学质量，达到加强健身效果的目的。

（三）培育良好品德

体育教学对学生形成良好的思想品德有一定的帮助作用。在体育教学中，大部分的体育运动和游戏都需要学生集体共同参与才可以完成。依据体育运动或者是游戏规则，如果运动竞赛或者游戏想要进行得更加顺利，需要参与者自觉遵守一定的规则。所以，在体育运动进行之前要遵守一定的规则，需要集体配合才能够取得最终的胜利。

在体育教学和比赛过程中，学生要自觉养成遵纪守则的良好习惯，遵守课堂秩序，给予教师和裁判以尊重。为了取得最后的胜利，学生一定要意识到团结协作、发挥集体力量的重要性。此外，系统的体育教学还有利于陶冶学生的情操，塑造其完美人格的形成。

（四）提高审美能力

在提高学生审美能力和意识方面，体育教学同样具有举足轻重的作用。体育运动中包含着美、力、健，动态的混搭节奏和静态的人体造型都呈现出人们的形体美。“美”的要素在运动过程中被展现得淋漓尽致，在运动成果方面也呈现得非常明显。运动参与者可以从下列两个方面获得审美感和成就感：其一，运动参与者通过科学的体育锻炼获得完美的身体曲线；其二，通过激烈和公平的比赛获得成绩。

学生对体育运动的审美意识也可以通过体育教学来培养，体育教学可以帮助学生树立正确的人体及运动的审美标准，使学生体验积极、健康的审美情感，进而提高学生的美学素养。

第四节 SECTION 4 体育教学技能基本概念

一 教学技能的含义

教学技能是教师必备的一项教育教学技巧，对取得良好的教学效果和实现教学的创新具有积极作用。教学技能对外表现为成功地、创造性地完成既定的教学任务，卓有成效地达到教学目的和获得有效的教学方法；对内表现为保证完成教学任务的知识、技巧、心理特征和个性特征的功能体系，是教师的个性、创造性与教学要求的内在统一。从表面上看，教学技能是教师在教学活动中有效促进学生学习的活动方式，从深层剖析，教学技能是教师职业个性品格和专业修养外化的表征，是教学能力的主要标志。

技能是通过练习、重复和反省而习得的体能、心能或社会能力。教育心理学认为，技能是人们顺利完成某项任务的动作活动或智力活动的方式，前者又称操作技能或动作技能，后者又称智力技能或认知技能。由此可以推出，技能是在练习的基础上形成的，按一定规则或操作程序，顺利完成某种认知任务或操作任务的能力。

关于教学技能的概念，也有众多形式的表述。基本教学技能是在课堂教学中教师的一系列教学行为。教师的课堂教学技能是在课堂教学中，依据教学理论，运用专业知识，顺利完成教学任务并能促进学生学习发展，而采取的一系列教学行为方式。教学技能是在课堂教学中，教师运用专业知识及教学理论促进学生学习的一系列教学行为方式。以上表述虽然各异，但都将教学技能视为教师的教学行为或活动方式，并与教育心理学关于技能的界定相一致。

在教学实践中，人们往往将“教学能力”与“教学技能”相混淆，实际上它们之间还是有一定区别的。“教学能力”一词在使用过程中具有一定的模糊性，一般用这个词来形容一个教师的整体水平，包括一个人的先天素质、个性心理特征以及日常行为等。而“教学技能”的含义则更具体、更确切。教学技能是教师在教学过程中，运用与教学有关的知识和经验，促进学生学习，达成教学目标的能力。教学技能可以通过学习来掌握，在练习实践中得到巩固与发展，具有一定的目的性、可操作性、可分解性、后天习得性等特点。教学技能的运用旨在激发学生的学习兴趣，引导学生掌握学科的基础知识，形成技能和发展智力，为学生顺利完成学习任务、达成教学目标的要求创造有利条件。因此，教学技能是每一个从事教师职业的人所必备的基本职业技能。

体育教师要想成功地进行教学，不仅需要有深厚的体育理论知识和动作技术水平，还必须具备过硬的专业教学技能。从一定意义上来说，体育教学技能就是体育教师职业的核心竞争力。如果一个体育教师不能掌握这些教学技能，就不能胜任体育教学工作，也就不能成为一个真正合格的专业体育教师。

二　体育教学技能的特点

（一）体育教学技能具有目标指向性

体育教学是一种计划性强、目标明确的活动。不同的教学技能是与不同的教学目标联系在一起的。如导入技能是为吸引学生的注意力，激发学生的学习兴趣，启发学生的思维，让学生明确每节课学习的目的；示范技能是为了给学生建立正确的动作表象，培养学生分析问题、解决问题的能力，提高学生的审美艺术素质；而讲解技能则是让学生学习明确概念，掌握原理和规律，认识交流的本质等。在体育教学的不同阶段要求有不同的教学技能与之相适应，才能顺利完成教学任务，达到教学目的。因此，体育教学技能具有明确的目标指向性。

（二）体育教学技能以知识、技能为凭借

体育教师教学技能水平的高低，在很大程度上受制于教师所掌握的知识、运动技术技能和拥有的教学经验。一名合格的体育教师，不仅要掌握教育学、心理学、学校体育学、体育教学论等专业理论和方法，还要掌握运动技术和运动技能。因此，在进行教学技能训练之前，认真学习相关的理论知识，提高自身的运动技术和运动技能水平是很有必要的。

（三）体育教学技能是一种习得性行为

教学技能并非先天具备的，是一种后天的行为，是通过学习和训练获得的。获得教学技能，受教师自身教学经验和水平的限制，同时，与受训者学习和训练的程度以及时间长短也有很大关系。教学技能的形成与提高不是自发的、随时间的推移而自然产生的，它就像掌握一种特殊的运动技能

一样，需要进行长时间不断的、系统的、特殊的训练和强化。体育教学技能是后天获得的，是一种习得性行为。

（四）体育教学技能具有可操作性、可模仿性和可分解性

教学技能不同，所具备的内涵和具体结构自然也不相同，但是，可操作性是所有教学技能都具备的特点，都包含并且还要遵循一定的规则或运作程序。因此，不同的教学技能都能进行分解，分解为具体的行为方式和步骤进行训练与模仿。这一特点使得教学技能的系统训练成为可能，也变得更加容易。

第五节 SECTION 5 体育教学技能训练的原则和分类

一 体育教学技能训练的原则

（一）单项训练与综合训练相结合原则

采用微格教学方法基于单项教学技能训练，进而提升师范生的教学技能培训效果。但是，把教学技能分解训练，综合各种被分解开来的技能环节则缺失了。因此，要整体对教学技能进行优化，提高教师的教学能力，在训练时科学且有计划地分解体育教学技能，并且逐项开展训练，与此同时，增加综合各种技能的训练环节，保证学生可以从真正意义上将教学技能熟练掌握，并灵活运用，进而提升教学效果。

（二）训练与自我完善相结合原则

本节提到的训练主要指的是接受他人的训练，是自上而下的训练，是师范类学校或有关部门，根据教育目标的要求以及教学理论，与当前的教学改革实践有效结合，借鉴成功的教学经验，把教学中各个环节的方法和技能要领传授给受培训者，并根据国家的相关规定，大力培养受训者从事教学工作的实际能力。随着社会的进步和科技的发展，教师的教学技能也在不断发生变化，即便是最好的职业训练，也无法确保教师职业生涯的成功。因此，教学技能不能单纯依托外来的要求和约束提升，还需要教师进行自我完善。自我完善是在职教师自觉意识到未来事业的要求，并且让自身的业务、思想以及人格趋向完善的实践过程。

二 小学体育教学技能之导入与讲解技能

（一）导入技能的知识梳理

1. 导入技能的概念

所谓导入技能，指的是教师在新的教学活动开始时，为了吸引学生的注意力，进一步激发学生的

学习兴趣，唤醒学生的学习动机，都会采用简练的语言让学生明确自己的学习目的和课程知识之间的联系，快速进入学习状态当中的一种教学行为方式。

“开场白”指的是课程的导入，也就是在新的教学活动开始前的导言。课程的导言就是一堂教学课的开端，是教师谱写一首教学乐章的前奏，是教师和学生之间产生情感共鸣的第一个音符以及进行沟通的第一座桥梁。课程的导入是教学艺术非常重要的构成部分，同时也综合体现了教师的智慧、学识、口才、情感等，对于教学具有重要作用。用精彩的导入语言可以如同磁石一般吸引学生的注意力，为课堂教学的成功奠定扎实的基础。

一名合格的教师，一定要重视导入的重要性，对导语进行研究，做到常教常新，在教学中不断提升导入技能。导入既是科学，也是艺术，只要是想教好课的教师，都会对课程导入技能进行深入的研究并认真地学习。

2. 导入技能的功能

一堂体育课成功与否，最重要的是课程在开始时是否可以吸引学生的注意力，进而激发他们的学习兴趣。在导入上用心设计，可以扣住学生的心弦、渗透主题、立疑激趣、进入情景，让学生走进精神振奋的学习状态中去，进而直接的学习动机便出现了，对学生获得良好的学习效果起到一定的推动作用。

3. 导入技能的构成要素及类型

课程的导入是需要下工夫精心设计、认真组织的。运用任何一种导入方法都应从课堂教学目标出发，因此，在设计一堂课的导言前，要认真深入地钻研教学内容，明确教学目标，熟悉和分析教学对象的基本情况。除此之外，设计者必须了解导入的合理结构及构成要素，并以此为依据来进行导入的设计。

（1）导入技能的构成要素

典型的导入结构一般是由下列要素构成的：引起注意—激发兴趣—明确目标—进入课题。

①引起注意。导入的设计首先要考虑的是如何把学生的注意力吸引到课堂教学中来，使一切与教学活动无关的，甚至是阻碍教学的心理活动得以迅速地抑制。

注意分有意注意和无意注意两种。有意注意经常是由无意注意引起的。掌握注意的这一基本规律对导入的设计者非常重要。引起无意注意的重要原因是客观刺激物的特点。刺激物的强度、变化、新异性都易引起人们的无意注意。掌握了导入技能的教师，善于通过不同的导入设计来引起学生的无意注意，并将学生的注意力引向对教学活动的有意注意。

在小学体育教学中，通过导入引起学生的无意注意的方法有生动的语言、抑扬顿挫的语调、富有表情的体态、醒目的标题、精致的挂图、感人的故事、离奇的趣闻、巧妙的提问、有趣的悬念、不俗的幽默等。教师通过运用上述方式能很好地引起学生的无意注意。随着教师导入的进一步深入，就可以引起学生的有意注意发生并持久地保持下去，从而达到通过课程导入引导学生对教学活动的注意的目的。

②激发兴趣。兴趣是学习活动中最现实、最活跃的因素。有了兴趣学生才能把心理活动指向或集

中于学习的对象上。学生只有对所学的知识感兴趣，才能在学习中形成“愤悱”状态，才能专注一心、乐此不疲。成功的导入，能引起学生情感上的共鸣，产生直接的学习动机，使学生的眼、耳、口、脑及运动器官立即进入积极的学习状态。这样就达到了成功导入的最高境界，或者说这节课已经成功了一半。

③明确目标。明确学习目标是调动学生学习的主动性，引起学生正确、积极的学习心理定式的主要途径。它能使学生在课程开始就明确本次课程的学习内容和课程结束时应该达到的包括认知、情感和动作技能在内的学习目标，从而引导学生定向思维，有目的、有意识地进行学习。明确的学习目标还应包括为什么学、学了有什么用。通过教师的导入让学生感到通过学习能解决现实生活中的问题，能够提高自己的身体素质和健康水平，能指导终身体育锻炼，能对今后的学习和工作有所帮助，从而提高学生对学习内容深层次的理解和认识，使学生从心理上真正产生求知欲望，兴趣盎然地去学习。

④进入课题。导入的设计要充分了解并利用学生原有的知识和能力，要以其所知，喻其所不知。无论使用什么样的导入方式，都应能够有效地使学生的情感迅速地转入教学目标所需的境地，注意力集中在课堂所要解决的理论知识和动作技能的重点与难点上，保证在整个教学过程中师生双方的积极性始终集中在“一条线上”，不至于“节外生枝”，造成导入与课题相脱节的错误倾向。好的导入应在设计时始终以本次课程的内容和教学目标为依据，紧紧抓住教材的重点，联系学生的智力水平、知识储备等具体情况来进行。这样，导入的启发性、趣味性、针对性、关联性和目的性才能够得到充分的体现。

（2）导入技能的类型

体育课有各种各样的内容，大致可以分为实践和理论。如武术、球类、体操、田径、游戏、野外以及水上项目等都属于实践部分，每一类都拥有不同的教学内容。体育教学涉及的内容繁多，也在不断改进和改变，所以没有一成不变的固定模式和方法。教师要以学生心理特征、精神面貌、年龄阶段等为依据，结合教学内容，用心设计每一堂课的导言，认真选择导入方式，组织好课堂教学的开端。众多体育教师在不断的教学实践中积累了很多体育课堂教学导入的方法，创造设计出非常多的思路清晰、条理分明、简洁生动的导入方法和形式。以下是导入方法和类型的举例说明。

①利用情境导入新课。在小学体育教学中，具有丰富经验的教师善于捕捉、利用课堂中出现的特殊情境，因势利导地组织教学。例如，在给低年级学生上课时，主要内容是学习广播体操，开始时，突然，天空中出现了排成“人”字形的大雁，于是，学生们便会指着大雁惊呼“人字！人字！……”，对它们飞翔时的整齐队形发出感叹。学生们的注意力被雁群吸引了，进而影响了教学。这时，教师并没有指责学生，而是和他们一起将大雁目送到远方，并且抓住了教学中的这一特殊情境，说道：“同学们，你们看大雁是多么遵守纪律，队伍排列得是多么整齐！我们接下来要学习广播体操，我想看看大家能否做到像大雁一样队列整齐、动作一致！”于是，学生们出于同大雁比试的心理，在教学中的注意力非常集中。因为教师将课堂中出现的情境巧妙地进行了应用，将教学内容引发出来，所以学生们的学习积极性也被激发出来。教师导入的资源除了利用自然情境之外，还可以通过布置教

学场地、安放教辅设备等创造情境，通过环境因素的刺激作用，把学生激动、愉快的情绪引发出来，同时激发出学生的学习兴趣。

②利用竞争心理导入新课。对学生学习活动起到直接推动的内在动力是学习动机。通过实践，学生的学习效果和学习动机成正比。在体育教学中，小学体育教师应该依据教材的特点与学生的身心状况，合理且恰当地引入竞争机制，进而诱导、激发、鼓励学生竞争，强化学生的学习动力。例如，小学体育教师在上田径赛课时都有所体会，学生感觉非常枯燥乏味，积极性不高，教师们对此也很苦恼。然而，有一位经验丰富的教师，把学生喜欢竞争的心理充分利用了起来，进而导入接力跑的教学内容，获得了很好的教学效果。这名教师在初一年级上课时，教授男生接力跑是这样开始的："同学们，我们今天主要学习接力跑，主要目标是将我校教师 58 秒的男子 400 米接力赛的纪录打破。"当学生们听到这句话之后，纷纷摩拳擦掌，跃跃欲试。于是，教师又说道："如果想要将这一纪录打破，我们每一个组的四位同学都要学习和掌握交接棒技术，这也是这次课程的重点，以及打破纪录的关键之处。"这名教师在将接力跑导入教学内容的过程中，使用了体育运动的竞争特征，通过创造校纪录这个抽象的对象，将学生的竞争意识和学习兴趣激发了出来。这样一来，学生们在学习过程中就会积极投入，主动练习，让课堂严肃、紧张，又不失活泼，很多组都将学校的纪录打破了，并且也获得了预期的教学效果。

③利用直观演示导入新课。将学生的触觉、视觉、听觉等感觉器官在体育课堂教学中充分利用，通过不同的感受器对外界的各种刺激进行感知，从而对已学会的技术、知识等加深感性和知觉的认识，这是取得良好的教学效果的方法之一。在传授新的教学内容时，体育教师可以先组织学生通过一些幻灯片、电视、电影等观看技术动作，再利用教具、音乐等营造一个直观的教学环境，导入新的教学内容，这样能很大程度地集中学生的注意力，调动学生的学习兴趣，使学生对学过的内容进一步加深理解，能以正确的心态面对所学的知识。想要成功地运用直观的方法来导入新课并获得很好的教学效果，体育教师不仅要选择正确的直观材料，还要考虑演示的对象，实现效果和动机的统一。因此，要想在教学中使直观导入方法起到作用，教师在课前要精心设计和认真准备。

④利用实验导入新课。教师在体育教学过程中，一方面要将体育技能、知识和技术传授给学生，另一方面要将学生独立观察和思考的能力以及获得知识的本领培养出来。在授课之前，体育教师可以依据教材的特点和内容，设计一些小实验，让学生思考和观察，并根据实验得出的结果给予学生正确的引导，让他们进行分析、判断、归纳和总结。所得出的结论就是本次课程涉及的技术动作或者概念的关键和要点，从而体现出教学重点。通过实验可以让学生进一步思考，活跃课堂气氛，帮助他们更好地理解学习到的知识、对运动技术动作如何运用。实验的目的是让学生自己去发现、感受新的知识，并且在这一过程中，形成较为积极的学习动机，进而对所学习的内容产生浓厚的兴趣，获得最佳的教学效果。

⑤利用示范导入新课。动作示范是体育教学中最常见和普遍的教学方法，一般以教师或特定学生的详细动作作为范例，从而帮助学生了解课堂中所要学习的动作方法、要领、结构、形象等。体育教师要学会运用示范导入新课，由此激发学生的学习积极性，提升学习兴趣和教学效率，建立准

确的动作表象，确保教学活动顺利进行。学生通过优美、熟练、精准的示范，对要学习的技术动作产生美感想象，也会让学生产生迫不及待的心理，积极加入学习中。通过示范导入新课，除了使用正面的示范之外，还要把学生的错误动作作为反面示范，进而深化理解正确的技术动作，形成正确的动作技术概念。

⑥利用设疑导入新课。有经验的教师在教学中会时常在授课前依据教学内容设计一些问题，而这些问题肯定是与学生认知水平相符的，而且是多种形式的、富有启发性的问题，因此正确引导学生，让他们可以积极地进行思考和观察，并将注意力放到要学习的内容中。当教师把问题摆在学生面前时，他们的大脑都处于兴奋状态，这样便能在最短的时间内进入最好的学习状态中。这也是教学获得整体艺术效果最重要的一步。教师通过提问将教学内容巧妙地引入课堂，同时也让学生对本堂课（传球方式、路线和时机）有了相对清晰的了解，从而对学习内容产生浓厚的兴趣。

⑦利用故事导入新课。学生拥有很强的求知欲和好奇心，尤其喜欢看和听有趣的故事，往往很容易被生动的故事情节打动。体育教师应牢牢抓住学生这一心理特征，在教学过程中可以以讲故事的形式激发和提升学生的学习兴趣，从而使学生能更加主动地学习。这种方式还能潜移默化地影响学生，使师生之间产生情感共鸣，从而起到教育作用。

（二）讲解技能的构成要素

讲解的结构、清晰流畅的语言、使用例证、形成衔接、进行强调和获得反馈等要素构成了讲解技能。同时，这些因素也对讲解效果产生了一定的影响。所以，对于讲解技能，教师一定要有一个正确的认识和理解，并且熟练地掌握，依据学生的现实情况，合理、正确、灵活且熟练地运用这些要素。

1. 讲解的结构

讲解的结构包含讲解的内容选择、设计、顺序的编排以及明确重点，进而构成清晰的框架，使得讲解内容层次分明，条理清晰，突出重点，从而引发学生的思考和兴趣。教师在教学训练中为了提升学生的体能，经常安排他们进行发展身体运动素质的练习。为了让他们在身体运动素质概念的认识和理解方面有所提升，并熟练掌握发展身体运动素质的方法，要提升他们练习的科学性。

2. 清晰流畅的语言

语言是信息的载体，教师需要依托语言讲解技能，并通过语言让教师与学生之间传递情感、交流信息、掌握动作要点，进而达到讲解的目的。清晰流畅的语言对顺利讲解、传递信息和信息量产生了积极的作用，而发音、词汇、连贯度、节奏和语速等也对语言的清晰流畅具有一定的影响。

（1）在传递信息时需要采用标准的语言词汇

在定义、原理、概念、动作和身体部位的讲述时，不可使用一些口语或者是俗语，也不可使用一些不确定的词语（如“大概”“大约”“一般”等）。这样很容易使概念变得模糊，不严谨，甚至让学生胡乱猜测。除此之外，讲解的词语要正确，要有完整的句子结构、准确的专业术语。例如：身体姿势“俯卧”“仰卧”等基本术语不可以使用“躺着”“趴着”等普通词语来代替。

（2）讲解的语句要连贯

有时讲解的内容前后联系比较密切，如果省略其中的一部分则会交代不清楚，会出现跳跃感。有的运动技术动作是通过一些技术环节形成的，练习也是连续完成的。基于此，若是将其中主要的技术动作删去，学生则会出现跳跃脱节的感觉。

（3）适宜的语言节奏

节奏包含内容、语言、时间等。其中，内容节奏指的是要讲解内容的布局。开头要能够引起学生的注意；中间的记叙要有变化；结尾要留有余地，从而引起学生的思考。语言节奏是指语调的高低、速度的快慢以及强弱的变化。时间节奏则是指对讲解时间的合理分配，切不可前紧后松或前松后紧。

（4）语言速度要恰当

语速指的是说话的速度。人的听说能力具有一定的承受量，如果语速过快会超过人体的负载极限，导致听不清楚或者记不住。

语音和语速要与讲解内容相结合，符合情感需求进而产生相应的改变。

3. 使用例证

教师经常运用仪器、实验测试的数据来讲解运用技能过程中的概念、原理、规律等；规则和道理则用比赛教训和实例来说明；教育学生时利用身边发生的事例、行为等。所以，运用例证是组成讲解技能要素中十分重要的一部分。

4. 形成衔接

前后讲解的动作要领、问题、知识等在讲解过程中要衔接流畅，形成完整而又连贯的知识系统。教师在讲解时如果遇到力量教学训练内容通常会有以下步骤：第一步，要了解力量练习的价值、意义、概念；第二步，了解力量练习的安全注意事项和基本原则；第三步，了解控制“RM”力量练习强度的方法；第四步，讲解在训练中肌肉力量的评价和评价方法的作用。

如此一来，教师将力量训练的意义、概念、锻炼原则、价值、练习强度的选择方法、注意事项、评价等相连，让学生能够相对完整地了解力量训练。教师在讲解时也要前后呼应，环环相扣，形成有机的连接。

5. 进行强调

技术环节、教学训练要求、动作重难点、完成动作的标准、易产生的错误动作、注意的问题等是需要在教学中进行强调的，进而让学生多加重视，同时，也是教师课堂讲解的要素之一。

6. 获得反馈

教师在教学训练过程中，讲解设计和内容的展现过程是讲解的实施，同时，讲解的实施也是实现教师主观意图的过程。一堂训练课讲解的成效取决于教师讲授的信息量以及学生的接收量，这便是讲解与效果、主观与客观的统一问题。因此，教师要随时观察学生的表情、态度、行为动作和对问题的理解程度，及时得到学生各方面的反馈信息，并准确地加以判断，不断调整自己讲解的内容、速度和方式。因此，教师在训练课上应始终保持反馈信息传输的畅通，这样才能保持讲解的效率，提高讲解的质量和效果。

三 小学体育教学技能之动作技能

（一）动作技能的性质

不同心理学家对于动作技能的定义各不相同，但大多将动作技能分为两个部分：第一，对运动规则进行描述，也就是动作的程序；第二，由于练习和反馈变得精确以及连贯的实际肌肉运动，心理学家都认为，动作技能是一种习得的能力，根据一定的技术要求，可以通过练习获得准确、迅速、娴熟、流畅的身体运动能力。

依据以上对动作技能的定义，可以将其同不随意的和反射性的动作进行区分，比如在人的眼前有了较为轻微的刺激，便会快速做出眨眼的反应。这并非习得的反应，也不在动作技能范围内。

动作技能一方面会在要求应用的某种装置的任务当中存在，比如打球、绘图、骑自行车、打字、开飞机、使用实验仪器中有动作技能；另一方面，也在不需要应用装置的活动当中存在，比如在舞蹈、竞走、唱歌、游泳、练拳等活动中。不管有没有使用装置，动作技能中一直含有小肌肉群的肌肉控制。通常，一个简单的摇头动作人们不会认为是动作技能，这是因为只有简单的肌肉反应。

（二）动作技能的分类

动作技能从不同的视角进行分类，会出现不同的结果。

1. 动作学习与控制原理对动作技能的划分

动作技能的形成过程主要是从两个方面进行分类的，首先依据其明显的特征进行分类；其次依据人们执行动作技能时的表现水平分类。本书采用了三种方法划分动作技能：第一，根据认知和运动的重要程度进行分类，分为认知性技能和运动性技能；第二，根据动作任务的组织方式进行分类，分为序列技能、分立技能、连续技能；第三，根据执行动作技能中环境变化的可预见性分类，分为闭式技能和开式技能。

2. 体育心理学和运动生理学对动作技能的划分

目前，动作技能在我国体育专业体育心理学以及运动心理学的教材中被分为连贯和不连贯的动作技能、小肌肉群和大肌肉群动作技能、封闭式和开放式动作技能。

（1）连贯的动作技能与不连贯的动作技能

一般情况下，一个不连续的动作任务是对于特定外部刺激所做出的特定运动。诚然，整个任务是由一些不一样的动作构成的，其中每个动作都是通过一个不同的外部刺激所引发出来的。如果将其简化成最简单的形式，就如同从反应时间的测量中所反映的，一个“不连续”的任务是手与臂的运动都在一个方向上。反之，“连续”的任务会对人有所要求，即对刺激的组合与校正。其中有些刺激是内部的，会做出连续的调整与校正，所出现的动作或许是连续的。

（2）小肌肉群动作技能与大肌肉群动作技能

大肌肉群和小肌肉群的差别是：与动作相关的身体肌肉的数量。“大肌肉”的动作指的是使用大肌肉，而且时常会涉及整个身体，例如：举重、打网球、跳跃、游泳等。此处需要引起注意的是，上述的这些动作或许需要发展肌肉的力量，但是，并非我们说到的学会动作技能的用意。后者的含义只是动作的定时性和精确性。与此相互对立的，位于这一连续统一体的另一个端点的动作技能则表现为手指运动和腕关节。这些之所以是小肌肉群的动作技能，是缘于它们所需要的精确性。

由于每个人都是独一无二的，所以，在获得小肌肉群和大肌肉群的动作技能方面存在一定的差异。经相关研究表明：它们之间只有相对比较低的关联性，但是在进行学习的条件方面还存在诸多相同的地方。

（3）封闭式动作技能与开放式动作技能

封闭式动作技能是全部依托于内部肌肉反馈作为刺激指导的技能。这样的任务是很容易完成的。比如：在一个特殊的范围内，将手臂做平稳和连贯的运动。把眼睛蒙起来，凭空做“旋转追踪测验”的旋转运动则形成了一个封闭环路的动作技能。在黑板上徒手以最快的速度画一个大圆，便与封闭环路的动作技能相接近，因为调整画圆的动作并不是对正在画出来的那条线的外貌所做出的反应。

很多有用的动作任务在实践过程中具有某些开放环路的特征，简而言之，它们的反应多少会受到外部刺激的影响，如印刷体字母的书写受到印在纸上的那些格的影响。跳水、跨栏、接球等体育运动的技能要依托于外部刺激的呈现，才可以精确且适当地完成。

有些类型的开放环路技能在某种程度上必须受以理智计划形式出现的不同于肌肉反馈的刺激的控制，如弹钢琴、打字等技能。在这些例子中，不连续的个别动作进行的速度太快，以致不允许依据肌肉的反馈来对动作加以纠正。要获得这类动作技能，显然不能依赖于具体的动作片段的简单“连接”。与此不同，我们似乎有理由假定，个人必须获得一些“执行性的子程序”或“动作程序”。

3. 其他研究成果中对动作技能的分类

体育学者王建从小学生动作技能的形成过程的理论探讨和实证分析出发对运动技能进行了分类，将运动技能划分为竞技性运动技能和非竞技性运动技能两项技能，又可以分为开放型、中间型和闭锁型运动技能。陈敏以信息加工的递归分解理论为依据，将运动技能分为选择生成性运动与内在生成性运动两类。

（三）动作技能的构成成分

第一，大多数教练和教师强调运动中的认知成分，学习者需要理解训练的项目。一般来说，运动水平越高，越需要做出判断，采取相应对策，并制订周密的计划。

第二，大多数教练与教师强调在技能学习中知觉因素的重要性，学习者必须准确与敏锐地辨别需要做出反应的线索。

第三，所有的教师与教练特别强调协调能力所起的关键作用。

第四，大多数教师和教练都提到各种个性和气质特征，如情绪愉快又稳定、成就动机强、自信心强、自控能力强、顽强等的重要性。

（四）动作技能的特征

技能总是在人们完成某种操作或动作中表现出来的。操作或动作是可以观察的外显活动，其执行的速度、精确性、力量或连贯性均可以测量。心理学家总是将达到较高速度、精确性、轻松、连贯的操作或动作称为熟练的操作或熟练的动作。熟练的操作是技能获得的标志。

1. 立即反应代替了笨拙的套试

从信息加工的观点来看，人的任何操作或动作可以分解为复杂的刺激与反应过程。从刺激到反应之间需经历五步。

（1）输入

各种感觉器官接收输入信息引起冲动。

（2）编码

识别信息，信息被转化成概念，这就是皮亚杰所说的同化过程中新的信息被纳入已有的观念中。

（3）信息加工

运用联想和思维从信息中推导出以符号陈述的行动指令。

（4）译码

符号的指令转化为神经冲动。

（5）输出

神经冲动引起肌肉动作作用于外部世界。

研究表明，从一步步有意识地尝试到自动操作的形成，主要是由于省掉了许多中间环节。

每一个中间反应都是指引学习者在反应连锁中前进一步的思想。初学者的操作分解成许多小步，看起来很笨拙，随着练习的增多，个别的中间反应逐渐变得不必要，对曲调的视觉足以引起手指的适当演奏动作。

2. 微弱的线索被利用

任何动作都受情境的线索指导。线索可以是看到、听到或触到的。有关的线索是有助于人辨别情景或指引其行动的体内外的刺激。指导动作的线索大致可以分为三类：第一类是基本线索，即人要进行成功反应所必须注意的线索；第二类是有助于调节反应的线索；第三类是无关的线索。以棒球手的动作为例，球棒的摆动、球的初始速度，是其要做反应的基本线索，球的转动和场内条件对初学者没有帮助，而对于优秀的运动员则有助于预测球的弹跳、裁判员的位置，人群的喧闹则是无关线索。在动作技能形成初期，学习者只能对基本线索产生反应，不能觉察到自己动作的全部情况，难以发现自己的错误。随着练习的增多，学习者能觉察到动作之间的细微差别，能运用细微的线索使动作日趋完善。技能相当熟练时，人能根据微弱的线索进行动作。这时熟练者头脑里已储存了与特有的一系列线索有关的信息，当某一线索出现之后，就能进行一系列的反应。优秀的运动员对微弱的线索有敏锐的感觉和知觉。

3. 错误被排除在发生之前

高度熟练的动作看起来连续不断，但将连续不断的动作的记录放在显微镜下观察，发现连续的动作实际上是一连串的脉冲。任何一个脉冲对前一个脉冲都起着检验、更正和增强的作用。

在连续的动作技能中，操作者不断进行尝试和纠正。如汽车司机在开车时并不能沿着路边或中心线笔直行驶，而是时而偏左，时而偏右，需要不断地进行调整，实际走的是锯齿形路线。在此过程中，司机是根据其动作的反馈来调整其操作的。反馈通常有两种：一种是由视觉、听觉等感受器官接收的外来信息的外部反馈；另一种是由肌肉和关节引起冲动的内部反馈，即动作感觉反馈。初学者主要靠视觉信息的外部反馈来调节自身的动作，熟练的操作者则主要根据动作感觉的内部反馈来调整自己的动作，所以熟练的驾驶员可以不必等到汽车偏离理想的运动轨迹太远，就能靠肌肉的内部反馈自行调节，而把事故排除在发生之前。

4. 局部动作综合成大的连锁，受内部程序控制

心理学的研究表明，人对外界刺激的变化每秒只能进行两次调解，但熟练的钢琴家每秒能弹奏 10 个以上的音符，这怎么可能呢？研究表明，熟练的演奏家不是对单个音符做孤立的反应。他们的局部动作已综合成大的连锁，或者说他们已发展了所谓内部的指导程序。有实质性的证据表明，尽管动作技能开头可能是逐个学会的，但技能学习的较高阶段包括发展一个内部程序，它使完整的操作畅通无阻地执行，很少需要反馈。

程序的概念来自计算机科学领域，一个计算机程序包括进行一系列数学运算的指令。例如，可以编一个计算自然数平方的程序，将该程序输入计算机后，运行的指令一旦发出，计算机便可以连续不断地运行，得出正确的结果。程序的简单或复杂可以根据需要编制。人脑类似计算机，可以储存进行复杂动作技能的程序，并向肌肉发出一系列执行动作技能的正确指令。在技能经过充分练习的情景下，在神经系统中的程序很少需要知觉系统的监视，就可以连续运行。所以，熟练操作表现出预见性，反应方式和时刻都很精确，动作流畅，好像完全自动化一样，其内在的机制可能就是在人脑内储存了这种指导程序。

内部贮存程序的存在可以用下述例子说明。在 30 多年前，日本有人发明了一种特殊方法教儿童学习拉小提琴。在婴儿出生后的几个月，便向他重复演奏一段乐曲。这段乐曲也许要重复几个月，直到该乐曲产生安抚效果，此时说明婴儿能识别该曲调了。以后再选另一段乐曲重复演奏。如此训练，直到儿童 4 岁时被送往音乐学校学习，儿童可以完全根据听觉学习音乐。研究者推测，儿童是将奏出来的声音与婴儿时期就贮存在大脑内的样板进行比较，使其动作模式得到矫正的。

5. 在不利条件下能保持正常的操作水平

表现出同样操作水平的人，其熟练程度有所不同，检验谁是最熟练的操作者的最好方法是看谁在条件变化时能保持正常的操作水平，如最优秀的飞行员能在恶劣的气候条件下维持协调和准确地操作；著名的球星在有对手贴身防守，甚至由于对手犯规使自己身体失去平衡时能摆脱困境，将球踢入网内。紧急情况的突然出现，可能使不熟练者手足无措，但能使熟练者将技能发挥至巅峰水平。

四　动作技能的形成与保持

（一）动作技能的形成

人类从呱呱坠地开始直到死亡的那一刻无时无刻不在学习、变化、发展自身的动作技能，如婴儿刚学会抓握，接着是翻身、爬行、站立、走路、奔跑以及更多的动作技能。通过什么机制形成的动作技能人们十分关注的问题，下面介绍几种在不同理论解释中最具有代表性的理论。

1. 连锁反应理论

该理论认为可以用刺激—反应（S–R）公式的连锁反应来解释动作技能的形成。动作技能被理解为动作的连锁反应：刺激引起反应，第一个动觉反馈调节着第二个动作，第二个动作的动觉反馈又调节着第三个动作……于是，就产生了动作技能的连续性运动。例如，儿童学会用钥匙开门的连续动作：首先用手拿钥匙，对准锁孔，确认插入的位置是否正确，然后将钥匙完全插入并按正确方向旋转，每个动作如果不按上述顺序进行，就达不到目的。如果钥匙的方向不对，就无法插入锁孔；如果没有全部插入，就不能旋转。如果顺利地完成了一切操作，门就可以打开。开门是最后一个动作，对整个连锁反应起着强化的作用。

2. 认知心理学理论

认知心理学用信息加工的观点来解释动作技能的形成过程。这一过程包含了感受—转换—效应器三个连续阶段。各种感觉器官接收输入信息，但人只有通过动觉才能意识到自己身体的运动。知觉正确与否，对动作技能的形成具有重要意义。感觉信息超载或贫乏，都有可能导致知觉判断错误。感觉信息经过短时记忆（选择性记忆）转入第二阶段——由知觉到运动的转换。这一阶段有双重意义，即对感觉输入做出反应，又激起效应器的活动。而效应器的活动通过反馈进一步得到校正或加强。研究表明，经过练习所形成的运动程序图式，即程序性记忆储存在长时记忆中。运动程序图式是经过长期的练习而形成的有组织的系统性知识。对于一种动作技能，如弹琴、打字、驾驶汽车等，要达到熟练必须经过 1000~1500 小时的练习。这仅是指一般性的熟练而言，即可以熟练地运用该项技能。至于在竞技运动领域，要形成一种能够在比赛中灵活运用的技能，显然要经过更长的时间。按照每天练习 4 小时（大运动量训练一般为 6 小时左右，包括身体练习），每年训练 280 天计算，一个有 10 年球龄的排球运动员，达到运动巅峰状态时，已经训练了 11 200 小时。这种经验丰富的运动员，把比赛中可能遇到的各种情况以及怎样处理都构成了一套运动图式，这些运动图式随着练习而不断完善和巩固，它们像整装待发的战士一样，随时听候启动的命令。在活动开始后，这些运动图式构成一种总的运动图式并在无反馈的条件下使活动进行下去。经过长期练习后，大脑的运动图式有两个特征：一是十分巩固，某种特定刺激总是立即引起相应运动图式的启动和调用；二是十分灵活，即在调用大脑中储存的运动图式指挥一个或一系列的具体动作时，容许在执行过程中根据具体环境产生大同小异的变式。这样，实际操作中千变万化的动作有可能出于同一大脑运动图式。

显然，这种认知心理学的理论能够比较好地解释连锁反应理论难以回答的两个问题。

3. 动作技能学习实质理论

对于动作技能学习的研究可以追溯到 19 世纪 50 年代，但是，1971 年才提出关于动作技能学习的综合性理论，并引起了广泛关注和深层次的研究。从整体上来看，研究动作技能学习是依托于一般学习的理论观点，针对性不强。例如：行为主义对动作技能形成的心理机制的解释，也就是刺激—反应的联结的建档，动作技能通过练习故而形成一种习惯性的行为反应方式。在其学习上套用一般的学习理论，是无法从实质上解决问题的。一些研究者为此做出了努力，提出了动作技能学习理论。

（二）动作技能的保持

1. 动作记忆

我们似乎有着相同的经验，只要动作技能学会后便终生难忘。比如：游泳或者是自行车学会之后，基本上一生都会记得。此处关乎一个有关动作记忆的问题。作为一种基本的心理过程，记忆在人脑中累积和保存个体知识经验的过程，用信息加工来说，即对于外界输入的信息，人脑会进行编码存储和提取的过程。记忆是一种能动且积极的活动，对于外界输入的信息，人们通常主动地进行编码，使其形成了人脑能够接受的形式。从不同角度对记忆进行划分：①短时感觉以及长时记忆；②语义和情景记忆；③内隐和外显记忆；④陈述性和程序记忆。

2. 动作技能的遗忘

基于学校的教学需求，我国心理学工作者对动作技能的遗忘进程进行了研究。新编的徒手体操是新的学习内容，只需要短短的 10 分钟便可以学会，并在 1 分钟之内将动作完成。

（1）通过大量的练习获得动作技能。比如在以上的实验当中，存在诸多过度学习。通常，通过过度学习的任务不容易忘记。反之，如果练习 1~2 次便可以获得的新技能，则很快会被遗忘。这是因为在练习终止后，遗忘是最明显的，而且学习所规定的标准达成之后，练习量便会减少，遗忘便会更加地明显。

（2）诸多动作技能会通过连续任务的形式出现。在以上的实验当中，被试者需要追踪指针和光点，进行连续调节。连续的任务是比较简单的，不容易忘记。如果动作技能是通过诸多完全不一样的孤立动作形成的，有人估计，其遗忘程度应该与言语材料的遗忘程度类似。

（3）动作技能同言语知识不一样，它的保持程度依托于小脑和脑低级中枢，这些中枢相比其他部位或许会出现更大的保持动作痕迹的能量。

五　小学体育教学中动作技能教学策略

小学生通过一些与自身能力相适应的身体练习，提升动作技能与身体素质的教学目的便可以达成。小学生从事高质量的身体练习会更多，这样一来，就越有可能提升自身的动作技能。因此，小学体育教师要对可以帮助学生从事高质量练习的方法有一定的了解。以下我们介绍循环练习教学法和个性化教学法，希望能够对学生最大限度地从事练习起到一定的帮助作用。

（一）循环练习教学法

循环练习教学法指的是在同一时间内，学生分别在不同的练习站做不同的练习。教师先设置很多不同的练习站，之后，学生通过个人或者是小组的形式进行练习。所有小组的学生在某个练习站练习固定的时间（2~3 分钟），之后，在教师的指导下，各个小组再到下一个练习站进行练习。这一教学法的另一种方式是：学生依据自己的需求，将在某一练习站的练习时间明确下来，以及怎样转入下一个练习站练习。教师应该在学生练习之前，把轮换的方向清楚地告诉他们，以确保每一个小组的学生都能非常清楚自己要去的下一个练习站。最简单的方式就是在所有的练习站上贴上数字，这样学生便可以通过数字进行轮换，只要教师把各个练习站的练习方法及轮换的顺序清楚地告知学生，他们便可以在进行联系的时候避免出现混乱，进而每一个练习站的练习也能够有效地完成。如此一来，在上课时，学生们便可以最大限度地加入多种不同的身体练习当中。教师在使用循环练习法时，在要设置多少练习站这个问题上，需要根据学生的实际情况和场地器材来决定，比如：教师将各个练习站在学生上课前都布置好，这样练习的时间和效率便可以大幅度提升。

（二）个性化教学法

在平时的教学当中，小学体育教师会发现学生们存在很大的个体差异，都有其不同的特点。例如：一位中学的体育教师在教授羽毛球时发现，都是一个班级的学生，有些学生有较高的羽毛球水平，有些学生的水平却非常低，还有的甚至无法准确击球。如果整个班级的学生进行同样的羽毛球练习，这样所产生的结果是：只有一小部分学生可以获得良好的练习效果。然而对于水平相对较高的学生而言，这样的练习过于简单，会让他们感到无趣，进而也不会有太多的收获。但是，对于水平较低的学生而言，这样的练习难度过高，同样会让他们苦恼、困惑，从而也没有太多的收获。个性化教学法能给学生提供多项练习的选择，在练习时，能够依据自身情况，选择与自己相符的练习。在练习时，一定要与自身的能力相符，进而才能进一步提升动作技能。简而言之，在一定程度上，个性化教学法可以给到所有学生帮助，帮助他们提升练习质量。

使用个性化教学法最关键的就是：与练习难度有关的因素，教师一定要做到心中有数。所有的练习都有着同练习难度相关的一些因素，对于这些因素，教师要适当地进行控制，让身体练习从简单到复杂，进而给予所有学生一定的帮助，让他们成功地练习身体。常见的与练习难度相关的因素有：①练习完成所需的时间；②练习的准确性；③练习之间的间歇时间；④器材／场地的大小；⑤距离；⑥参与防守的人数；⑦阻力；⑧防守的强度；⑨速度。如果教师选用的是个性化教学法，可以依据帮助学生身体能力改变的 2~3 个练习难度相关的因素对学生们的个人情况进行教学。

4 Chapter 第四章 小学体育教学模式的创新

第一节 SECTION I

运动处方的有效教学模式

运动处方是根据参加健身活动者的体质和健康情况以处方的形式确定运动的种类、时间、强度、频率与注意事项，它与临床医生开方取药有相似之处，但不同的是，一个是用药作为治疗手段，另一个则是用运动作为强身健体的主要措施。

运动处方一般分为三类。

（1）健身运动处方：健康人进行运动处方锻炼，以增强体质、提高健康水平为目的。

（2）竞技运动处方：专业运动员进行运动处方训练，以提高专业运动成绩为目的。

（3）康复运动处方：对患者应用运动处方，以治疗和康复为目的。

运动处方一般包括五个要素：运动形式、运动强度、持续时间、运动频率和注意事项。

一 运动处方的运动种类

运动处方的运动种类可分为三类，即耐力性（有氧）运动、力量性运动以及伸展运动和健身操。

（一）耐力性（有氧）运动

耐力性（有氧）运动是运动处方中最主要和最基本的运动手段。在治疗性运动处方和预防性运动处方中，主要用于心血管、呼吸、内分泌等系统的慢性疾病的康复和预防，以改善和提高心血管、呼吸、内分泌等系统的功能。在健身、健美运动处方中，耐力性（有氧）运动是保持全面身心健康、理想体重的有效运动方式。

耐力性（有氧）运动的项目有步行、慢跑、走跑交替、上下楼梯、游泳、自行车、功率自行车、步行车、跑台、跳绳、划船、滑水、滑雪、球类运动等。

（二）力量性运动

力量性运动在运动处方中主要用于运动系统、神经系统等肌肉、神经麻痹或关节功能障碍的患者，以恢复肌肉力量和肢体活动功能为主。在矫正畸形和预防肌力平衡被破坏所致的慢性疾患的康复中，通过有选择地增强肌肉力量，调整肌力平衡，从而改善躯干和肢体的形态与功能。

力量性运动根据其特点可分为电刺激疗法（通过电刺激，增强肌力，改善肌肉的神经控制）、被动运动、助力运动、免负荷运动（在减除肢体重力负荷的情况下进行主动运动，如在水中运动）、主动运动、抗阻运动等。抗阻运动包括等张练习、等长练习、等动练习和短促最大练习（等长练习与等张练习结合的训练方法）等。

（三）伸展运动和健身操

伸展运动和健身操较广泛地应用在治疗、预防和健身、健美各类运动处方中，主要作用有放松精神、消除疲劳，改善体型，防治高血压、神经衰弱等疾病。

伸展运动和健身操的项目主要有太极拳、保健气功、五禽戏、广播体操、医疗体操、矫正体操等。

二　运动处方的运动强度

（一）耐力性（有氧）运动的运动强度和运动量

运动强度是运动处方的核心及设计运动处方中最困难的部分，需要有适当的监测来确定运动强度是否适宜。运动强度是指单位时间内的运动量，即运动强度 = 运动量 / 运动时间。而运动量是运动强度和运动时间的乘积，即运动量 = 运动强度 × 运动时间。运动强度可根据最大吸氧量的百分数、代谢当量、心率、自觉疲劳程度等来确定。

（二）力量性运动的运动强度和运动量

1. 决定力量练习的运动量的因素

（1）参加运动的肌群的大小：大肌肉群运动的运动量大，小肌肉群运动的运动量小。如肢体远端小关节、单个关节运动的运动量较小；肢体近端大关节，多关节联合运动，躯干运动的运动量较大。

（2）运动的用力程度：负重、抗阻力运动的运动量较大：不负重运动的运动量较小。

（3）运动节奏：自然轻松的运动节奏其运动量较小：过快或过慢的运动节奏其运动量较大。

（4）运动的重复次数：重复次数多的运动量大。

（5）运动的姿势、位置：不同的运动姿势，位置对维持姿势和克服重力的要求不同，运动量也不同。

2. 力量练习的运动强度和运动量

力量练习的运动强度以局部肌肉反应为准，而不是以心率等指标为准。

在等张练习或等动练习中，运动量由所抗阻力的大小和运动次数决定。在等长练习中，运动量由所抗阻力和持续时间决定。

在增强肌肉力量时，宜逐步增加阻力而不是增加重复次数或持续时间（大负荷、少重复次数的练习）；在增强肌肉耐力时，宜逐步增加运动次数或持续时间（中等负荷、多次练习）。在康复体育中，一般较重视发展肌肉力量，而肌肉耐力可在日常生活活动中得到恢复。

（三）伸展运动和健身操的运动强度与运动量

（1）有固定套路的伸展运动和健身操的运动量，如太极拳、广播操等，其运动量相对固定，太极拳的运动强度一般在 4~5MET 或相当于 40%~50% 的最大吸氧量，运动量较小。增加运动量可通过增加套路的重复次数或动作的幅度、架子的高低等来完成。

（2）一般的伸展运动和健身操的运动量可分为大、中、小三种。小运动量是指做四肢个别关节的简单运动、轻松的腹背肌运动等，运动间隙较多，一般为 8~12 节；中等运动量可做数个关节或肢体的联合动作，一般为 14~20 节；大运动量是以四肢及躯干大肌肉群的联合动作为主，可加负荷，有适当的间歇，一般在 20 节以上。

三 运动处方的持续时间

（一）耐力性（有氧）运动的运动时间

在运动处方中的运动时间是指每次持续运动的时间。每次运动的持续时间为 15~60 分钟，一般须持续 20~40 分钟；其中达到适宜心率的时间须在 15 分钟以上。在计算间歇性运动的持续时间时，应扣除间歇时间。间歇运动的运动密度应视体力而定，体力差者运动密度应低；体力好者运动密度可较高。

运动量由运动强度和运动时间共同决定（运动量 = 运动强度 × 运动时间），在总运动量确定时，运动强度较小则运动时间较长。前者适宜于年轻及体力较好者，后者适宜于老年及体力较弱者。年轻及体力较好者可由较高的运动强度开始锻炼，老年及体力较弱者则由低的运动强度开始锻炼。运动量由小到大，增加运动量时，先延长运动时间，再提高运动强度。

（二）力量性运动的运动时间

力量性运动的运动时间主要是指每个练习动作的持续时间。如等长练习中肌肉收缩的维持时间一般在 6 秒以上较好。如最大练习是负重伸膝后再维持 5~10 秒。在动力性练习中，完成一次练习所用时间实际上代表动作的速度。

（三）伸展运动和健身操的运动时间

成套的伸展运动和健身操的运动时间一般较为固定，而不成套的伸展运动和健身操的运动时间有较大差异。例如：二十四式太极拳的运动时间约为 4 分钟；四十二式太极拳的运动时间约为 6 分钟；伸展运动和健身操的总运动时间由一套或一段伸展运动和健身操的运动时间、伸展运动和健身操的套数或节数来决定。

四 运动处方的运动频率

（一）耐力性（有氧）运动的运动频率

在运动处方中，运动频率常用每周的锻炼次数来表示。运动频率取决于运动强度和每次运动持续的时间。一般认为：每周锻炼 3~4 次，即隔 1 天锻炼 1 次，这种锻炼的效率最高。最低的运动频率为每周锻炼 2 次。运动频率更高时，锻炼的效率增加并不多，而有增加运动损伤的倾向。

小运动量的耐力运动可每天进行。

（二）力量性运动的运动频率

力量练习的运动频率一般为每日或隔日练习 1 次。

（三）伸展运动和健身操的运动频率

伸展运动和健身操的运动频率一般为每日 1 次或每日 2 次。

五 运动处方的运动进度

一般根据运动处方进行适量运动的人，经过一段时间的运动练习后（6~8 个星期），心肺功能应有所改善。这时，无论在运动强度和运动时间方面均应逐渐加强，所以运动处方应根据个人的进度而修改。一般情况下，运动训练造成体能上的进展可分为三个阶段：初级阶段、进展阶段和保持阶段。

（一）初级阶段

初级阶段指刚刚开始实行定时及有规律的运动时。这个阶段并不适宜进行长时间、多次数和程度大的运动，因为肌肉在未适应运动就接受高度训练很容易受伤。所以，对于大部分人来说，最适宜采取强度较低、时间较短和次数较少的运动处方。例如，选择以缓步跑作为练习的运动员，应以每小时 4 公里的速度进行，而时间和次数则根据自己的体能进行调节，不过每次运动的时间不应少于 15 分钟。

（二）进展阶段

进展阶段指运动员经过初级阶段的运动练习后，心肺功能已有明显的改善，而改善的进度则因人而异。在这个阶段，一般人的运动强度都可以达到最大摄氧量的 40%~85%，运动时间亦可每 2~3 周便加长一些。这个阶段是运动员体能改善的明显期，一般长达 4~5 个月。

（三）保持阶段

在训练计划大约进行了 6 个月之后出现。在这个阶段，运动员的心肺功能已达到满意的水平，而他们亦不愿意再增加运动量。运动员只要保持这个阶段的训练，就可以确保体魄强健。这时，运动员亦可以考虑将较为刻板沉闷的运动训练改为一些趣味较高的运动，以避免因沉闷放弃继续运动。

六　运动处方的注意事项

（一）耐力性（有氧）运动的注意事项

用耐力性（有氧）运动进行康复和治疗的疾病多为心血管、呼吸、代谢、内分泌等系统的慢性疾病，在按运动处方进行锻炼时，要根据各类疾病的病理生理特点、每个参加锻炼者的具体身体状况，提出有针对性的注意事项，以确保运动处方的有效原则和安全原则。

一般的注意事项应包括以下几方面。

（1）运动的禁忌证或不宜进行运动的指征在耐力性（有氧）运动处方中，应有针对性地提出运动禁忌证。如心脏病人运动的禁忌证有：病情不稳定的心力衰竭和严重的心功能障碍；急性心包炎、心肌炎、心内膜炎；严重的心律失常；不稳定型、剧增型心绞痛，心肌梗死后不稳定期；严重的高血压；不稳定的血管栓塞性疾病等。

（2）在耐力性（有氧）运动处方中应指出须立即停止运动的指征，如心脏病人在运动中出现以下指征时应停止运动：运动时上身不适，运动中无力、头晕、气短，运动中或运动后关节疼痛或背痛等。

（3）运动量的监控在耐力性（有氧）运动处方中，需对运动量的监控提出具体的要求，以保证运动处方的有效性和安全性。

（4）要做充分的准备活动。

（5）明确运动疗法与其他临床治疗的配合，如糖尿病患者的运动疗法需与药物治疗饮食治疗相结合，以获得最佳的治疗效果。运动的时间应避开降糖药物血浓度达到高峰的时间，在运动前、中或后，可适当增加饮食，以避免出现低血糖的症状等。

（二）力量性运动的注意事项

（1）力量练习不应引起明显疼痛。

（2）力量练习前后应做充分的准备活动及放松整理活动。

（3）运动时保持正确的身体姿势。

（4）必要时给予保护和帮助。

（5）注意肌肉等长收缩引起的血压升高反应及闭气用力时心血管的负荷增加。有轻度高血压、冠心病或其他心血管系统疾病的患者，应慎做力量练习；有较严重的心血管系统疾病的患者忌做力量练习。

（6）经常检修器械、设备，确保安全。

（三）伸展运动和健身操的注意事项

（1）应根据动作的难度、幅度等，循序渐进、量力而行。

（2）指出某些疾病应慎采用的动作。如原发性高血压病患者、老年人等不做或少做过分用力的动作及幅度较大的弯腰、低头等动作。

（3）运动中注意正确的呼吸方式和节奏。

第二节 SECTION 2 注重探究学习的有效教学模式

一 注重探究学习的教学思想简介

（一）探究学习的概述

1. 探究学习的内涵

探究学习是指在教师的指导下，学生运用类似科学探究的方法主动地获取知识、应用知识、解决问题、发展能力的学习实践活动。探究学习的核心在于改变学生的学习方式，其目的在于培养学生的创新精神和实践能力。在探究式学习中，学生的知识与能力的获得不是依靠教师进行传统式的、强制性的灌输与培养，而是在教师的引导下，由学生亲自参与、主动探究、主动思考、亲身体验出来的。与以灌输、记诵、被动接受为特征的旧教学体系相比，探究学习在教师观、学生观、学习观和评价观等方面均体现出独特的见解和方法，具有新颖而丰富的内涵。

2. 探究学习的特点

（1）儿童通过自主地探究自然的过程，获得科学知识。而传统的理科教学则离开了对自然事物、现象的探究，仅灌输现成的结论性知识，停留于死记硬背的状态。

（2）以培养探究能力为宗旨。让儿童自主地抓住自然的事物和现象，加深对自然认识，从而有组织、有计划地培养探究能力。

（3）以形成科学概念为基础。按儿童发展的特点，逐步从初步的自然认识提高到高深的自然认识，即不断深化对自然的理解。要真正理解自然，就要使第一个学生有效地形成认识自然的基础——科学概念。科学概念的形成遵循由初级的类概念（着眼于事物、现象的特征）到高级的关系概念（着眼于事物、现象之间发生的变化和发展的规律）。

（4）最终形成探究未知世界的积极态度。探究的心理态势是探索未知世界最基本的方面，而它只能在自主地抓取自然事物、现象的探究活动中逐步培养起来。

（二）探究学习的理论构建

1. 构成探究学习的前提条件

加涅·R.M（Robert Mills Gagne）认为构成探究学习必须具备两个前提条件：一是必要的学习能力——在学生展开学习时，要具备初始能力；在学习终结时，要具备终结能力；二是学习的对象——知识。随着学习活动的进展，学生获得的知识量也会随之增加。知识与能力之间，知识是在能力培养的过程中加以掌握的，知识是能力的一个因素。

2. 探究方式训练

伊利诺伊大学探究训练研究所所长萨奇曼（Richard Suchman），通过培养探究能力的小学理科课程研究，提出了“探究方式训练”。他认为，理科教育“不是靠教师的讲解”而是教给学生发现的方法，使他们自己去发现。这种发现的方法包括假设的方法、验证假设的方法、解释认知结果的方法。他主张首先要培养探究能力，通过运用探究能力，学生就可以从自然现象中自主地发现类型、关系、规则等。

3. 探究学习所使用的教材

美国心理学家杰罗姆·S. 布鲁纳（Jerome S. Bruner）认为，在探究教学中使用的教材必须突出三个要点：一是知识本身的特性；二是学习的本质；三是获取知识的过程。他主张要注重凭借直觉作用的发现学习，通过教材的结构和学科的结构，引导儿童参与“知识获得的过程”；要“致力于就发现什么的过程”展开教学。

4. 探究教育的总体构想

日本教育学家降旗胜信认为，中小学理科教育应该形成探究教育的发展序列，并提出了中小学理科探究教育的总体构想。即小学阶段，重点培养学生获得知识必需的探究能力和态度；初中阶段，把重点转移至科学概念的形成上；高中阶段，“用小学、初中阶段培养起来的探究能力、态度和基本的科学概念，获得更高级的科学概念”。在这一总体构想中，小学阶段探究能力和态度培养的比例大于科学知识的掌握，大于初中、高中阶段能力和态度培养的比例。

5. 探究学习的必要性

芝加哥大学教授施瓦布（J.J.Schwab）率先提出了探究学习的概念，并且从现代科学本质的高度，从理论上阐述了探究学习的必要性。他认为，探究的理科教学是立足于科学论之上的理科教学论。这种理科教育必须建立在科学发展的本质和教育的本质两根支柱上。科学的发展是连续的、流动的探究过程。教育的活动是儿童自主地掌握事物本质的探究过程。把科学的发展称为“探究的科学”，把教学的过程称为“探究的教学”，二者有机结合，形成理科探究教育，即探究之探究。

 探究性学习在体育教学改革中的意义

（一）小学体育教学改革中遇到的问题

1. 体育教育的实际地位并没有得到根本性的提高

体育教学改革实施以后，虽然很多学校在表面上热衷于体育教学改革的推行，也在操作层面上对现有的体育教学情况做了很多调整和改善。但是，学校领导在长期的教育工作中形成的轻视体育教学的观念和思想并没有得到转变，家长对学生文化课成绩过分关注以致忽略学生体育学习情况的现象也没有根本性地扭转，在这样的情况下，学生自身的体育学习积极性也很难被真正地激发，所以导致很多学校的体育教学改革只流于形式，体育教育在学校教育中的实际地位并没有得到根本性的提高。

2. 体育教师对教学改革的认知存在较大的差距

在体育教学改革的过程中，部分体育教师由于对体育教学改革的内涵理解得不够透彻，因此对体育教学改革的认知存在较大的差距。

首先，部分体育教师抱有盲目从众的心理。他们对于体育教学改革并没有明确的设想、目标以及方案，只是看到教育部门在大力推进体育教学改革，遂产生从众的心理，开始盲目草率地进行教改。

其次，部分体育教师对体育教学改革的认识存在偏差，认为体育教学改革与自身的利益无关，所以在体育教学改革中抱有消极、不作为心理。

最后，部分体育教师对体育教学改革持排斥、不认同的态度，仍然坚持传统的教学模式。这部分体育教师一般都已在传统的教学模式下从事体育教学工作多年，对新兴的和新颖的教学模式不会轻易认同。

3. 教学内容、教学方法、教学模式仍然无法摆脱传统体育教学模式的束缚

虽然我国正在进行体育改革，但是有一部分学校没有把改革落实到具体工作中，导致我国小学生对体育的学习兴趣和积极性并未激发出来，这是因为教师的教学观念一直没有改变。加上我国小学体育教师的工作量比较大，无法把重心放到体育教学中，这就使得我国的体育改革只流于形式，日常教学实践中所涉及的教学内容、教学方法、教学模式等仍然无法摆脱传统体育教学模式的束缚和影响。之所以如此，主要是由以下原因造成的：第一，体育教师队伍的结构和状况不容乐观，很多小学体育教师队伍存在人员老化的现象，教师队伍中的新鲜血液不够。第二，部分体育教师因为没有深入透彻地理解改革的目的和内容，所以仅在操作层面上做了细微的改革，而在思想和观念层面并没有想真正的改革。

（二）体育教学改革中探究性学习方式的构建价值

1. 时代内涵及意义

在新时代背景下，体育教学改革中探究性学习方式的建立是一个长期发展的过程。随着时代的发展，体育教学改革中的探究性学习方式也应该随之改变，保持其时代感和创新性，这为体育教学教育提出了挑战和改革方向。探究性学习方式应该是在一个多方位、多角度、多层次的判断体系中建立的。它是多元的，也是完整健全的。从这个角度来看，体育教学改革中探究性学习方式应该是与时俱进的、先进的、科学的、进步的、现代的学习方式。

2. 发挥探究性学习在体育教学改革中的作用

探究性学习是一种以提高学生创新精神和实践能力为主要目的的学习方式和课程形态，阐述研究性学习在体育教学中的具体运用，可为体育教学改革提供借鉴。探究性学习的根本在于教学思想的转变，探究性学习的实质就是以人为本的教育思想在体育教学中的体现，由此可见，体育教学改革的灵魂正是实施探究性学习，将探究性学习这一理念运用到体育教学改革中，创建以“健康第一”为指导思想，以育人为目标，以终身体育为主线的新型体育教学体系。探究性学习的根本是学生应成为教学中的主体，注重优先发展学生情感，强调培养学生的创造力，尊重学生的主体地位；营造生动活泼的教学气氛，培养学生的创新精神和实践能力，重视学生的多种收获与体验；有效提高教学质量，促进学生全面发展。

（三）体育教学改革中探究性学习的理论依据

1. 心理学基础

体育心理学是心理学的一个分支学科，体育心理学中的体育学习动机和体育运动中认知问题对探究性学习有较大的影响。动机是推动一个人进行活动的心理动因和内部动因，因此学生在运用探究性学习时要有一个明确的动机。认知过程和情意过程相统一的理论认为，人的精神世界，不仅本身是知、情、意的统一体，而且它的形成也依靠着知、情、意的协同作用，人的任何一个观念、一个技能、一个思想都离不开认知因素。它能引起并维持人的活动，将该活动指向一个具体的目标，以满足个人的愿望。因此教师在创设情境时要培养和激发学生的动机。

2. 哲学基础

探究性学习属于体育教学中的一种教学方法，它是体育课程的一部分，任何一门课程的建立与发展都要受哲学的支配。马克思认为人的本质活动是实践，人是认识活动的主体，肯定人的价值，强调人的主体地位和人的个性自由，而探究性学习的本质就是体现学生在学习中的自主性、能动性，体现以学生为本。

3. 社会学基础

探究性学习的广泛开展与应用将进一步促进人的社会化，人的社会化是体育社会化的前提。当今的学生正处于一个复杂多变的社会中，在这个社会里一方面接受着正规的教育，另一方面又接受着非正式的、潜移默化的教育。

因此，我们要了解社会、认识社会，使学生生活在一个良好的社会氛围之中。近 20 年来体育社会学的兴起与发展，体育作为一种社会现象，已被人们普遍关注，并广泛渗透到社会生活之中。一个和谐稳定的社会有利于体育的教学与发展，探究性学习能否得到推广与应用将依赖于一定的社会基础。

4. 教育学基础

教育学是研究教育现象及规律的一门科学。探究性学习是未来体育教学的新理念、新方法，探究性学习是把受教育者培养成为一定社会所需要的人，这个目的也是教育学所要实现的。体育教学是教育学的重要组成部分，而体育教学方法和模式是体育教学顺利开展的基本手段。

5. 布鲁纳“发现学习法”

发现学习法是指教师在学生学习概念和原理时，只是给予一些事实（或事物）和问题，让学生积极思考，独立探究，自行发现并掌握相应的原理和结论的一种方法。

（四）体育教学改革中探究性学习方式建立应遵循的原则

从体育教学改革小学生探究性学习方式的各种问题来看，要做好体育教学改革中探究性学习教育工作，就要在充分了解学生探究性学习状态的基础上，找出符合学校实际情况、符合课程改革精神的探究性学习模式；在探究性学习方式方法上，要充分体现出体育教学的开放性；在具体的教学设计上，要充分体现体育教学内容的时代性和新颖性；在教育活动的开展中，要实现师生的互动，让学生充分表达自己的个性。鼓励学生充分表达自己的想法，形成独特的活动效果，教师要根据每个学生的实际情况，让学生不同程度地参与到不同的体育教育之中，实现因材施教。

（五）体育改革教学中探究性学习的实践依据

1. 体育课程实践性很强

从结构、任务、内容上看，体育课程具有很强的实践性，它的实践性有利于培养学生动脑、动手和分析问题、解决问题的能力，在体育教学中运用探究性学习能达到上述目的。

2. 体育课程的教学任务和教学内容具有很大的空间和余地

体育课教学任务和内容具有理论与实践教学，不像其他文理学科具有单一性，它所余留的空间可以很好地运用探究性学习来弥补。

3. 体育课教学具有相配套的场地和器材

在体育教学中教师可以利用教学场地或器材并结合教学内容向学生提出许多的问题，经过学生积极主动地思考和动手操作来解决教师的问题，这就是对探究性学习的很好利用。

4. 体育教学中人际关系多变

探究性学习可以很好适应教学中多变的师生关系、学生与学生关系开展互助、互帮活动，以便及时、正确地掌握运动技能。

（六）体育教学改革中探究性学习方式的实现路径

1. 以健康发展为主的探究

探究性学习方式的开展应该是对于时代精神、所弘扬的正能量等的一种深入挖掘，教师要注意对探究性学习中所反映出来的思想进行深入剖析，从中找到能教育学生、激励学生、启动学生的具体内容，让学生将相关的思想与自己的人生体验相结合，从而得到更大更深入的人生启迪。同时也要注意对学生情操的熏陶，要在探究性学习方式中营造一个自由、宽松、愉快的学习环境，让学生在探究性学习中真正体验到探究之美，使其真正在探究中产生心灵共鸣，获得对探究性学习最深层次的体验，作为自己人生的宝贵财富和体验。

2. 以体育游戏为主的探究

即运用跑动游戏、器材游戏和具有严格规则的活动等方式，将体育教材的学习内容和增强学生体质的锻炼因素贯穿于游戏中。学生是游戏的天才，不管在何种情况下，他们都会想出新的游戏方法。在教师的引导下，自创动作，集体游戏，形成他们独立思考，自觉主动探索的兴趣。例如：创编一个或几个游戏，学习创编的方法，提出创编的内容，个人或小组创编、交流展示及评价。

3. 以提升体育教学改革中探究性学习意识的探究

当今世界已经是一个瞬息万变的信息时代。在体育教学改革中探究性学习过程中，教师要立足长远，注重用发展的眼光看问题，让学生进一步增长才识、拓宽视野，同时也要将探究性学习所体现的思想紧密联系生活实际，做到深入思考，学以致用。

授课教授在开展探究性学习方式时，要帮助学生更好地了解探究性学习方式的内核，加强对大的时代背景的分析，让学生立足自身所处的时代背景，加深对探究性学习方式内涵和时代内涵的理解，既拓宽学生视野，又把已学的知识变为学生的实际能力，使学生走向社会，尽快适应社会和学生个人发展的需要。

新时代背景下的体育教学改革中探究性学习方式的特点和内容应该是十分鲜明和丰富的，建立的方式方法和手段也应该是多层次、多角度的。因此，要在客观条件下，对体育教学改革中探究性学习方式进行改造和再认识，要通过不断地发展和完善，使得探究性学习方式的建立处在一个富有时代特色的、成熟的氛围之中。

4. 以创造为主的探究

在体育教学过程中，体育教师要以帮助学生解决实际问题为教学核心，让学生先创造性想象一个学习方法或学习动作，并实际演练、体会，发挥自己丰富的想象力和创造力。然后，教师做必要的要领提示，同时充分发扬教学民主，成为学生的指导者、发现者、倾听者和参与者，要善于发现、珍惜学生的创造力。这种教学方法贯穿目标管理教学方式，一个目标接一个目标。当学生创造性地学习并完成一个目标，就进入下一个目标的学习。由于学生始终沉浸在一种顿悟的喜悦之中，学习的热情和兴趣会逐步高涨。

5. 探究性学习的价值取向

新时代背景下，正确的体育教学改革中探究性学习方式的建立，关乎体育教学改革的长远健康的全面发展，关乎体育教学群体的价值判断，既是武装和提升体育教学改革水平的必要途径，也是未来整个社会发展、整个国家和民族未来的关键所在。在此背景下，体育教学改革中探究性学习方式的形成需要打破这种矛盾，形成一个开放、民主、透明的符合体育教学改革特点和探究性学习方式形成的平台。这个开放、民主、透明的平台，需要社会力量、教育力量、家庭力量等多方面的积极参与。要通过各方力量的共同努力，实现探究性学习方式与体育教学教育发展方向的衔接，实现与人类未来发展价值取向的衔接。

在这一方式中，体育教学应该是鲜活的、充满感情的，也应该是充满真善美的。它所体现的世界应该是全面的、无所不包的。因此，体育教学教师在进行探究性学习方式时，要注意抓住探究性学习方式的感情表达方式，投入丰富的感情，通过自己的表达方式，激发学生的真挚情感，从而与学生的世界融为一体，形成感情上的共融，得到对自己现实生活形成进一步的体悟，培养出一种更加积极向上的人生态度。

6. 以培养能力为主的探究

体育教师选取一些能够满足学生生存需要的体育与健身的基础知识、方法，借助一些现代化的教学手段，向学生传授这方面的实用知识和技能。整个设计学习方案、自我选择学习方法、自我安排练习时间、自我评价练习效果，教师只起到引导和辅导的作用。

例如，让学生布置场地器材，进行讲解、示范，做裁判员，让学生进行课的小结或讲评等。由于此种教学注重学生动脑和动手能力的培养，有利于激发学生学习的主动性和自觉性。

三　探究性教学模式的分析

（一）探究性教学模式的基本特征

1. 设疑提问的发展性

学起于思，思源于疑，疑则诱发探索，从而发现真理。提问是最能够表现教学精湛艺术的方法，通过提问可以使想法更清晰生动，迅速激发想象、刺激思维、诱发行动。探究性教学贵在精心设疑，激起学生探究的兴趣，去质疑、释疑。同时，在关键处提问，能在引出新课、抓住前后联系、突破难点、归纳总结等方面产生直接效果，促使学生有效探究，使他们的思维能力得到有效发展。

2. 探究过程的开放性

探究性教学呈现出开放的态势，具有开放性。教师把学习的主动权交给学生，教学过程是开放的，学生可以按照自己的观念和兴趣去学习，获得独特体验。这和传统的教学方式不同，传统的教学局限于课堂上、教室内，知识局限于课本上，学习方式单一、封闭。“探究性学习”地点不限，探究方式多样，如调查、阅读、实验、查资料、交流等，可分小组、个人、集体进行。这种开放性，使学生摆脱了被动的、封闭的学习环境、方式的禁锢，以积极主动的姿态去探索、去尝试、去谋求个体创造潜能的充分发挥。

3. 合作交流的互动性

探究性教学是一个多向互动的教学活动。一方面学习主体通过和学习客体的交互作用来获取知识和培养能力，另一方面非常注重教师和学生之间、学生和学生之间的交流、合作。在探究过程中，学生间的交互学习对话、协商和合作等有助于他们发现问题形成假设并进行验证，有助于他们用多重观点来看待知识和信息，从而更加深入地探究问题。

4. 师生交往的情感性

情感是探索知识成功的基础。传统教育强调“师道尊严”“教师权威”，这两种观念和思想给学生探究知识形成了很大的障碍。在探究性教学中，教师不再是一言九鼎的绝对权威，而是学生学习的引路人，同时也是共同的探讨者、发现者和合作者。在课堂交往中，师与生、生与生重视情感的交流，能使学生敢于思考、敢于提问、敢于探索、敢于研究、敢于创新。

5. 活动方式的灵活性

探究性教学改变了传统的以教师为中心的教学模式，整个学习过程和活动方式突出了以学生为主体，充分发挥了学生的主动探索精神，具有灵活性。在探究活动过程中，学生可以根据自己的探索方案，灵活处理探究的进度，根据自己的能力、特长，决定采取个体或合作的探索方式，也就是灵活处理时、空、人、教材。

（二）探究性教学模式的基本程序

1. 质疑、思疑、解疑的教学模式

这种教学模式源于问题教学法，其教学程序一般为：激发学生质疑、鼓励学生思疑、引导学生解疑。

（1）激发学生质疑

质疑是开展探究教学的第一步，是发现问题和提出问题的过程，而学生发现问题和提出问题是在教师的引导下，通过创设的问题情境激发起学生认识的冲动和思维的活跃，意识到问题的存在，从而提出问题，对问题进行探究解决。

（2）鼓励学生思疑

学生发现和提出问题后，教师不要急于向学生推送“真理”，教师的责任不是解答疑问，而是引导和鼓励学生积极地思考问题，独立自主地解决问题。

（3）引导学生解疑

通过学生自主思考、自主探究，对所探究的问题提出了初步的解决方案，这时教师要引导学生交流探究结果，取长补短，形成科学答案。

质疑、思疑、解疑的教学模式，在教学中是反复循环的运动过程，当一个问题解决之后，又会提出新的疑问，开始新一轮的探究活动。这种教学模式在课堂教学中有时一节课需要一个循环，有时可能需要几个循环。

2. 提出问题、探索研究、归纳拓展、评价反思的教学模式

这种教学模式同样来源于问题教学法，其教学程序一般为：学生提出问题—学生探索研究—对知识进行归纳拓展—评价反思。

（1）在教师的引导下学生提出问题

教师通过创设问题情境让学生发现问题、提出问题，从而激发学生探究问题的欲望。

（2）在教师的引导下学生探索和研究问题

当学生提出问题后，教师不要急于帮助学生解决问题，而是要引导学生自己去探索研究，自己独立自主地寻找解决问题的方法，独立自主地找出问题的答案。

（3）在教师的引导下对知识进行归纳拓展

学生通过归纳总结得出结论，但学生归纳总结往往只重现象，对本质性、规律性的东西容易忽视，这时教师要引导学生对知识面进行拓宽，使所学知识升华、延伸，通过现象认识本质，寻找规律。

（4）评价反思

在教师的指导下学生对自己的学习和探究活动进行思考与评价，通过评价反思，促进学生明确学习目标，提高学习效率，了解学习探究经过，知道自己在探究过程中的优点和不足，为学生进一步学习打下基础。

提出问题、探索研究、归纳拓展、评价反思的教学模式，在教学中是一个完整的探究教学过程，当四个教学步骤完成以后，探究教学也就完成了。

3. 情境、问题、探究、交流、反思的教学模式

这种教学模式也是来源于问题教学法，其教学程序一般为：教师设置问题情境—在教师的引导下学生提出问题—学生自主探究—学生对探究结果进行交流—学生对探究结果进行反思。

（1）教师设置问题情境

教师通过各种手段设置问题情境，目的是引发学生提出问题，产生探究学习的欲望。此阶段教学活动的关键在于教师问题情境的设置是否能引起学生的积极思维，能否使学生顺其自然地提出问题。

（2）学生提出问题

在教师的引导下，学生提出的问题应是自己感到不清楚或难以理解的问题，同时也是全班大部分同学感到不清楚或难以理解的问题，是需要共同探究的问题。

（3）学生自主探究

在教师的引导下学生自主探究，学生通过自主探究，提出假设，收集资料证明提出的假设，对问题进行分析、归纳、总结概括，得出结论。

（4）交流探究结果

在教师的引导下学生对各自探究得出的结论进行交流，目的是通过交流合作共同得出较为科学的结论。在课堂上交流的形式主要有讨论、辩论和出示探究结果等。通过讨论和辩论，同学之间取长补短，使问题的答案更加清楚；通过出示探究结果对归纳总结较好的结论进行补充，使其更加完整，更接近科学结论，从而达成共识。

（5）学生反思探究过程

在教师的引导下学生对自己的探究过程进行反思，从而学会探究方法，体验探究过程，发现自己的优点和不足，为以后的探究活动打下基础。

设置情境、提出问题、学生探究、交流、反思的教学模式，是目前最为流行的探究教学模式，这种教学模式在教学中为：一个问题为一个循环，有时一节课围绕一个问题开展，有时也可能要探究几个较小的问题。

4. 提出问题、搜集证据、形成解释、评价解释、交流发表的教学模式

这种教学模式来源于科学研究方法，其教学程序一般为：学生提出问题—收集证据证明自己探究的问题—形成解释—评价解释—学生交流和发表自己所提出的解释。

（1）提出问题

通过教师设置问题情境，使学生产生认识上的困难或困惑，从而激发学生积极思维，提出自己的疑问，并围绕疑难问题展开探究活动。

（2）搜集证据

学生通过学习与探究活动，获得可以帮助他们解释和评价科学问题的证据。

（3）形成解释

学生根据事实证据对所探究的科学问题进行分析、归纳、概括总结、形成对问题的解释，对科学问题做出自己的回答。

（4）评价解释

学生对其他可能的解释进行对比，来评价各种解释和自己的解释，从而使自己的解释更趋科学。

（5）交流发表

学生交流和论证自己所提出的解释依据科学研究方法，为教师有效设计教学活动提供了帮助，但这种教学模式在课堂教学中不是固定不变的，是随着教学对象、具体教学目标和学习环境的不同需要随时调整的。

5. 提出科学问题、建立假设、搜集证据、形成解释、进行评估、交流推广的教学模式

这种教学模式来源于科学研究方法，是将“科学领域的探究引入课堂”的一种探究教学模式。这种教学模式的程序一般为：提出科学问题—建立假设—搜集证据—得出结论并对问题做出解释—对研究方案进行评估—交流推广。

（1）提出科学问题

在特定的情境中引导学生提出科学问题，而学生提出的科学问题应当是通过探究活动能够解决的，不能超出学生的能力范围。

（2）建立假设

学生根据自己已有的知识和经验，提出假设。

（3）搜集证据

制订探究计划，计划中明确所要搜集的证据及搜集证据的方法。然后，根据探究计划通过各种途径和形式搜集有价值的证据。

（4）形成解释

对收集的证据进行筛选、归类、统计和分析等综合处理，并运用已有知识得出符合证据的结论，对问题做出科学的解释。

（5）进行评估

检查和思考探究计划是否严密，搜集的证据是否可靠，对问题的解释是否科学，从而对结论的可靠性做出评估。

（6）交流推广

通过各种形式交流学生的探究结果。如通过课堂讨论的形式交流探究结果，通过辩论的形式使探究问题的答案越辩越明确，通过撰写论文、调查报告和制作模型或展览等形式交流探究结果；最后，得出的结论运用到不同的情境中，使知识得到迁移，转化为能力。

这种教学模式将科学研究的方法引入课堂教学，使课堂教学仿照科学研究的方法进行。在实际教学中，有些教学活动包含了上述6个步骤，这样的探究教学属于完全探究，但多数的探究教学只有上述的某些步骤组成，不全面探究称为部分探究。

（三）探究性教学模式的教学原则

1. 主体性原则

探究活动离不开主体的发展，创新能力的形成是主体性发挥的必然，高效的探究性学习活动应该表现为学生主体在教师主体的引导和帮助下自觉、主动、自信地进行创造性、探索性的学习活动。在这样的活动过程中，学生的知识获得、积累与能力的发展始终处于一种良性循环的状态。贯彻主体性原则，就必须培养学生的主体意识和主体精神，改变长期的传统教育所束缚住的学生的主体意识及学生认同自己的被动角色地位的现象，真正将“以学生为主体”放在首要位置上，教师成为学生探究活动的引导者、合作者和参与者。

2. 自主性原则

学生是课堂的主人，让学生通过问题解决的实践活动来学习是我们课堂教学所应解决的根本问题。贯彻自主性原则就是要问题由学生自主发现，问题由学生自己提出，问题由学生自主解决，知识由学生自主归纳、自主应用，真正将教学转变为学生发现新问题、提出新问题、解决新问题、创造性地运用所学知识的学习过程。

3. 探究性原则

积极探究和思维既是实现教学目的的心理条件和手段，又是教学的目的和结果。对于未来的科学探索者来说，掌握知识宝库的钥匙比某些具体知识的占有更有意义。学生的探究与科学家的科学探究本质上是相同的，在探究性教学过程中，学生的学习经历了科学家探究的历程。两者之间只有程度的不同，而在过程本质上却是相同的。贯彻探究性原则就需要教师积极创设问题情境，激发学生的问题意识，引导学生积极探究，掌握学习方法。

4. 民主性原则

在探究性课堂教学中，师生之间的关系是民主的、和谐的，教师也是学习活动的参与者，与学生一起去探索、去发现。贯彻民主性原则就要发扬教学民主，营造愉悦的教学氛围、建立民主平等的人际关系，鼓励学生向教师质疑，向书本质疑，不迷信古人，不迷信权威，这样学生才能敢想、敢说、敢做，大胆探究。

5. 合作性原则

探究性教学在教学形式上可以根据教学内容的需要，将“小组探索”与“个体探索”相结合，突出小组合作探索，实行优势互补。贯彻合作性原则就是要合理地将学生搭配成学习小组，通过必要的组织、引导、探讨、交流、归纳等，以弥补学生个体探索的不足，实现提高课堂学习的参与度和学生间的优势互补，提供更多的实践机会，将信息多向传输，最终实现学习效果最优化。

6. 引导性原则

小学生因年龄的限制，认知带有很大的随意性，有时不会自觉地提出问题，或按照所定的目的来感知，认知过程中遇到问题不知怎样做，怎样想，或向哪个方向想，往往出现探究活动的盲目性、思维的混乱性。贯彻引导性原则就是要明确教师的角色定位，变“教书人”为“指导者”，变“权威人”为“组织者”，变“中心人”为“引导者”。在学生探究过程中，精心设疑、激疑，根据学生实际及学习内容巧妙点拨，指明学生活动的方向及思维目标。

（四）运用探究性学习提高体育课堂教学实效

1. 创设问题情境，激发运动兴趣与探究欲望

兴趣是最好的老师，学生的学习兴趣直接影响着学生的学习行为和效果以及学习目标的完成。学生能否通过体育（与健康）课程的学习形成体育锻炼的习惯，兴趣发挥着非常重要的作用。因此教师在体育教学中，无论是对教学内容的选择，还是教学方法的运用都要十分关注学生的运动兴趣，以及能否激起学生的探究欲望，教学内容的选择更应该重视选择学生化、趣味性、健康价值更突出的运动项目，教学方法和教学组织形式的采用强调多样化，从而激发学生对运动产生更加浓厚的兴趣。

一般学科中以知识的积累深化作为教学的重要目标，体育学科是以学生身体技能的进步和身体健康程度及素质作为教学目标的。因而，体育教学中应精心设计精彩有效的体育活动。在教师与学生等参与群体相对稳定的态势下，教师更应该在活动内容和情境的创设方面下功夫，以期设计出与教学内容相匹配的体育活动，让学生在活动参与过程中潜移默化地进行动作要领的运用。

2. 建立民主、平等、合作互助的新型师生关系，营造探究性学习的氛围

在探究性学习中，有这样一句话：“学生在教师指导下进行探究”，这表明了探究性学习活动中教师与学生的关系，学生需要“指导”“引导”或“帮助”，而不仅仅是“传授”或“教导”。因此，我们在体育教学中必须转变传统教育中的师生观，构建教学双方主体之间的相互尊重、相互信任的民主、平等、合作的新型师生观，展现一种平等的伙伴型的师生关系。

新课程改革和学生自主探究性学习的驱使着教师必须彻底转变课堂教学中的角色。教师不再是教材与课程虔诚的执行者，更不是学生面前难以逾越和接近的大山，而是一位将学生需要、课程需要放置在第一位置的设计者。因此，教师要充分认识到教材中的价值体验，努力把握教学内容的本质和重难点，特别是将值得学生运用探究性学习的价值点挖掘出来，精心设计活动方式。教师要善于组织学生开展活动，必要时选择适当的小助手，或帮助组织活动，或起到榜样作用，促使学生的探究性学习朝着深入和正确的轨道发展。

3. 对学生探究性学习进行激励评价，使其养成探究性学习习惯

探究性学习运用于小学体育教学过程中的关键在于评价。首先，体育教师应该避免学生被动参与体育活动，以免影响学生的学习积极性，同时也是避免体育课堂枯燥乏味的重要方式之一；其次，教学活动评价应该坚持理论与实践相结合，阶段性评价和学期评价相互结合，以激发学生的学习兴趣，端正学习态度为基本目的，让学生成为体育课堂的主体。

鼓励和促进学生进行探究性学习，已成为基础教育改革课堂教学中的一个亮点，充分体现了“以学生为中心”的新型教育理念，强调了“学生在教学中的主体地位”，更注重了学生获取知识的探究过程和学会了探究的方法。探究性学习是对传统的课堂教学模式的一个极大挑战，是体育教学上的革命，一种学习理念的根本性转变，它充分体现了以学生为主体，让学生自己去探究，培养了学生创新素质和实践能力，切实提高了课堂教学效益。

在探究过程中，要避免急功近利的短视行为，要遵循循序渐进的原则，有步骤、有计划地开展探究活动；同时，还要避免游离其外的放任作风，在探究过程中要有前瞻性、预见性，能精心部署、周密安排，确保探究活动的顺利、有序开展。

第三节 SECTION 3 拓展的有效教学模式

一 拓展教学模式的概述

（一）拓展教学模式的作用与意义

拓展训练并非简单的体育课结合一般的娱乐活动，而是对现在体育课程的改革和升华。在拓展教学模式下，教师引导学生共同参加体育活动，能够在一定程度上认识自己的意志潜力，使得学生的自信心大增，相应地磨炼了学生克服困难的意志；良好的心理状态也得到了提升，养成健康向上的心态；通过相互合作使学生意识到集体团结的力量，集体的责任心和集体荣誉感也相应地提高；通过学生之间的相互学习间接提高其综合素质；学生的为人处世境界自然而然地得到提升，关心他人。拓展训练的真正意义是在有限的体育课程时间内既锻炼了学生的身体又磨炼了他们的意志，激发学生巨大的潜力。

（二）拓展教学模式的目标

在我国体育教学改革中，拓展教学模式目标主要分为个人、团体、青少年三个方面。其中，把青少年单独作为一支是因为他们正处于身心发展的关键时期，在青少年中开展这种模式的训练能收到显著的效果。个人课程目标是指通过参加各项拓展活动使学员可以充分发挥潜能，培养良好的心理素质和勇敢、顽强的品质。团队项目拓展目标是指让队友对团队集体的力量和作用加强认识，增强归属感，意识到相互沟通、合作、激励、融洽人际关系的重要性。青少年拓展目标是指培养集体观念、创新意识和环境保护意识。

（三）拓展体育教学课程的特点

拓展体育教学课程有其独特性，主要是科学导向性更强。由于拓展训练有一定的目的导向性，因此为了达到教学某些预期的目标需要对课程作设计。这样做也是使学生在愉快地参与到体育活动中有意想不到的收获，提高他们的综合素质。拓展训练课程的显著特点是授课形式类似开展小游戏活动，因此教师能够比较容易地开展教学任务，学生完成起来也很方便，容易增强学生的成功感。教师也可以提高自身的教学能力，更加顺利地开展教学。

二 拓展教学模式在体育教学中的整合与运作

（一）拓展教学模式迎合体育教学改革的目标

我国体育课程改革目标之一是变单一的教授教学为主动合作自觉地学习。体育教学模式有其终身性和实用性，要求学生主动学习。这种教学模式既可以很好地满足学生的个性化发展需要，也符合学校体育教学的目标。迎合体育教学的目标，既是学生发展的需要，也是体育课程改革的方向。一般而言，学生爱好趣味性和自主性较强的体育活动，拓展教学模式是将体育活动的趣味性和知识性集于一体的，这样能很好地激发学生上体育课的兴趣。拓展教学模式是一项很有价值的教学方式，有着丰富的教学内容和手段，且教师能够按教学目标和要求的不同巧妙设计独特的教学场景，改变了单一的、枯燥的体育教学形式，让现代化的体育课堂富有趣味性。拓展训练引入学校，能很好地满足学生的兴趣爱好，提高学生学习的积极性。

（二）将拓展训练引入学校体育教学改革中的思考

拓展训练创造了一种让学生可以从中发现自身的不足，尤其是精神意志方面的不足，同时通过团队的拓展训练增强合作感和集体感。这样会让学生在以后的工作和学习中产生积极的迁移作用，以良好的心态面对自己的未来。尽管体育教育也有培养学生积极向上的拼搏目标，但是体育课与拓展训练相比较，其心理影响力相对比较弱，缺乏情景设计，体育的教学内容也包含着一定的拓展训练因素，拓展训练的模式正好能够补充和延伸体育教育的内容与功能，因此值得我们重视。进行拓展体育训练的硬件要求不是很高，如其场地不需要很大，硬件设置不要求很复杂，雨天可以在室内开展，占地面积不大，正好与学校教学面积相吻合，方便在校园开展。

（三）体育教学如何与拓展训练课程模式相结合

以前的学校体育课程教学模式是个别示范和集体训练相结合的方式，学生只能是单向被动地获得体育知识和技能，与现代教育以“发挥学生学习的主体作用，教师只是发挥教育的辅助作用”的教学理念不相符。而拓展教学模式是以学生为出发点，以体育活动为载体，给学生营造了有意义的学习体验经历；通过体育活动提升了学生的精神动力，使学生超越自身的不足，使自己不断地成长；良好的心态下学生所学的知识也很快内化了隐性知识，既起到了锻炼身体的作用，也提高了其他方面的素质。

既然拓展教学模式有很多优势，因此学校体育要取其精华。在设计体育课程教学时要及时引入新型教学模式——体育拓展训练，真正服务于各个学校的体育教学工作。同时使学生全身心地参与到学习之中，再激励加速所学知识的有效转换，并且紧密联系企业和学员的工作实际，以学习为目的，提供挑战和高峰体验；拓展训练的课程始终遵循“理论—应用—活动—发表—反思”的步骤环节，突出了个别体验式学习理论设计和实施，寓教于乐，集知识性、实用性、教育性于一体。

 拓展教学模式在体育教学中的价值

（一）拓展教学模式具有较强的可操作性与可行性

拓展教学模式是体育教学的一种范畴，是拓展教学组织活动的一整套方法论体系，是在一定拓展训练思想或训练理论指导下，为实现特定体育教学目标而组织设计的、相对稳定的拓展教学活动程序，也是拓展教学理论和体育教学实践联系的纽带与桥梁。其不但弥补了传统体育教学模式的不足与缺陷，而且还能克服体育学习的枯燥性与单一性，更有效地提高了小学生体育学习的积极性，促进小学生运动技能的掌握、运动素质的提高、小学生心理健康的发展。

（二）拓展教学模式教学能够促进小学生心理健康的全面发展

拓展教学模式教学，就是让小学生在体验中忘我地进行锻炼。它起到了消除小学生心里不愉快的意识、行为、情绪的功能，同时也能缓解或者排除来源于学生生活、学习、家庭、社会等方面的压力造成的不良心理反应。

研究结果表明，拓展教学模式比传统体育教学模式更能明显地降低小学生的人际关系敏感、焦虑、敌对、恐怖因子的得分。因此，在一定程度上能改善小学生的心理健康问题，达到提高小学生心理健康水平的目的。

（三）拓展教学模式教学有利于提高学生的体育兴趣

拓展教学模式教学，是在教师的指导及设置的一系列具有挑战性、趣味性活动的合理串联下，通过个人在活动中的充分参与，再从体验、震撼、分享、迁移到延续的整个过程中，注重了学生在整个教学过程中的主体地位，所以能充分调动学生体育学习的积极性，进而提高小学生体育学习的兴趣。不但提高了学生的运动参与程度，而且也很大程度地提高了学生的自主学习性和兴趣。

（四）拓展教学模式教学有利于提高学生的运动素质

拓展教学模式教学能极大地调动小学生的参与度，让小学生在轻松愉快的情境中进行练习，改变了以往小学生不愿参加体育练习的惰性，从而提高了小学生参加体育活动的主动性，促进了小学体育课堂学习效率，并且在一定程度上提高了小学生的身体素质。

第四节 SECTION 4 如何开展在体育教学中创新思维

 体育教师角色的转变

（一）体育教师的角色体现

1. 体育教师是体育校本研究的主体

体育校本研究的团队中虽然有校外专家、学者和教育行政人员的指导，但参与决策和研究的主体

仍然是本学校的体育教师，这是由体育校本研究的本质决定的。

体育教师从事体育科研也是自身的一种权利和责任。我国《教师法》指出，教师享有“进行教育活动，开展教育教学改革和实验”“从事科学研究、学术交流，参加专业的艺术团体，在学术活动中充分发表意见”的权利。《国务院关于基础教育改革和发展的决定》指出“广大教师都要积极参与教学实验和教育科研”。由此可以看出，参加体育科学研究是体育教师的权利和责任。

2. 体育教师是学生学习的促进者

无论是过去还是现在，学生的基本职责和任务都是学习。“自主学习”既是新课程学生角色的基本职责和任务，也是现代教学中倡导的学习方式。有了自主学习的能力，学生就不再是被动接受运动技能、技术的机器，而是能用科学的方法进行体育锻炼，提高自己的运动能力，积极参与各种体育活动，制订可行的锻炼计划，形成自觉锻炼的习惯，拥有健康的生活方式。

从教师与学生之间的关系来看，教师应该是学生学习的促进者。教学过程是由教师和学生共同完成的。师生始终是平等的。学生主体地位的确立、学生学习方式的改善，是以教师教学行为变化为前提的。教师既不视学生为承纳课程知识的容器，也不被学生视作获取知识的对象和手段，而应该成为学生掌握知识的“催化剂”。在体育课堂上或课后，教师要对学生的优秀表现及时给予肯定和表扬，让他们有更多的信心去实现下一个目标，从而提高学生对体育课学习的兴趣。教师作为促进者的关键在于如何促进学生自主学习，使学生能够自己去练习、观察、探究，使他们身心全部投入到学习活动之中。

教师要充分鼓励学生的自尊和自信，关心学生的学习和成长进步，使学生全面发展。同时学生在视、听、触觉中培养创造性思维方式，变“要我学”为“我要学”。

3. 体育教师是小学生健康人格的塑造者

体育教师不仅要传授体育知识与技能，还要让小学生在体育锻炼中感受到锻炼的快乐感、成就感，激发锻炼的乐趣，有效发展小学生的体力和智力，加强道德修养。我们广大小学体育教师应该有效促使小学生完善人格，在培养小学生优秀品德方面发挥积极、有效的作用，还要通过多种方法促使小学生形成科学的思想意识和价值观，培养科学的道德情操，提高小学生的行为修养，促进他们正确的个性品质发展和塑造健康的人格。现在大部分小学生缺乏竞争意识，总有一种自大、自狂的思想。所以，在体育教师日常教学中可以通过小组比赛的方式来提高学生的竞争意识。

在学习广播操时让学生分成小组练习，然后组织评比，还可以直接通过各种形式的比赛等把小学生的竞争意识充分调动起来。例如：在体育教师的指导下，小组与小组之间互相竞争，使小学生觉得个人的好坏与小组荣誉紧密联系在一起，为了集体荣誉，努力拼搏，用大家的智慧与力量力争取得胜利。

（二）传统体育教师角色

在长期的学校体育工作实践中，由于受传统体育教育思想的影响，以前的体育教师角色更注重教师的权威及体育教师的学科水平与教学技能，却忽视了教师与学生的合作关系和师生的交流，教师也不是为了培养学生进行终身体育锻炼、健康第一的意识。体育教师旧角色与新《体育与健康课程标准》

指导思想有着较大的冲突。

1. 教师片面强调知识传授

在以往的体育教学中，教师强调的只是对身体锻炼和技能的掌握，对于学生是否有终身体育意识和健康第一的思想不重视。时代所赋予我们的历史任务是提高学生身体、心理健康以及提高社会适应能力。然而这种教育方式与时代赋予我们的任务是不相符的，学生也是很被动地接受式学习。于是学生没有激情、积极性不高，就谈不上让学生有学习兴趣和学习动机。

2. 教师是课堂的管理者

在体育教学中，体育教师是整个堂课的管理者，如准备活动小学生绕操场跑几圈，怎么跑以及动作技术等都是在教师的要求下所做的。这样做忽视了其他部分的教育和培养作用。学生的一切行为和教师的规划不能有误，学生没有自由所以学生对体育的兴趣就低沉，从而导致教学质量的下降。

3. 教师是主体

传统模式中，教师是教学过程的中心，领导和组织整个教学过程。学生对教师是言听计从，不能有异议。体育教师的主体地位特别突出，学生的主体地位无法体现，教学效果就不明显，这与新形势下的体育教师角色不符。所以应尊重学生主动学习的权利，了解到学生是体育课的主动学习者、引导者，而不是消极的、被动的适应者。

（三）体育教师角色转变的方向

1. 在体育价值取向上，由单纯的体育知识、技能传授者向健康教育者转变

现代教学论已经实现了从注重以知识、技能传授为价值取向到以注重建构学习主体为价值取向的转变：以往体育课程的价值取向过分注重体育知识、技能的传授及学科知识的系统性和完整性，而未来的体育课程将更加关注课程在健康、实用性、可持续性和个体需求等方面的价值体现，使体育课程在促进学生坚持参与体育活动、养成锻炼身体的习惯、身心健康的发展等方面发挥重大作用。体育教师要改变过去那种以运动技术、技能教学为主线的教学方式，树立“健康第一”的教育指导思想，由单纯的体育知识、技能传授者向健康教育的引导者和促进者转变。

2. 在师生关系上，由居高临下者向“平等中的首席”转变

由于受传统的师道尊严影响，体育教师往往将自己置于居高临下者的角色地位，是发号施令者。师生之间关系是不平等的，学生始终处于一种被动的学习状态，无论学生有什么想法，都要按照教师的意愿和口令来完成教师的要求，学生完全成了被动接受知识的容器和再现知识的反应器，创新意识被泯灭，师生关系变得极其冷淡。作为教育工作者，学生对你的认识是陌生的，学生不了解你，就无法给你信任。

在新课标下，体育教师应该是学生的知心朋友。教师要转变角色，认识到师生之间在人格上是一种平等的关系，应由权威者变成学生的朋友，从课堂的“统治者”变成学生学习过程的组织者，是平等中的首席。

教师的角色一旦发生改变，就很容易在课堂上营造出一种民主、平等、和谐、愉快的教学氛围，学生学习的主动性和创造性才能真正体现出来，学生才能得到更好的发展。

3. 在教学过程中，由知识、技能的灌输者向学生意义建构的指导者、促进者转变

教师的角色定位是——教人是基础，育人才是第一位的。在教学过程中，教师不仅要使学生学会通过各种信息渠道占有知识、储存知识，而且更要使学生学会选择、判断、运用、创造知识，将学生置于课堂的中心位置，发挥学生的学习积极性，让学生在问题情境中发现问题、提出问题。教师在教学过程中，绝不仅是向学生传递知识，更是培养学生对待学习的正确态度和方法。学生在学习过程中学到的也不仅是知识，更是对未来学习具有重大意义的学习方法的掌握。

4. 在课程运作上，由课程的执行者向课程开发的研究者和参与者转变

当课程由“专制”走向民主，由封闭走向开放，由专家走向教师，由学科走向学生的时候，才能实现真正意义上的因材施教，也才能改变传统教育中的统一性太多、个性化不足的缺陷。在新的基础教育课程改革中，突出了教师在课程发展中的作用，课程的编制权正逐渐下放。

在体育教学领域中，体育新课程标准的推广使体育教师在课程运作上有了较大的选择余地和发展空间，体育教师正由课程的被动执行者走向课程开发的主动研究者和参与者。

当体育教师成为课程开发的参与者时，是以学习目标达成作为主线来安排教学的，而不是以教学内容的系统性来设计教学，这样就能充分考虑体育教学的特殊性，更好地因人、因时、因地制宜，开发、设计体育课程，这样不仅能充分满足学生发展的需求，也有利于教师创造性的发挥，从而改变过去体育教学“千校一面”的状况，形成百花齐放、富有生机的局面。

5. 在自我发展上，由技术熟练者向反思实践者和教育研究者转变

教师，最基本的标志是看他能否对自身的实践进行系统化的反思，通过反思找出体育教育教学中存在的问题，并且寻找出解决问题的对策。这符合体育校本研究的定位。体育校本研究是应用研究、现场研究和行动研究。体育教师作为研究者所从事的研究，可能没有专业研究者从事研究时所具有的严密的方案和细致的程序，但它能解决学校体育的实际问题。新时代的体育教师，面对的教育对象是一个个自主性越来越强、个性色彩越来越鲜明的学生。因此，就要求体育教师具有多种教学手段、教学方式。这些手段和方式的科学、恰当地运用对体育教师提出了新的要求。要求体育教师能够将专业知识，将多学科知识交叉运用于教育教学活动，成为一个具备广博、精深、融会贯通许多学科知识的全面型人才。

二　创新思维在体育教学中的探索

（一）创新思维在体育教学中应用的必要性

体育教学中运用创新思维的必要性，体现在两个方面：一个是体育教学中存在“墨守成规”的问题，制约体育教学工作的开展；另一个是创新思维的先进性和前瞻性，能够促进体育教学活动的发展，提高教学的效果和水平。

1. 体育教学存在“墨守成规”的问题

体育教育事业的改革，要求体育教学在保持原有有效教学方式的基础上，以“推陈出新”的方式，对体系进行优化创新。但目前体育教学体系存在的“墨守成规”的问题，制约着体育教育事业的改革发展。

体育教学体系急需输入创新思维，以满足体育教育事业的改革要求。

2. 创新思维法在体育教学中运用的意义

（1）从整齐划一到注重学生个性与创新

学生是体育教学中创新思维法应用的主体，无论在心理成长上，还是身体发育上都存在着较大的差异。传统的体育教学方法相对单一，难以适应现代学生个性差异的发展趋向和要求，也限制了学生创新思维的培养。新课改中明确要求逐步改善体育教学方法单一的现象，让教学活动主动适应每一个学生的个性差异，进而将此类差异作为创新思维法应用的基本出发点和根本原则。

（2）建立“民主、平等、和谐”的师生关系

传统的体育教学方法中，教师片面注重学生的同步发展，往往导致学生的个性发展受到一定程度的限制和影响。创新思维法在体育教学中的运用，不但可以有效提高课堂教学效率与质量，而且有助于建立“民主、平等、和谐”的师生关系，进而引导学生在体育学习中逐步培养独立发现问题、分析问题、解决问题的综合素质和能力。

（3）引导分科施教向综合教学方法发展

创新思维法对于引导体育教学由分科施教向综合教学的转变具有深远的意义和作用，也是更新与完善课程组织形式的基础，体育教学中运用创新思维法所涉及的内容相对较多，其中包括相关课程、融合课程、广域课程、核心课程和活动课程等基本项目。

（4）积极应用创设情境法

教师在体育教学中运用创新思维法时，要注意课堂情境的创设，巧妙地将枯燥的教材与情境游戏相结合，促使学生在生动、活泼的情境中产生运动的兴趣，并逐步形成自主参与的心理趋向，从而充分享受运动的乐趣，产生愉快的情绪，体验运动的满足感。

（二）体育教学中培养小学生创新思维的建议

1. 营造良好的教学环境

体育教学中，要培养小学生的创新思维，有必要营造良好的教学环境。长期以来，在传统的紧张、枯燥的教学氛围下，小学生会产生压抑感，难以全身心投入活动中，不利于体育教学活动的深入开展。营造良好的教学环境，充分发挥学生主体作用，学生能够在教学活动中畅所欲言，实现课堂互动的高效性，不仅能够增强小学生自信心，而且可以充分表达自身的内心感受，能增强小学生创新意识和培养其创新思维。由此可见，体育教师应创造良好的教学环境。例如，教学中，教师积极创设游戏教学情境，使游戏和教学融为一体，激发学生的参与热情，培养学生的创新思维。

2. 采取适当的教学手段，丰富课堂教学形式

教师要善于根据学生实际情况，灵活地选择教学组织形式，创设宽松和谐的教学环境，使学生乐学、活学。例如：在一堂体育课中，准备活动可采用简单轻松的游戏或器材操作为开始，激发学生的学习兴趣，促使他们积极主动参与，并尽快进入状态；在基本部分练习中，可采用游戏、竞赛、学生自由选择练习等方式进行，使练习形式多样化，学生活学巧练达到自我锻炼、自我体验乐趣的目的；结

束部分可采用韵律操或舞蹈的形式进行，让学生在欢快的气氛中调节肌体，放松身心。

3. 积极推广启发式教学

在体育教学活动中，要培养小学生的创新思维，有必要积极推广启发式教学，循序渐进地引导学生对问题进行深入思考，并激发其创新意识和培养其创新思维。在启发式教学模式下，教师引导学生对系列问题进行深入探究，并解决问题，在此期间锻炼学生的思维能力。例如，教师在体育教学中进行提问：在奥运会环形跑道中，选手进行 400 米跑，为什么没有在同一起跑线上？在教师提问后，学生纷纷自由组成小组，进行问题的讨论，甚至有的小组学生申请去跑道实地测量。教师并未否定学生的提议。通过探究，学生明确地知道，环形跑道中，内环的周长较短，外环的周长较长，运动员虽然不在同一起跑线，但其赛跑长度是相等的。在此过程中，充分激发小学生的求知欲望，有利于培养小学生的创新思维。

4. 培养学生逆向思维

在体育教学活动中，体育教师应注重对学生逆向思维的培养，有利于引导学生打破传统思维定式，从不同视角思考问题，为培养其创新思维创造有利条件。在传统体育教学中，从正向思维着手，即讲解动作要领、做示范、学生模仿动作、完成教学任务。然而在体育逆向思维教育中，首先，教师刺激学生的求知欲望，激发学生参与课堂教学活动的热情；其次，鼓励小学生对体育教学问题进行深入探索，并倾听学生解决问题的分析等想法；最后，对课堂教学重要内容加以总结归纳。基于此，小学生创造性思维能够得到有效培养。

5. 正确理解成功，切实感受成功

对于成功，学生往往理解为获得大的成就。我们应着力在学生中营造“成功就在你手中”的理念，引导学生自主拟定训练总体目标和阶段目标，指导他们练习，并定期组织测试，对按期达到阶段目标者在班级板报中给予表扬，让学生切身体会到成功的快乐。这样积小成大，造成比、学、赶、帮、超的良好训练氛围。

6. 激发学生的想象力

在体育教学活动中，教师应注重激发小学生的想象力，使其能够在课堂活动中有良好的表现。小学体育教学要求与其他学科教学要求有明显差异，即对学生实践能力、操作能力有更高要求，并非理论束缚。所以，体育教师在体育教学中，为增强学生对体育动作的记忆能力，可激发学生的想象力，使学生将体育动作与生活实践相联系，达到完全掌握体育动作要领的目的。另外，教师还可融入趣味性讲解的语言，有助于增强教学效果。

5 Chapter

第五章
小学体育教师的专业技能

第一节 SECTION I

体育教师的素质

一 体育教师素质

学校是培养人才的摇篮，把学生培养成国家需要的人才是学校义不容辞的职责。体育教育是学校教育的组成部分，对人才培养的责任无疑也落在体育教师的肩上。要解决体育教学面临的诸多问题，体育教师必须转变教育观念，学习新知识，提高自身教育教学能力和综合素质，才能适应当前改革的需要，才能跟上改革的前进步伐，才能更好地完成培养国家综合型人才的重任。体育教师应具备的素质有以下几个方面。

（一）思想道德素质

思想道德是体育教师对学校体育教育的法规、原则的感知、理解和接受，它对体育教师的信念、情感、意志和教育教学起着导向作用，影响和决定着体育教师教学行为的发展方向。

作为一名教师，所从事的是崇高的职业，肩负着培养祖国合格的、创新型人才的神圣使命。体育教师必须树立高尚的理想，努力做到热爱体育、献身体育，培养忠于职守、乐业不倦的工作态度。

教师的道德素质对学生形成正确的人生观和世界观起着潜移默化的影响和作用，因此，体育教师首先要具有完善的人格，在思想境界、道德情操方面为学生树立榜样，不断提高自己的道德修养，努力完善自我。

体育教师的思想道德素质首先是热爱祖国，忠诚于党的教育事业，必须有敬业精神，有稳固的专业思想，有做好工作的决心，热爱体育教学事业；对工作认真负责，兢兢业业，任劳任怨，不计较个人得失；对同事谦虚谨慎，团结协作、关心集体、努力学习、深刻领会课程标准的新理念；教书育人，热爱学生，关心学生，和学生打成一片，尊重学生的人格，善于发现和发展学生的个性特长，耐心解答学生提出的问题，教育学生树立正确的人生观和世界观。有了这种教育观念，才能使我们正确认识和实施素质教育，才能使我们改进教学方法，将培养学生运动参与、运动技能、身体健康、心理健康与社会适应四个方面作为体育教学的核心目标。具有良好的道德素质，才能做到认真细致地辅导学生学会自主学习、合作学习、探究学习，掌握体育与卫生保健知识，教会学生锻炼身体的方法，掌握体育锻炼的自我监督，提高学生的潜能，做德智体美劳全面发展的综合型人才。

（二）专业素质

教育理念的更新和体育改革的逐步深入，对体育教师提出了更高的要求。体育教师如果不加强学习，不主动地去掌握新的知识和技能，就无法胜任体育教学工作。体育教师要树立终身学习的意识，顺应终身学习的时代要求，活到老，学到老。

体育教师只有不断地更新知识，充实自己，才能符合当前教育形势发展的需要。只有教学的经验是远远不够的，体育教师不仅要学习体育理论知识，还要熟悉运动力学，教给学生跑跳投的运动原理；掌握运动生物化学，解释运动产生的化学原理；学习心理学，了解学生运动的兴趣与爱好，以便有针对性地选择教学内容和教学方法；学习美学，布置场地，激发学生的练习兴趣；学习外语，随时了解国外有关体育的先进技术与动态，洋为中用；学习社会学，便于接触家长和同事，交流意见与感情；加强科学研究，体育科研是体育教师成长的必备条件。从教师专业成长的角度来说，教师专业知识的拓展、专业能力的提高和专业思想与意识的发展，都离不开科学研究。教学改革的不断深入，学生学习方式的变化，教师的教育观念和教学方法的不断更新，教学质量如何进一步提高，以及教学过程中出现的问题，都需要通过科学研究加以解决。教师需要不断地探索教学规律，创新教学手段与教育方法，所以应具备教育科研的素质与能力。

教学与科研是学校体育教育的双翼，缺少哪一翼，学校体育都不能腾飞，所以学习统计学知识和科学研究的知识显得尤为重要。掌握科研知识，研究体育教学中遇到的问题，解决长期以来困扰的难题，从“教学型”向“科研型”转变，只有掌握了娴熟的体育技术和广博的知识，才能符合改革的需要，才可能当好体育教师。

除知识外，体育的专业技术也相当重要，这是体育教学不可或缺的本领。韩愈讲过：“师者，所以传道、受业、解惑也。”这里的“传道”指的是教给学生做人的道理，“受业”即教给学生技术和技能，“解惑”是说解答学生的疑惑以及存在的问题。在体育教学中肯定会遇到这样或那样的问题，课堂教学中必然遇到的是教学目标的提炼与确定，对教学内容的介绍，教材内容的动作要点、重点，教学中的难点，以及突破难点的关键环节。作为一名合格的体育教师，起码要有娴熟的、精湛的体育教学技术与技能，教会学生学会并掌握体育与健康的基础知识、基本技能和基本技术，掌握锻炼身体的方法和锻炼时自我监督的方法，使学生终身受益。

（三）身体素质

身体素质包括力量、耐力、速度、灵敏度、柔韧度。

力量是指体育教师的四肢发达，肌肉饱满，力量充足，表现其力量大，能移动重物。比如，同样的年龄、同样的技术，同样重量的铅球，比别人推的距离远，说明他的力量素质比较好。

耐力是指坚持的时间比较久，能够长时间重复同样的动作。

速度是指移动的快慢程度，如某运动员打破百米世界纪录，说明他跑得快，速度素质好。我们还会说起跑的速度、出手的速度、起跳的速度等。

灵敏度是指身体的灵活度以及做动作的敏捷度，如跨栏动作的灵敏度，跑步时突然跌倒身体侧翻的保护动作等。

柔韧度是指关节韧带的长短及柔韧程度，如某人虽到中年仍能横劈叉，仍能做弯腰下桥的动作，证明此人柔韧度相当好。

一个人如果具备这五种身体素质而且没有疾病，又有良好的心理素质，说明此人非常健康。

良好的身体素质是素质整体结构的基础，身体素质与其他素质相互联系、相互配合才能发挥整体素质的应有作用，如果身体素质不好，也会影响其他素质的正常发挥。

健康的体魄，是良好身体素质的体现。体育教师拥有健壮的肌肉，匀称的身材，仪表端庄大方，举止文明，谈吐谦和文雅，再加上漂亮的体育动作示范，能给学生以美的享受，激发学生对体育的兴趣，鼓舞学生认真学习体育，在体育课堂上努力学习体育保健知识和技术动作，与同学合作学习、探究学习体育动作的要素，课外主动进行体育锻炼，把课上学到的知识运用到体育活动中，指导锻炼的科学性。所以，体育教师应该积极参加各种体育锻炼，保持良好的身体素质。

（四）心理素质

身体是生理和心理合一的整体。良好的心理素质是在后天环境、教育、不断的社会实践的影响下逐渐形成的。

心理素质主要包括思维、想象、动机、兴趣、注意、信念等。

体育教师根据某节课的教学内容确定教学目标时，主要通过思维是否符合课程标准的要求来确定，这些教学目标提出要看学生能否完成。通过想象，目标过高或过低，就要进行反思，找出原因，以免再犯类似错误。教师所确定的教学目标，是使学生达到健康，但是，健康不是通过一节课就能够达到的，而是长期锻炼的结果，即使教师的动机是好的，但是也可能事与愿违，达不到预期的目的。例如，教师过于重视教法，而忽略了学生自主学习、合作学习与探究学习的学法，违背了课程标准的理念，也影响了学生的学习兴趣。

体育教师应该树立热爱体育教学的坚定信心和永远忠于党的教育事业的坚定信念，这种信念帮助教师确定心中的目标追求，使教师产生积极乐观的人生态度，形成正确的人生观和世界观。

体育教师在教学中应该对学生的健康负责，根据学生的生理与心理特点，选择他们喜欢的教学内容，这样才能收到理想的教学效果。体育教师要研究学生的心理活动，掌握他们的心理活动规律，了解学生的神经类型，以便于有针对性地进行教学。

目前，学校重视对学生心理健康的教育，新课程标准中也提出了心理健康和社会适应的要求。教师是学生学习的榜样，教师的心理活动也会直接影响学生的思想。所以，体育教师要用良好的心理素质去影响学生，教育学生要有遇事果断、雷厉风行的作风，要有不怕困难、迎难而上的勇气，要有勇敢顽强、坚韧不拔的精神；教育学生形成良好的生活习惯，处理好与同学之间的人际关系，尽快主动适应社会变化的外部环境，以达到良好的心理状态。教师要尽力把学生培养成有理想、有道德、有文化、有纪律的社会主义事业的接班人。

二　素质培养的手段与途径

提高教师素质是学校推进素质教育的关键，只有具备创新意识和创新精神的教师，才能不断地改进教学方法，培养学生的创新能力。

体育教师具备高尚的思想道德品质、良好的心理素质、较高的文化素养、强健的体魄以及全面的、娴熟的专业能力，是时代发展的要求，是体育教学改革的需要，是学校体育改革发展的推动力。

（一）转变教育观念，更新教育思想

1. 加强教育理论学习

教育观念的转变决定教育改革的方向，也是教育质量提高的基础。因此，学校必须重视教育理论的培训，利用体育教师的政治与业务学习时间，做到组织落实、人员落实、时间落实、内容落实，学习有关的教育理论，及时了解体育改革的动态和信息，聘请体育理论专家作辅导报告或讲座，更新教师的教育观念，使体育教学从改革的要求出发，促进教师理论水平不断提高。

2. 强化教师的素质教育

教师是育人之人，肩负着传播人类文化、开启人类智慧、塑造人类灵魂的历史重任。教师素质的高低直接关系到学生的成长。因此要强化教师的政治思想教育和体育道德教育，提高教师的综合素质，使教师形成正确的人生观、世界观、价值观，增强教师的责任感。

（二）开展“教学基本功”达标竞赛

检查体育教学文件是否建立健全、教案编写如何、课堂常规执行情况、教学目标完成的程度、组织教学与教法是否得当、学生的学法是否得到改变、学生学习的主动性与兴趣如何、是否执行激励性评价的要求、课后有无小结与反思。

（三）加强教研培训

教研培训是提高教师专业素质的方法之一。教师在教研活动中，对教学中遇到的问题，互相探讨、交流意见、扬长补短、达成共识。教研员亲临指导，潜心研究，努力培训出一批理论水平高、体育业务精良、创新能力强的高素质教师队伍。

（四）开展科学研究，提高学术水平

科学研究是提高教师学术水平的有效方法。体育课程的改革和体育教学产生的问题，都需要通过科学研究加以解决，从而寻找其中的规律和解决问题的方法。通过科学研究，体育教师增长了知识，学会了研究的方法，扩大了视野，提高了科研素质。

（五）观摩教学

观摩教学是提高教师体育素质的好方法。通过观摩教学教研员的现场点评，特邀专家的详细指导，无论是对讲课教师还是观课教师，都是一堂理论联系实际的、生动的专业教育课。教师们会从课的设计、目标的设定、内容的选择、组织的手段、教学方法的运用、课结束的组织等，一一进行详细的理论联系实际的指导与评定，这无疑会有助于广大体育教师专业素质的极大提高。

（六）走出去、请进来

为教师的成长提供宽松的环境和条件，鼓励教师“走出去”深入社会实践，在实践中积累知识，在实践中增长知识，或者到体育专业的单位挂职锻炼。预约向体育专家、教授虚心请教。也可以请体育专家、教授来举办讲座、作报告，不断提高教师的专业素质。

（七）扎实开展校本研修

校本研修是学校以教研组为单位进行研修的形式，便于教师随时进行研究与探讨教学中出现的问题，对于提高教师的教学能力和水平有很好的促进作用，为教师从“教学型”转变为“研究型”提供了便利条件，为探究课堂教学改革奠定了基础。

第二节 SECTION 2 体育教师专业技能发展的必要性

一 体育教师专业技能发展的外部因素

从教师专业发展的外部条件来看，主要有以下几个方面。

（一）社会的发展对教师职业的要求越来越高

随着时代的发展和科学的进步，教学内容也在不断发展，原来的某些教育内容已经不能适应社会的发展，许多新的教育内容又在不断涌现，这就要求教师自觉跟上时代的步伐，不断进行自身知识结构的新陈代谢，具有不断更新自身教育技术的意识，不断追求新知，并有意识地运用于教育教学活动，必须具备终身学习的观念和浓厚的科研意识。因此，“教师即研究者”是时代对教师的要求。

（二）三级课程的实施

三级课程的实施意味着原来属于国家的课程开发的权力部分地下放给学校和教师，从而使课程开发不再仅是学科专家和课程专家的专利，教师也成为校本课程开发的主体之一。这样，教师不再仅仅是课程的消费者和被动的实施者，而是在某种程度上成为课程的生产者和主动的设计者。校本课程开发必须源于学校的教学实践，也就是说，要在教学实践中发现问题，采集数据，明确开发的顺序和方法。在开发过程中，教师既是课程的实施者，同时又是课程的研究者。这就要求教师运用自己所拥有的知识对自己的教育实践经验进行多层次、多角度、多学科的分析，以便对自己的实践有一个理论上的理解或解释，并发现其中的长处与不足，为以后的改进做好准备。校本课程开发要求教师以一个研究者的身份进入课堂教学实践，并成为一个对自己的实践不断进行反思的“反思实践者”。

（三）教师的工作主要体现在富有创造性的教学工作

教师要使自己在职前培养中初步奠定的合理知识结构能在以后的教师工作中发挥作用，就要在保持知识结构开放性的同时，学习和提高自己“转识成智”的能力，即用智慧去驾驭信息和知识的能力。这就要求教师不仅要转换知识观，而且要了解不同学科、不同场合、不同目的下所使用的不同知识形态，采取不同的传递方式，指导和帮助学生能够在这些知识面前善于判断、选择、取舍，并能够进行不同知识的组合、转换，引导学生学会发现问题和提出问题，学习着手解决问题。教师这一创造性特点必然要求教师研究所传递的知识及其构成，研究传递知识的方法与途径，研究学生，研究教学，将知识、方法、价值融为一体。

（四）知识的建构性特征越来越明显和突出

在现代社会的知识理论中，由于知识本身与人的关系越来越密切，知识的含义已经发生了一定的变化，知识的建构性特征越来越明显和突出。知识成了人们进行思维的原料，教学是通过作为思维系统的知识来增进人的自由和发掘人的创造力的，所以知识在教育过程中发挥作用的重要机制在于理解，而不在于认知与回忆。根据这种新的知识观，教师的教学活动和学生的学习活动本身也是一个创造新知识的活动和过程。在这个过程中，教师和学生都是作为主体而进入教育的，他们通过协商、互动的方式共同对知识进行理解和建构，这就意味着对教师素质、能力方面的要求提高了，即教师必须是一个研究者，才有资格、有能力担负起建构性知识的教学任务，创造性地设计一种开放的、有助于师生合作及学生独立探究的学习情境，在积极的、主动的、创造的学习活动氛围和背景中，帮助学生去发现、组织和管理知识，对他们进行引导。

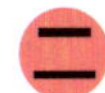

二　体育教师专业发展的内部动因

（一）教师成为研究者是教师自身成长的需要

1. 教师的知识是教师专业化的基础

就教师的知识结构而言，从知识的功用出发将教师知识分为本体性知识（教师所具有的特定的学科知识）、条件性知识（教育学和心理学的知识）和实践性知识（关于课堂情境及与之相关的知识）。已有的研究表明，教师的本体性知识与学生的成绩之间几乎不存在统计上的关系，且并非本体性知识越多越好。同时，条件性知识也只有在具体实践的情境中才能发挥功效，更为重要的是实践性知识。而这类知识的获得，因其特有的个体性、情境性、开放性和探索性，要求教师通过自我实践的反思和训练才能得到确认，依靠他人的给予似乎是不可能的。从这个角度来看，教师成为研究者是教师职业发展的决定性因素。

2. 掌握学科知识、获得教学技能、探索教育教学规律

从普通教师到优秀教师或教育专家，大致需要经历掌握学科知识、获得教学技能、探索教育教学规律三个阶段。知识是通过职前和职后的不断学习获得的，技能的提高主要靠自我的悟性与经验的积累。但如果一个教师仅仅满足于获得经验而不对经验进行深入的思考，不管其实际教龄有多长，充其量也只是一个“教书匠”。要想成为优秀教师或教育专家，需要有像科学家那样的探索精神，要带着理性的目光，审视自己的昨天和今天，审视从他人那里学来的经验，审视一切正在使用的方法与正在讲授的知识，自己设定活动的目的和把握教学的过程，会根据整体的需要去调整自己，主动地、超前地意识到教育教学中各种可能出现的问题，会走在改革的最前沿，有创造性地改进自己的工作，并在更高的层次上拓宽自己的知识、完善自己的知识结构，形成自己的教学技能，使自己成为一个学者型、专家型的教师。

（二）教师成为研究者是教师形成教育信念的必要前提

教育信念是人们确证、认定、坚信并执着追求的教育思想和教育理念，是支配教育者教育行为的内驱力，教育思想和教育理念一旦上升为教师的教育信念，就会成为其生活、工作的内在动力和自觉愉快的追

求。教育信念是使教师摆脱“教书匠”的困惑，使平凡的工作得以升华，变得更富有价值的关键所在。形成教育信念，是教师专业发展的最高境界，但教师的教育信念不是教师头脑里固有的，它除了受理论指导、经验的总结，更是通过对已有教育思想和教育实践的审视、反思和辨析，经过自己潜心的理论钻研和探索，敢于坚持自己深思熟虑的教育观念，并不懈地确信、恪守、实践，才能形成自己成熟的教育信念。

教师专业化发展是我国教师教育改革的一个重要取向，也必将成为教师教育实践的主流话语。为此，加强教师专业化发展建设，需要从教师专业发展的内部和外部两个方面的动因进行分析。

第三节 SECTION 3 体育教师的专业技能

一 语言技能

语言技能包括语言的概括能力和表达能力。

（一）语言的概括能力

对于一套复杂而较长的文字叙述，能够找出其要点，用比较简洁的语言进行提炼，起到画龙点睛的作用。

（二）语言的表达能力

讲解语言简练、生动、有趣，通俗易懂，重点突出，要点明确。

讲解是语言法的内容之一。教师用语言说明动作的名称、方法、过程、要领、要求、总结、评价等诸多内容。

1. 讲解目的要明确

结合课程的教学任务、重点、难点有针对性地进行讲解。

2. 讲解要简明扼要

语言精练而准确，抓住重点、突出重点。

3. 讲解要科学、准确

对于体育与健康知识、概念、技术、方法、原理等表述要正确，便于学生理解和接受。

4. 讲解要通俗易懂

语言生动形象、富有情趣，使学生感兴趣，便于学生记忆。

二 动作示范技能

动作示范是直观法教学的内容之一。通过教师或学生的动作示范，使学生建立正确的动作表象。示范多与讲解结合进行。对示范的要求有以下两点。

（一）示范正确

会做正（镜）面示范、侧面示范、背面示范，便于学生了解动作的方法。

1. 正面示范

为显示动作的左右方向和距离，宜采取正面示范，如体侧屈、左右移动的动作。

2. 背面示范

为显示复杂动作的方向、路线，宜采取背面示范，如武术中的套路组合。

3. 侧面示范

为显示动作的前后位移，宜采取侧面示范，如途中跑的动作、跳远动作、投掷动作等。

4. 镜面示范

对于简单、易于模仿的动作，宜采取镜面示范，如简单的徒手操。

（二）示范与讲解相结合

生理研究表明，运用多种感觉器官感知动作要比单一感觉器官感知效果好。运用两种感官的效果要比一种感官的效果好。其效果顺序是：又听又看效果最好，只看不听效果次之，只听不看效果最差。所以，直观与思维相结合可以取得较好的教学效果。

1. 动作示范要正确

力求达到规范、熟练、优美、轻松，使学生受到美的熏陶，减少或消除惧怕心理。

2. 示范要有目的性

要根据课程的任务与要求，学生掌握动作的情况，确定示范的次数、重点和时机。新授教材一般做四次示范，示范的时机掌握在：为给新授教材建立完整的动作概念或表象，需要做完整动作示范；为了突出某技术环节，让学生看清局部动作，需要做分解示范；为了解决多数学生存在的共性问题，需要进行集中示范；为了解决个别学生存在的问题，需要分散示范。复习教材一般做两次示范，时机掌握在：为使学生看清动作的关键技术环节（如动作的重点和难点），需要做慢速示范；根据学生掌握动作的情况和实际需要，有针对性地再做一次示范。

3. 示范要选择好方向和位置

一般以每一个学生都能看清为准。示范的方向应根据动作的结构和要求，以及学生观察动作的部位决定。

三　组织教学技能

组织教学是体育教师教学艺术的体现，具体表现在教学过程中的方方面面。

（一）队列队形

上课列队，学生队形的固定；分组轮换练习，队形的调动；课程结束，队形的变化。

（二）教学指导

学生练习过程中会出现错误动作，教师要不断巡视各组练习情况，若发现某个学生出现错误动作，要及时予以纠正和指导；若发现多数学生普遍出现同一错误，应将学生集中起来统一纠正，再次讲清动作的过程以及动作技术的关键复位，或进行动作示范，然后再分组练习。

（三）教学方法的选择与运用

教学方法的选择与应用，是体育教师教学艺术的具体体现。教法的选择应该以教学效果为依据，同一个教材，针对不同年龄的学生，采用的教学方法也有区别。对低年级的学生多采用游戏法进行教学，对高年级的学生经常使用讲解示范与练习法进行教学；若将同一种方法运用在不同年级的学生身上，不会产生理想的教学效果。不同教材应该采取不同的教学方法，不能千篇一律。

教师在教学中最常用的方法，也是比较关键的方法是纠正错误，有的教师对学生的错误动作束手无策，不知道产生错误的原因，也就谈不上如何纠正，主要还是因为事先备课考虑不周，不够仔细。

（四）保护与帮助

学生做某些动作时，往往容易出现伤害事故，如小学生做前、后滚翻动作、中学生做跳山羊或跳箱动作、低单杠翻身上动作等，教师保护与帮助的站（选）位一定要准确，手法一定要正确，保护和帮助一定要得法，否则容易出现伤害事故，甚至危及生命。教师万万不可粗心大意，应当以过去曾经发生的惨痛教训为戒。

（五）调动学生的练习兴趣

教师要善于使用带有情趣的语言调动学生练习的热情；要用激励性的语言激发学生主动练习的积极性。随时肯定学生的优点，指出需要改进的地方，使学生对体育与健康课产生兴趣。自主学习的积极性提高了，教学效果也会随之提高，体育与健康课的教学质量也会产生质的飞跃。

（六）课程结束时的点评

课程结束时的点评，是对这节课简单的总结，主要评价课的目标完成程度，学生练习时的表现，取得了哪些成绩，还存在哪些不足，下次课在哪些地方应该克服或改进。

四　组织和指导学生运动的技能

体育与健康课的运动负荷，对于增进学生健康、增强学生体质至关重要，在体育与健康课上如果只是特别偏重学生的快乐，而忽略学生的活动、学生的健康发展，就不会收到锻炼身体的效果。只有按照人体活动规律和超量恢复的原理，组织学生在快乐中从事体育锻炼，常年坚持，才能达到增强学生体质的目的。

五　学生体育学业成绩评价技能

学生学业评价是课程改革的主要内容之一，在课程标准中对学生学习评价做了明确规定，提出了学习评价的目的、重点、评定建议（评价内容“体能、知识与技能、学习态度、情感表现与合作精神”；学习成绩评定标准；评定方法建议；评定形式建议），给教师教学评价提供了参考的基本依据。但是，学生学业评价是学生非常关心的问题，对学生学习的判断既要符合学生实际，又要起到激励的作用。由于课程标准只提出了大的框架，教师在具体操作时遇到许多实际问题，如评价具体指标、各项指标的权重、操作的方法等。在研究学生学业评价时，需要解决教师评价中的科学性、实用性、可操作性等问题，因此，提出以下思路。

（一）制定评价体系的原则

1. 诊断、激励、发展的原则

评价的目的不是给学生定个级别，而是通过评价找出学生在学习中存在的主要问题，指出改进的方法或措施，使其进一步发展和提高。

2. 可操作性原则

评价的指标、标准要使教师和学生在教学中能够操作，而不是虚无缥缈的、空泛的、随意的。

3. 可检测性原则

评价的具体标准有可检测性，能够检查达到的程度或等级。

4. 体育与健康学科特点的原则

体育与健康学科要突出身体形态、机能、素质，体育的知识与技能，以及参与体育活动（锻炼）的态度与表现。

5. 简便易行原则

评价指标体系要便于教师操作，方法、手段简单，不烦琐，不增加过多负担。

（二）制定评价体系的依据

制定评价体系有如下依据：①依据《体育与健康课程标准》（课程目标、水平目标、内容标准）；②依据教学内容（应该掌握的知识技能）；③依据学生身心发展实际水平（主要是生理机能应该达到的程度）；④依据《国家学生体质健康标准》。

（三）行为表现系列

（1）参与态度与行为

参与练习的积极性、主动性；养成科学锻炼身体的习惯；与同伴合作融洽，能够对同伴进行保护与帮助；定性评价。

（2）技术、战术的应用

技术灵活运用程度，体育能力的表现程度；创造性地运用战术，与同伴配合默契。定性评价与定量评价相结合。

（3）出勤情况

将两个系列的情况综合在一起，构成综合性评价体系。这种评价将课程标准中提出的五个方面综合成两个系列，避免按五个方面（尤其是运动参与、心理健康和社会适应）进行评价不便于操作的弊端。

（四）评价标准的权重

提供权重的好处是，避免学校之间评价标准的差异性，避免同一所学校评价标准的差异性；为教师操作提供了可以参考的依据和方便。权重的提出主要以学科特点为依据，同时，兼顾态度和情感方面。

评价的等级分为量性评价与质性评价两种。等级分为优秀、良好、及格、不及格四等。

量性评价制定出不同等级进行达标测试，根据达标的水平折合成相应的等级。质性评价根据具体内容进行技术评定或质量衡量，按照不同规格的质量进行等级评定。

（五）评价的方法

（1）过程性评价和终结性评价相结合（重视过程性，使过程性评价贯穿于教学的始终）。过程性评价主要体现对学生学习的即时性评价，当时发现学生练习（活动）中存在的不足，指出其原因，帮助学生改正，其评价的方式分为：语言评价、表情评价、手势评价、安抚性动作评价等。

（2）质性评价和量性评价相结合（既要看学生达到标准的成绩，又要看掌握知识与技术的程度，还要看知识与技术和战术的运用情况）。

（3）绝对评价和相对评价相结合（既要看达标的绝对成绩，又要看技术掌握程度、行为表现和进步幅度，这里可以给学生多次练习后再测验的机会，主要体现激励、发展的评价功能）。

（4）学生自我评价、小组互相评价和教师评价相结合（小学低年级基本以教师评价为主）。

六 体育科研的技能

通过参加体育科学研究来提高体育教师科学研究能力是有效的方法，能使教师知道怎样选择课题，课题研究的重要性和必要性，掌握课题研究的方法，懂得研究成果的推广与应用，从而提高教师的科研技能。

第四节 SECTION 4 体育教师专业技能的形成

一 人体生理机能活动规律

人体的运动，必然引起生理机能的活动，以满足运动时的需要，这些生理机能的活动是有一定规律的。它的活动是按照工作前状态、进入工作状态、高峰状态、工作后状态的规律进行的。

（一）工作前状态

人体在运动前处于安静状态，也叫工作前状态，脉搏与呼吸都很平稳。在课程开始不能做剧烈的运动，否则人体会受不了，就像汽车开始不能挂四挡一样，要逐渐加速机器才不会受损。这时适合做慢跑或徒手操，以此调动身体的各个器官。

（二）进入工作状态

当身体各器官经过开始的安静状态调动后，呼吸器官和心血管系统开始适应一般的体育运动，身体的各部位都活动开以后，开始规定的练习内容，进入体育与健康课的主要内容。

（三）高峰状态

当剧烈运动时，心脏跳动更加快速，这时生理机能活动达到一个较高的状态，并保持一段时间，这叫平台期，也叫高峰状态。这时可以加大活动的强度，进入高质量、高要求的活动时段，也是体育与健康课最见效、完成课时目标的最佳时期。

（四）工作后状态

当运动疲劳时，机能活动能力开始下降，适合做比较轻缓的动作，心脏逐渐恢复平静，这时进入工作后状态。此时进入课的结束部分，教师组织学生做些放松性的活动，进行课的总结。

二　运动技能形成规律

学生运动技能的形成是有一定规律的，这个规律是按照泛化阶段、分化阶段、运用自如阶段和自动化阶段进行的。

（一）泛化阶段

在学习新动作的时候，不该动的肢体总在动，人体控制不住，这个阶段叫作泛化阶段。

在运用泛化阶段规律的时候，教新动作不能要求过高，更不能用语言讽刺、挖苦学生，要让学生理解动作的要领，耐心讲解，避免急躁，加强练习。

（二）分化阶段

在练习一段时间后，基本可以知道哪些部位应该动，哪些部位不该动，能够分开，这个阶段叫作分化阶段。

在运用分化阶段规律的时候，要向学生提出一定要求，让学生比较深刻地理解动作要领，并指出不足，强调反复练习，肯定取得的进步。

（三）运用自如阶段

经过较长时间的练习，动作比较熟练，运用自如，稍微注意不会出现错误，这个阶段叫作运用自如阶段。

在运用自如阶段规律的时候，教师要强调动作细节，指出细小的错误，提高要求，鼓励学生继续努力。

（四）自动化阶段

当反复练习后，动作达到炉火纯青的程度，不假思索就能毫不费力地完成动作，这个阶段叫作自动化阶段。

在运用自动化阶段规律的时候，教师对动作要提出更高的要求，强调动作的熟练、优美，让学生理解动作的内在联系，身体各部位之间能够默契配合，达到精益求精。

三　体育锻炼的原则

体育锻炼的原则是达到理想效果而提供科学指导体育锻炼的经验总结，是体育锻炼时应该遵循的锻炼计划、选择锻炼内容、运用锻炼方法的基本准则。

学生经常问教师，为什么自己的锻炼成绩总不能提高。这是因为学生不懂得体育锻炼的原则，锻炼时急于求成，因而事倍功半。提高体育锻炼效果，必须注意体育锻炼的原则。体育锻炼的原则主要有以下几方面。

（一）讲求实效原则

讲求实效是指根据个人的年龄、健康状况，对锻炼的爱好、要求和原有的基础，合理地安排运动负荷，以便取得最佳的锻炼效果。

在体育锻炼中讲求实效包含以下内容：①根据个人实际情况，制订切实可行的锻炼计划；②选择简便易行、锻炼价值大、效果好的锻炼内容；③合理安排运动负荷，其难度以不影响正常学习为宜。

（二）全面发展原则

全面发展原则是指体育锻炼必须遵循身心得到全面和谐发展的原则，在体育锻炼时，要兼顾上下肢的锻炼，使身体的各个部位都得到发展，注意活动内容的多样性和身体机能的全面提高。

全面发展所达到的效果如下：①全面发展表现出对外界环境适应能力强、对疾病有较强的抵抗力；②使身体形态、机能、素质和心理得到全面协调的发展；③提高各器官的功能，加快新陈代谢，使精力旺盛。

（三）针对性原则

体育锻炼要针对自己的身体状况，选择适合自己的运动项目，做到力所能及，这样才能收到锻炼的效果。另外，要针对季节的变化，适当增减衣服，保持身体对外界环境的适应。

（四）兴趣性原则

体育锻炼要根据自己的爱好程度，对感兴趣的运动项目进行练习，提高自己的锻炼兴趣和锻炼欲望，达到心情舒畅，感觉良好，信心倍增，收到理想的锻炼效果。

（五）循序渐进原则

身体的健康和锻炼成绩的增长，是缓慢的过程，在安排运动量时，要由小到大、由易到难、由简到繁，循序渐进。体育锻炼有超量恢复，通过锻炼身体适应了这个练习强度，取得一定成绩，休息后疲劳得到恢复，下次再练习时超过上次的练习强度，成绩会提高。这是循序渐进的结果。

（六）持之以恒原则

持之以恒原则是指体育锻炼对身体进行连续不断的刺激。这种刺激使身体机能产生新的适应，通过经常性的刺激，体质会不断增强，动作技能形成的条件反射会不断得到强化，运动成绩也会不断提高，这就是超量恢复原理，即人体在运动后的恢复过程中，体内被消耗的能量物质（ATP、蛋白质、糖和无机盐等）不仅能恢复到运动前的原有水平，而且在一段时间内还会超过原有的水平。一旦中断体育锻炼，所获得的机能能力和运动成绩就会慢慢消退。只有连续不断地进行锻炼，才能收到良好的效果。所以体育锻炼应该持之以恒。

（七）安全性原则

从事任何形式的体育锻炼，都要看气候是否适宜，练习场地是否平整，使用的器材是否坚固可靠，要注意安全，如果体育锻炼安排得不合理，违背科学规律，就可能出现伤害事故。

（八）自觉积极性原则

自觉积极性原则是指积极、主动、自觉地进行体育锻炼，是在兴趣和目标的引领下主动参与的体育活动。对锻炼内容感兴趣，就有锻炼的欲望。有明确的目标指引，就有锻炼的主动性和积极性。

第五节 SECTION 5 体育教师专业技能的发展

一　体育教师专业技能发展的方向

对于教师专业发展的方向，应从小学教师队伍的实际出发，坚持分区规划、分类指导、分步推进的原则。

（一）分步推进的方法

1. 创建研修学校，建立学习共同体

建立校本研修制度，促进学习型组织建设，带动全部学校形成学习共同体，推进教师专业化发展。

2. 培养研修教师，提高研修质量

以名师建设工程和骨干教师队伍建设为契机，发挥名师、特级教师和骨干教师的带动作用，促进全体教师队伍整体水平的提高。

3. 探索研修教学，促进专业成长

以基础教育课程改革为动力，加强新课程教师培训，以校本培训为主要方式，研读课程标准，在新课程理念指导下，探索有效教学方法，构建新的课堂教学模式。

4. 提高体育技能，创造体育教学特色

全面进行教师信息技术的培训，按照教育部的要求，启动教育技术能力培训，积极开展信息技术与新课程整合的研究，提高教师教育技术的应用能力和水平，提高课堂教学效率，形成体育教学特色。

5. 实现有效研修，学会自主学习

将校本培训、校本教研、校本研究紧密融合，形成三位一体的校本研修体系，以研带训、以训促研、研训结合，指导教师积极参与课题研究，营造良好的读书氛围，使教师学会自主学习，在专家引领下促进教师专业发展。

（二）分步推进的效果

1. 教师对专业技能提高了认识

参加分步推进的教师关注了教师的专业成长，提高认识和教师的综合素质，这是课程改革的收获之一。

2. 体育教研工作有了规范的管理

克服了工作的盲目性，每次教研活动前要制定任务，活动中注意资料的收集，活动后更加注重对分步推进研究的总结与反思。

二 体育教师专业技能发展的途径

积极推进基础教育课程改革，提高教师队伍的教学水平，促进教师专业技能的发展，建设师德高尚、学识丰富、专业娴熟的体育教师队伍，是提高教学质量的根本保证。提高教师专业技能发展的途径是多方面的，主要有以下几点。

（一）建立联片活动平台

以附近学校为活动平台联合体，以骨干教师为主导，以课堂为活动中心，面对面地互动交流，切实提高教师的专业水平。

活动平台一般由 3~4 所学校组成，涵盖附近学校的所有体育教师。

1. 活动平台的主要内容

（1）加强平台制度建设

规定活动的时间和地点，执行考勤制度。

（2）制定活动目标

不同活动阶段提出教师专业不同目标，加大督导力度，提高活动质量，以集体评议的形式确定目标的达成度。

（3）规定活动内容

以提高教师专业技能为目的规定活动的内容，如增强学生身体素质，促进健康成长；课堂教学的组织与实施；课余学校体育代表队的训练；教师专业技能在教学中的应用等。

（4）课例研修

“课例教研”是以“课例”为载体，以教学创新为目标，以教师集体交流、实践研究、行为反思、教学创新为基本内容，以促进教师教学水平和研究能力的提高，以同步发展为目的的校本教研培训模式。课例研修是教师交流看法和意见的平台，是互相学习的课堂，是交流经验的场所，是体育理论与体育教学实践相结合的实例，是提高体育教学质量的方法，是教师专业技能发展的有效途径之一。

（5）落实阳光体育运动的情况

要积极创建快乐体育园地，开展丰富多彩的课外体育活动。要大力宣传“健康第一”“每天锻炼 1 小时，健康工作，幸福生活一辈子”的口号，不断增强小学生的体育意识，激励他们积极参加体育锻炼。

（6）专题研究

联片活动组内的教师承担一定专题的讲座，与同行教师交流自己的教育教学经验，就体育教学中共同存在的突出问题进行研讨。如针对教育教学方法问题、课堂教学流程设计、课堂教学效率、中考体育加试、考试质量分析等问题进行研究探讨，找出存在的问题，寻求解决问题的策略和方法。

2. 加强体育教研组建设

各校体育组充分发挥教研组的功能，积极开展校本活动，经过联片平台规范体育教研组活动，提高教研质量，促进教学质量的提高。

（1）集体备课

每位教师在参加集体备课前，都要做好充分的准备：熟悉集体备课的内容、钻研教材、设计教学方案、做好发言准备等；备课中发现的问题、所做的思考以及心得体会也应记录下来，以便与同行探讨。

（2）主题式观课议课

“主题式观课议课”是讲课者与观摩者双方在相互提供了大量的教学信息后，围绕共同关心的问题进行深入对话、交流、反思，在交流、反思的过程中共同改进课堂教学、提升教师专业素养、促进教师专业成长的一种研修活动形式。

3. 联片活动应注意的问题

（1）结合实际制定联片制度，实现联片活动的规范化、长效化管理

通过制度的约束使联片活动做到责任明确，人人参与。另外，建立联片活动的激励机制，把联片活动的实施与教师考核、评价、奖励结合起来，以此促使教师能够有效地投入联片活动之中，提高工作效率。

（2）注重实效

在联片活动中要关注联片活动的实施过程，科学制订联片活动的计划、安排等，有效整合片区内各学校教研组长、骨干教师等各方力量，从解决片区教育教学的实际问题出发，实行“发现问题—研究问题—解决问题”的活动模式，扎实开展教学活动，切实从活动中总结经验，提高活动质量，发挥联片活动的应有作用。

（3）专业引领

专业引领是校本教研的三大要素之一，而联片活动是新形势下校本教研的扩大和延伸。联片活动所涉及的范围由一所学校变为几所学校，参与的教师也相应增多，这更需要教研部门的专业引领，因此要积极主动地与中心学校教研组取得联系，在上级教研部门引领下拓宽教师在教学中的视野和思路，及时为教师提供专业咨询、信息服务和技术支持，从而有效地促进联片活动的实效性。

（4）学习交流

充分发挥现代教育技术的作用，使教师在学习与互动中提高自身素质。

（5）发挥骨干教师的示范作用

通过开展讲、评、学、说等一系列活动，使教师明确方向，拓宽思路，将新课程理念融入实际教学中，全面提高教师的专业水平。

联片活动中心为片区内教师搭建了一个合作与交流的平台，让大家在教学理念碰撞与信息共享中扬长补短，不断提高教学技能。

（6）运用“集中与分散相结合”的方法

合理引进竞争机制和考核机制，不断激励教师创新教学方法，使片区内广大教师不仅做新课程改

革的实践者，还要努力成为新课程理论的研究者。

（7）将联片活动与问题研究相结合，以活动成果指导课堂教学

要求教师结合片区问题研究，在实际教学中注意积累、总结、归纳，逐渐提炼出行之有效的教法。加强片区内学校之间的信息交流。要求各校充分利用联片活动的时机，广泛推广本校的先进经验和有效做法，及时交流、互通信息。从而使联片活动取得实质性的效果，提升活动的档次。

（二）加强教学观摩活动

1. 示范引领

以优秀教师的示范课为引领，帮助教师学会如何将新课程理念落实到课堂教学中。

2. 课堂展示

以其他教师的汇报课为示例，帮助教师理解教材的编写意图，学会如何备课、上课，把握好课堂教学环节；学习教学过程中的成功经验，学习教学各环节的教学技能。

3. 师徒结对

以学校、学区内优秀教师与年轻教师结对，以师父带徒弟的方法，手把手地教，帮助年轻教师尽快掌握专业技能，尽快成才。

4. 问题研究

积极组织片内教师开展以“激励机制在课堂教学中的作用”为主题的小专题研究，通过评选优秀教学故事、教学案例、教学随笔等方式，鼓励教师从自己的课堂中积累资料，交流教育教学经验，探讨教育教学艺术，实现从“教书匠”到教育教学研究者的角色转变。

（三）教育教学专题讲座

邀请有经验的教师和专家开展专题讲座，使教师教学理论水平有所提高，促进教学专业技能的发展。

（四）网络教研、课例会诊、教学论坛、经验交流会等

运用信息网络平台组织体育教师就教学中的难点问题、焦点话题进行教研活动。定期召开体育课堂问诊及教学沙龙交流活动。

三 提高体育教师专业技能发展的实践

提高体育教师专业技能发展，宜采取课题研究的形式，按照总课题以及分课题的方案要求，拟订体育学科在准备阶段的实验方案。根据体育学科课题研究方案计划进行第一阶段该课题的研究性总结报告。

第一阶段为准备、开题阶段。这个阶段教师专业发展课题组主要做好以下几方面的工作。

（一）学习、调研、立足课题准备

体育学科在拟订学年教研工作计划时，应认真分析体育教师队伍现状，思考提高教师专业发展的有效途径。组织体育骨干教师参加教师专业发展的培训，教师对课题有了更清晰的认识和理解。体育教师深深体会到在当前的教育形势下，教师专业知识和能力的发展是相当重要的。了解了国外教师专业发展的情况，清楚了我们面临的教师专业发展的困惑与问题，经过仔细分析了自身情况后，认为应从有效研修，建立学习共同体做起；学会自主学习、讨论式学习、研究式学习，增加对课题的理解。

（二）教师专业发展总课题方案

教师专业发展课题组再次聘请专家指导、修改课题方案。

开题会宣布经审定批准的课题立项书，并与总课题组签署课题管理协议书。听取总课题的研究方案，学习其他学校的实施经验。得到市、区领导和专家对该课题给予的指导和建议，为体育学科今后有序开展研究工作奠定基础。

四　专业技能在教学实践中的应用

随着课程改革的推进，实践中不断涌现出新问题。置身于具体、真实的教学情境中的广大教师，迫切需要解决在实施新课程中经常遇到的实际问题。他们需要以研究者的视角审视自己身边的教育现象，以研究者应有的心态对待自己教学工作中遇到的困惑与困难。

（一）小学体育教学方法提示

小学生体育教学，一般通过设置情境和故事情节的方式来开展。这是自新课程改革以来，运用比较普遍的教学方法，也称为情境教学，或者运用儿歌叙述故事情节和动作要点，帮助学生加深记忆和理解。

这种方法的教学效果，往往比较理想，在过去的调研中，看到有的教师运用这种方法，教师的专业技能在教学实践中得到很好的应用。

（二）中学体育教法与学法指导

1. 学习新知识、新技术时

当学习新知识、新技术时，要给学生建立完整、正确的概念。

教师的主要教法：教授法（语言法—讲解法）（直观法—示范法）、分解教学法等。

对于语言法和示范法，在教师专业技能一节中已有论述，在此不再赘述。

分解教学法：当教材内容较为复杂时，教师为了简化教学过程，突出教材重点、难点，尽快让学生掌握完整动作，常常按照技术结构，把复杂动作分解成几个部分，逐次进行教学。如过栏动作教学、跳高的起跳动作教学、支撑跳跃的助跑踏板动作教学等。

学生的学法：接受式的学法、模仿法、练习法或分解练习法。按照教师的示范进行模仿练习、自主练习、合作练习。

2. 复习已经学过的技术时（学生建立正确的动力定型）

教师的主要教法：引导法、纠正错误动作教学法、条件法、游戏法、比赛法等。

（1）引导法

引导学生学习，使学生对体育产生兴趣，如情境教学，设置支援灾区快速跑等。

（2）纠正错误动作教学法

分析产生错误动作的原因，指出纠正的方法。如跳箱时头和上体前栽，没有第二腾空；投掷的最后出手角度低；跳远的空中身体侧旋；短跑时大腿抬不起来等。

（3）条件（作业）法

附加练习条件，如滚翻下颚夹手绢解决团身；限制练习的高度，如降低栏架高度减小跨栏难度；减轻投掷物的重量等。

（4）游戏法

是以游戏的形式组织学生进行练习的教学方法，是教师常用的比较有效的教学方法，也是学生最喜欢的方法之一。这种方法对于提高学生的运动兴趣，提高技术运用能力，启迪学生的思维，培养遵守纪律、团结合作、竞争意识、积极进取等品质有良好的作用。

（5）比赛法

是以比赛的形式组织学生进行练习的方法，也是教师经常运用的方法。它能充分调动学生的积极性，有效地锻炼身体，培养学生克服困难、顽强拼搏、团结协作、集体主义等精神。

学生的学法有：自主练习法、合作练习法、探究练习法等。

（三）建立巩固的动力定型

当学生熟练掌握动作时，教师的主要教法有：点拨法、问题法、完整法。

1. 点拨法

在学生始终不能突破难关时，需要对关键部位进行点拨。如鱼越前滚翻动作的跃起，提醒学生双手远撑；支撑跳跃时提醒学生推手动作要快，向远端撑手等；单杠骑撑前回环成支撑时提醒学生向前跨步；单杠骑撑后回环成支撑时提醒学生向后挺身倒下；双杠分腿坐前滚翻成分腿坐指导学生双手要靠近大腿支撑；背越式跳高助跑时告诉学生要克服离心力而起跳时要利用离心力；跳远踏跳时指导学生摆动腿的同侧臂要向侧摆动才不侧旋；投掷最后出手时强调左侧支撑动作。

2. 问题法

怎样才能跑得快？步频与步长是什么关系？怎样发展步频和步长？怎样才能跳得远？怎样才能投得远？

3. 完整法

教师对于结构简单、学生易于掌握的动作，或者复习已经学过的动作，一般采取完整法让学生进行练习，学生从开始姿势到结束姿势连续完成，以保持动作的完整过程和各部分的内在联系。

6 Chapter 第六章 小学体育教学评价

第一节 SECTION I 体育学习能力的评价

一 体育学习能力评价的原则

结合体育新课程标准的要求，体育学习能力评价的原则是：要有利于学生体育意识的形成，学习能力的提高和学生身心的全面发展；有利于帮助学生树立学习信心，激发学习兴趣，形成有效的学习策略；有利于发挥学生的主体作用，培养合作学习的精神，发展学生的个性。

二 体育学习能力评价的内容

体育学习是学生在掌握体育锻炼的知识和能力的过程中，促进身心健康、提高社会适应能力、形成有效的学习策略的过程。因此，体育学习能力评价不是单纯地体现体育知识水平，而是体现体育学习综合能力的水平。它包括对体育运动知识、运动技术及掌握技术能力的认知水平，体育文化的认知水平，体育学习中情感与态度的发展水平和学习策略的运用水平。

三 体育学习能力评价的目标

（一）体育知识、技能与能力目标

知识、技能与能力是学习过程中不同阶段的产物，它们相互联系、相互促进、相互制约。其中，知识和技能是基础。体育学习能力评价的目标是：体育知识的理解与掌握，运动技能的掌握，体育知识和运动技能在生活实践中运用的初步能力。

体育知识的理解与掌握是指在不同的体育学习阶段，对相关的体育知识的记忆、掌握和再认知，正确理解与掌握其意义并能将其应用于新的学习与生活情境中。①正确记忆动作的名称、术语、要领、规则等；②学会并理解规定的动作名称、要领、术语等的基本含义与运动的合理相关性；③知道所学的各个运动练习在何时运用及如何选择适当的运动技能。

运动技能的掌握是运用已掌握的基本体育知识完成运动技术的方式，它是通过反复的运动练习而获得的，评价时要把学习过程及结果作为评价的内容。①能完成符合自己特点的相关学段的动作技术；②能与同学或者教师就所学内容进行交流与实践尝试；③能按照规定的时间完成一定难易程度的教学内容；④能按照所学知识进行一定能力的相关教学实践活动（如比赛、游戏等）。

体育知识和运动技能在生活实践中的运用能力主要是指培养学生思维能力和创造力等一般性能力的同时，培养学生具备体育学科自身特点的特殊能力，即内隐知识和能力的初步外化。例如，能正确运用所学知识进行组织锻炼活动；能根据所掌握的知识和能力主动参加一些锻炼与交流；能按照一定的动作学习内容进行相关迁移性的自我锻炼活动。

（二）体育文化目标

体育不仅是一种竞技、娱乐、健身的活动，实际上也是社会民族文化的一个组成部分，我们在教授体育知识和技能的同时，实际也在传授体育文化知识，使学生在潜移默化中接受体育文化的熏陶。因此，从某种意义上来说，体育是社会民族文化的载体，体育离不开文化，体育教学也离不开文化的传承。体育教学中民族文化是渗透在教材内容中的，教师要善于挖掘并利用教材的文化内涵，拓宽学生视野，比如，讲解民族传统体育项目的文化渊源、健身器材诞生的背景、比赛规则的演变历史，等等。评价的目标应该与运动知识和技能的评价目标结合在一起，即把体育文化的内容融合在运动知识和技能的内容中进行评价。

（三）情感与态度目标

情感是指人对客观事物的一种态度，如人的兴趣、爱好、意志、习惯等。这些因素对学生体育学习的影响很大。人的认识活动始终伴随着情感，积极肯定的情感起激励促进作用，消极否定的情感起抑制阻碍作用。态度是指人对事情的看法及所采取的行动，它可以把认知情感和策略目标统一到人格的发展中去，成为持续的心理状态。评价的目标包括以下内容：①有明确的学习目的和积极的学习态度，有学好体育知识和运动技能的兴趣和信心；②乐于参加各种学习活动，积极与他人合作，相互帮助，相互尊重；③课堂上积极练习并发言，与同学和教师交流，大胆发挥自己的个性，展示自己的动作能力；④能克服动作练习中的各种困难，主动向同学或教师请教；⑤有兴趣了解体育知识的文化背景和文化内涵。

（四）体育学习策略目标

体育学习策略是个体在特定的体育学习环境里，为了达到特定的体育学习目标而对学习步骤与学习方法所做的优化组合与精巧安排。它随学习活动的展开而形成，对学习者的学习速度和质量起到重要的作用。评价的目标是：①能调整学习情绪，克服各种不利于学习的内、外部因素；②能把握主要学习内容，形成有效的学习方法；③能注意运用已有的经验进行学习，注意新、旧知识的迁移，并学会在实践中应用所学知识。

四　体育学习能力评价的方法要求

体育学习能力的评价涉及教学的方方面面，是一个复杂而又严密的操作过程，评价的科学性、客观性直接影响教学质量的提高。因此，评价过程中应注意以下两个方面。一是要多种评价方式相结合。基础教育阶段学生能力的评价应以形成性评价和终结性评价为主，辅以心理调查等形式。形成性评价注重学习过程，一般在教学过程中进行；终结性评价是考查学生成绩的评价，二者应相互联系、紧密结合。根据心理学“成就动机”理论，随着学生年龄的增长和体育技能的提高应逐步缩小形成性评价比例。二是评价应多角度、多层面进行，对学生学习能力的评价要多方参与，通力合作，教师、学生、家长等都应该参与评价。不可忽视的是，学生本人参与的自我评价尤其重要，这反映了评价观念的转变，对学生实现自我认识与发展意义非常重大。

另外，还需要注意两点：一是应针对学生学段年龄的不同制定明确、具体和可操作性的评价标准，尽量使标准科学化，避免标准制定过程的盲目性、随意性和经验主义；二是加强对评价主体的培训，提高他们的意识和观念，防止评价者因个人的兴趣爱好、价值观念、情感倾向和人际关系等主观因素影响评价的客观与公正。

第二节 SECTION 2 体育课堂教学评价

一 现行体育课堂教学评价标准及其弊端

课堂教学是一个充满变数的活动过程，无论是学生的多样性还是教学场景的复杂性抑或是教学方法和学习内容的开放性，都对我们的教学评价提出了挑战。在各种类型的教学实践中，广大教师也在努力地实践着新的评价理念，但是，由于对新课程评价理念的片面理解，教师“各显神通”，形式“五花八门”。例如，有人认为，评价就是鼓励、表扬，不敢批评，对精神层面的评价有余，对动作技术学习的环节评价不足，甚至不敢评价；在评价形式上，各种纷繁的评价工具应运而生，难以操作，甚至出现一节课中学生和教师都疲于填写分数和评语的现象，完全偏离了体育教学的评价本质。所以，对课堂教学评价的探索不仅是实现课堂教学目标的一种需要，也是为实现学校体育发展性教学理念的现实需要。

现行体育课堂教学评价标准主要有两种形式。一种是“以教师为中心”的评价标准，包含教学目标的设计、教学内容的选择、教学步骤的实施、场地器材的布置安排、教师的语言表达能力以及教学效果等。该标准强调教师的备课和有条不紊的程序活动，学生是否能按照教师的示范与讲解按部就班地进行学练，教师教学的重点是看学生是否掌握了教材的重点和难点，以教材为中心来组织和实施学练活动。另一种是“整体性”课堂教学标准，它是以心理学为理论基础，认为教学过程是认知、策略、动力三个系统相互融合、同步运转的过程。教学的动力系统在整个体育教学过程中起着启动、维系、激励、调控的功能，这正是保证体育教学过程正常运作的不可或缺的因素。在教学过程中教师主要运用教学策略，调动学生的学习动力。这种系统性的评价标准注意到学生的情感和思维状态，研究学生的认知水平、个性特征、接受能力，寻找好的教学策略，教会学生学习，因而受到学生和教师的欢迎，缓解了课堂教学中存在的学生厌学、教师厌教的教学现象。但其评价目的还是使学生更容易、更好地系统掌握体育知识、运动技术，仍然把学科知识当作整体性课堂教学评价标准关注的轴心。

总体来看，现行评价标准关注教师的成分大于关注学生的成分，教学中以学生知识技能掌握为出发点多于以学生综合素质和能力为出发点，因而在体育课堂教学的运用中表现出许多弊端。

（一）教条化

教条化突出表现在课堂教学大纲、教材至上。教师把教材上的内容当作教学的唯一依据，缺乏创造与激情。主要原因有二：一是测试制度和方法要求局限于教材内容，在测试内容的广度上没有新的突破；二是传统体育评价制度与模式的不要求教师创造，而在于完成预定的教学任务（如教学大纲的要求）的程度和水平。而原来的计划、大纲几乎为竞技运动的项目，部分项目与学生的自身条件和兴趣爱好差异较大，不完全符合学生身心发展的规律。

（二）模式化

模式化突出表现在体育教学过程结构的模式化。具体表现在不论什么课型、内容，都一律运用“准备活动—复习旧教材—学习新教材—放松整理活动”的模式，有的环节活动时间精确到以秒来计算，完全忽视了教学对象的多样性和差异性，忽视了教学过程的灵活性和动态生成性。教学需要模式，但用唯一与刻板代替多样灵活就背离了教学原则。

（三）单一化

传统的体育教学几乎是统一形式的体育知识与技能的传授，忽视了学生能力和个性的发展。虽然体育教学目标也兼顾了身体领域、情感领域、社会品德等，但在实践中往往是以一种形式出现，没有真正实现其应有的教学目的，即教学目的与目标、理想与现实、观念与行为之间脱节了。

（四）静态化

一是教学中缺少真正的交往与互动。真正的交往与互动应该是在教师与学生平等的基础上开展的，没有上下、权威之分，在互相倾听中逐步深入，达到对问题的互相理解与把握。二是教学内容只局限于固化了的知识、技能，忽视了学生生活经验的体验，在教学组织上也缺少自主探究、合作学习等方法。

二　新的体育课堂教学评价标准的功能及其基本策略

正是由于传统的评价标准存在许多弊端，因此，确立新的评价标准势在必行。现代课堂教学评价标准的功能涵盖：促进学生发展的教学目标、评价过程；注重研究教学策略，促进教师成长；教学效果评价体现互动和“以学论教”。

（一）确立促进学生发展的教学评价目标

教学目标是课堂教学的出发点和归宿，新的课堂教学目标突破了以“三基”为主的课堂教学，以学生发展为出发点，关注学生知识、技能和情感、态度以及学习价值观的统一。为了促进学生的全面发展，在实施教学评价目标时，首先要认真分析本学科对于学生发展的价值，拓展学科的育人功效，不仅要关注学生的课堂学习效果，还要关注学生的潜能，了解学生的需要，帮助学生认识自我、建立自信。

（二）追求高效的教学过程，促进教师教学的发展

主要表现在两个层面：一是教师专业素质以及处理教材的能力；二是从深层看，构建学生、教材、生活经验、课堂教学的统一，把教学上升到生命的领域。这就要求教师既要拓展自己的知识面，又要

把注意力从研究教学内容转向挖掘学生的潜在状态，关注学生的生活经验和发展需要，这是实现“以学生发展为本”教学的关键。同时，教师需要研究课堂教学策略，根据教学主体的需要，对教学过程进行宏观与微观统一的计划、评价、调控，以追求较高的效率。

（三）以学论教，关注学生的学习状态

以学论教，关注学生的学习状态是现代课堂教学评价的主导思想。标准主要看学生能否在教学中体现主动参与、积极合作、乐于探究、勤于实践，在这样的过程中能否体现分析问题和解决问题的能力。具体包括课堂教学的情绪状态、交往状态、思维状态和目标达成状态（见表 6-1），而通过四大状态来评价课堂教学效果恰恰是“以学论教”的要求。

表 6-1 评价的四大状态

	类别	评价内容的细化
以学论教	情绪状态	学生是否有适度的紧张感、愉悦感、满足感与成功感
		学生能否自我控制与调节学练情绪
	交往状态	是否有多边、丰富、多样的信息联系与信息反馈
		人际交往是否有良好的合作氛围
	思维状态	学生是否敢于提出问题、发表自己的见解
		所提出的问题与见解是否有挑战性与独特性
	目标达成状态	有无达成课堂教学的具体目标
		能否对不同层次的学生发展有所促进，在关注全体学生的同时，促进学生个体的发展

三 引导学生进行自我评价

（一）关注学生的评价过程

学生自我评价是促进学生全面发展的重要环节。教师只有关注学生自我评价的过程，才能促使自我评价深入学生自我发展的进程；及时了解学生自我发展中遇到的困惑、所做的努力以及所取得的成果，才有可能对学生的持续发展和提高进行有效的指导，自我评价促进自我发展的功能才能得以真正发挥作用，才能有效地帮助学生形成积极的学习态度，实现“知识与技能”“过程与方法”以及“情感态度与价值观”的全面发展。

学生在体育学习过程中，情绪体验随时随地都会发生变化。遇到难以完成的动作，他们就会感受失败的痛苦，甚至随着困难的加大而放弃学习，自我评价就会出现偏差，这时就需要教师及时帮助学生度过低谷期。在教学过程中，应重视对学生自我评价向自我发展的构建作用。

首先，引导学生在学习前期进行自我理解与认识，包括自己的体育基础和经验，对什么样的学习内容感兴趣，喜欢用什么样的方法方式学习等，以便于学生对学习做到心中有数，在评价中有相应的心理准备。另外，教师要告诉学生，体育学习也是一个成长过程，这个过程可能会充满曲折，要具备良好的心理素质和承受能力。

其次，教师在学生评价结果的基础上，一方面要指出他们的进步与成功，帮助他们树立信心，激

励他们后续学习的追求。另一方面也要委婉地指出他们出现的问题，帮助与鼓励他们继续努力，克服困难，增强信心。

（二）帮助学生确立动态的自我评价的标准

学习过程是一个动态的多阶段的过程，不同阶段的学习目标是不相同的，学生对自己评价的内容也不相同，这就需要形成一个动态化的标准，才能让学生根据学习的进程采用不同标准来评估自己的学习效果或情感表现。正因为学习过程的动态性和学生的差异性，教师帮助学生确立的自我评价标准不能是固定不变的，要分层化，并且要因人而异，以能够体现学生个性特征、能够促进学生的个性发展为原则。

（三）学生自我评价的形式

1. 自我比较

自我比较就是把现在的自我与过去的自我进行比较。引导学生进行自我比较要把握好时机，因为学生在自我比较中会随着学习效果而产生心理的变化。比如，进步了，学生就会产生喜悦之情，进而充满自信；而一旦某次动作练习失败了，就可能给他们带来失望和沮丧，从而失去信心。引导学生进行自我比较效果的最佳时机一般是在学生取得进步的时候。比如，一位女生平时不敢做前滚翻动作，有一次在同学或老师的帮助下能做前滚翻了（即使动作还不规范），教师应及时让她自我比较、自我评价，让她在比较和评价中感受到自己能行，为追求更高的目标而积聚自信心。

2. 与他人比较

引导学生学会使用与他人进行比较的方式进行自我评价，一般可以这样操作：一是让学生学会欣赏别人，即让学生寻找对方身上的优点，学习对方的长处；二是通过同他人的比较发现自己的不足。比如，同是武术动作的学习，有的学生动作连贯但缺少刚劲，动作也不一定到位，有的学生动作刚劲有力但缺少连贯与柔韧之美，这时教师就可以把他们叫到一起，让他们在欣赏彼此的优点与分析彼此的不足中进行自我评价，使他们从对方身上看到自己的另一面，并通过自身的控制与调节，改进自己的学习，不断进步、不断发展。

（四）学生自我评价的“目标引导法”

所谓“目标引导法”，就是体育教师根据课堂教学目标，以直观的形式（如运用卡片），设计一些与学生学习目标一致的评价内容，并以此为导向，引导学生在达成学习目标的过程中或者在学习结束后，对自我的学习行为及态度、水平、效果等方面进行反思性评价。比如，在一次弯道跑的课堂教学中，教师设计了这样五条评价内容作为引导学生自我评价的目标内容：“你知道弯道跑在实际生活中的意义吗？”“你学会了弯道跑的技术，提高了弯道跑的能力了吗？”“你觉得学习中最大的难度是什么？”“在这节课中你和同学进行了怎样的交流与合作？”“在这节课中你觉得最大的成功或失败表现在哪些方面？”

需要说明的是，这些内容尽管是由教师设计的，但它们依据课堂教学的特点和学生的情况，具有一定的开放性，对促进学生学习目标的完成，培养反思自我、认识自我的意识还是很有引导价值的。由于评价目标与课堂学习目标的一致性，学生在学习中可以不断对照评价目标，反思自己的学习行为和效果，从而不断提高自己的学习水平，达成学习目标。“目标引导法”实际上为学生创造了一个评价情境，学生在这样的情境中通过交流与反思，从不同角度获得有关自己学习、发展状况的信息，并认识到自己学习过程中的优势和不足，形成自我反馈，从而更全面地认识自我，实现自我教育、自我提高和自我完善。学生自我评价改变了过去只有教师单独评价学生的局面，也体现了知识、情感、态度和价值观的有效的统一，实现了评价的多元化和发展性功能。

（五）学生在自我评价中容易出现的问题

由于学生个体的差异以及学习进程的不同，学生的学习情况也是多变的，学生自我评价往往会出现两个方面的问题。一是评价标准不恰当。标准过高或过低对学生的评价行为都会产生影响。评价标准过低，学生很容易满足要求，不容易激发起学习的兴趣；评价标准过高，学生经过努力也不容易达到要求，会挫伤学生的积极性，丧失学习的信心。所以，让学生正确把握自我评价的“度”是非常重要的。二是评价缺乏全面性。有时由于基础薄弱，学生评价时看不到自己的成绩，容易产生自卑感，失去信心；有时学生过高评价自己，只看到自己成绩的辉煌，而看不到自己的不足，容易盲目自信，夸大自我。无论哪个方面的问题都是不利于学生发展的。

为了帮助学生解决以上问题，教师一方面要用发展性的评价理念，以有利于学生学习的发展为出发点，帮助学生制定各个阶段的评价标准；另一方面，评价方式要因人而异，要采用学生喜欢的各种评价方式，帮助学生设计和应用新颖、生动、具有实效性的自我评价方法，以达到良好的评价效果，为学生下一阶段的体育学习打下基础。只有这样，才能真正体现评价是为促进学生发展的目的。

四　发挥教师评价的主导作用

体育课堂教学强调学生的自我评价和相互评价，并不意味着要否认教师的评价，而是要将学生评价与教师的评价结合起来，并且教师在学生评价中所起的指导作用也是不容忽视的。过去有些教师认为学生的自我评价和相互评价会削弱教师的权威和地位，实际上，如果教师能在体育教学评价中指导和帮助学生正确地进行自我评价和相互评价，让每个学生都能通过自我评价和相互评价更好地看到自己的进步或不足，并能激励自己更有效地学习，那么教师的权威和地位不仅没有降低，而且还得到了提升，这实际上也是体育教师在学习评价中主体地位的一种体现形式。

学生的意识和经验相对于教师还是相对滞后的，教师的评价主要体现在充分运用自身的经验和意识，控制教学进程，促进学生通过评价目标的实现达成学习任务，及时引导和把握学生的评价，既要做到对学生学习过程中各阶段和环节进行评价，也要及时参与到学生的评价中。因此，教师的评价应具有这样的特点：①及时性。捕捉评价的时机，运用合理的评价方法，做到评价因人而异，因学习阶段有所侧重等。②模糊性。课堂教学的特点是多变性，并非任何行为的评价都能具体和精确，该精确的要精确，该模糊的要模糊，这符合模糊评价理论的要求。③真诚性。评价要让学生有所进步，对学生有所帮助，语言的运用不宜华而不实，让学生感觉表扬“廉价”，行为上要体现实在，而不是走过场。

另外，评价是为了促进学生发展的，教师必须充分了解学生，准确把握评价的功能和含义，设计出合理的、科学的评价方案，才能实现评价的良好效果。因此，在实践中，教师在发挥评价引导作用时关注以下几项要求是非常必要的。

（1）评价内容的设置要与课堂教学目标相一致，要构成教与学的统一，避免评价的内容游离于教学之外，导致评价的盲目性、随意性，形成只为评价而评价的局面。

（2）目标内容的设计要体现发展性，要有利于促进学生的综合发展。学生生命的发展不仅需要显性知识和能力的获得与提高，还需要观念、情感、态度、意志等多种隐性要素的协调发展，这就要求体育教师在设计评价内容时不仅要关注学生体育知识和技能的掌握情况，还要充分关注学生学习过程中的情感、意志、态度及学习观，引导学生通过自我学习评价把内隐性的因素转化到外显性的学习行为中来。

（3）要强化教师的引领作用。引导学生进行自我评价，并不是说教师对学生放任不管，把评价的所有权都交给学生。教师不仅要对学生进行培训，让学生明确参与学习评价的意义和作用，学会自我评价的方法，并在评价中懂得彼此尊重，还要积极走到学生中去，参与他们的评价，客观公正评价学生的学习表现，对待优点要及时表扬，对待不足不能一味迁就，要适时批评纠正，否则，是不利于学生成长和发展的。

（4）关注评价语言的质量。评价语言是教师课堂教学评价的关键，它能反映反馈、调整、激励等功能的发挥程度，是教学活动交流信息的通道。教师的评价语言要求简要、精练、中肯、有针对性、真诚、富有感情，让学生始终保持健康向上的学习心态。要做到这一点，首先，评价语言要考虑不同年龄学生特点的需要。例如，低年级学生的自我检查和评价能力较低，他们对自己的认识往往依赖于他人的评价，所以应给予低年级学生明确的、具体的、鼓励性的评语。其次，评价语言要符合不同个性特点学生的需要，力求把评价语言与学生的个性结合起来，使之发挥更大的激励作用。例如，给学习能力强的学生的评价语言应尽可能客观，以防止他们滋长骄傲的情绪；而对于那些学习能力一般的学生的评价语言则要力争让他们从中感受到自己的进步，有成功的情绪体验。体育教师应热爱每个学生，努力通过评价语言与学生进行情感沟通，消除师生关系的障碍，建立良好的师生关系，让情感交流贯穿于体育教学的全过程。

第三节 SECTION 3 体育成绩的评价

一　体育成绩评价的框架及指导思想

（一）框架设计

新的课程评价理念要求对学生学业成绩的评定既要考虑学生对体育基础知识和技能的掌握程度，

又要体现学生的个性与情感，在充分尊重学生个体差异的基础上，让每一个学生都能挖掘自己的潜力，享受到体育学习的成功乐趣，从而真实地反映学生的整体体育素质。现行主要采取体育学科学分成绩评定的方式。我们把学生的体育学业成绩评定确定为“过程性评价”和“终结性评价”两部分，“过程性评价”主要是对学生体育学习过程中学习状况的综合评定，包括“学习任务”“课堂表现”“单元测试”“出勤情况”等内容，约占总学分的20%；“终结性评价”主要由指定性测试、开放性测试以及试卷测试三部分内容组成，约占总学分的80%，其中，指定性测试内容占总学分的40%，试卷测试内容占10%，开放性测试内容占30%。

（二）指导思想

试卷考试主要考核学生对体育知识的理解、方法的运用以及情感态度的建立。

指定技（体）能的考核主要是针对本学期所学习的内容，重点考核体育知识与技能的运用能力，以量化的形式呈现，参照《学生体质健康标准》进行，属于终结性评价。

开放式自选技（体）能测试既属于终结性评价，又属于过程性评价。这样的测试允许学生在一定范围内确定自己的测试内容与形式。这不仅可以了解学生学习能力，更重要的是，它为学生提供了一个展示自己特长的平台，这种方式可以减轻学生的心理压力，让他们有机会成为优秀者，这是符合人的多元智能实际的，有利于激发学生的学习动力和自信心。

在总分的确定中，还要考虑到学生在学习过程中的基础与进步幅度，采用绝对标准和相对标准相结合，如果学生相对于基础成绩有所进步，就在总分的基础上上浮5%，作为学期考核的最终成绩。

以上评价不仅能够全面地反映学生的学习成效，而且能够使学生了解自己的潜力。在充分肯定学生成绩的同时，又能让他们看到自己的不足，对促进学生体育学习意识的形成具有一定的积极意义。

二　关于开放式技（体）能测试学分的评定

开放式技（体）能测试是建立在尊重学生主体差异的基础上的，因为每一个学生的体育基础能力是不相同的，有的学生对于某一方面运动技能的学习无论怎样也达不到要求，却有可能在另外的项目中表现出超强的能力，以学生发展为终极目标的体育教学评价理应考虑学生的个体差异，为学生创造机会，让他们表现出自己最大的潜能。但是，当学生表现出不同的知识建构时，对他们的评价却又是很困难的，因为不同的内容具有不同的性质，在确定评价标准上可能会由于各方面因素的影响，造成一些判断的“不公平”。

为降低评分的误差性，评价者首先要明确学生应达到什么样的成绩标准，及早制定一套便于操作的标准。例如，体能类的测试仍然采用参照《学生体质健康标准》结合相对进步的方法，而技能性比较强的项目测试则根据内容结合学生的情况采用“规范”“流畅”“美观”“三要素”评分（这里的规范不等于强调技术结构的完整）。在考核前教师就把这些评分标准向学生公布，实际上也就是相当于开放了评价过程，有助于学生确立目标和努力方向，无形中为学生创造了一个潜课程空间，从而让他们更好地实现自我认识和自我教育。

 试卷测试的意义及内容设计

身体活动是体育学习的主要形式，新课程也特别强调要把体育基本知识、心理健康和社会适应能力渗透到体育与技能学习中，而不能以单独讲授的形式进行。在动态的课堂学习过程中渗透体育基本知识和情感教育是比较容易的，但体育学业成绩考核需要的却是通过动态的过程学习所生成效果的静态呈现，尽管运动技能的展示隐含着体育基本知识的运用，对于掌握和理解程度的特征表现远没有在试卷测试中呈现得那么直白，因此，运用试卷测试体育基本知识的形式虽然很传统，但其优势却是显而易见的。而“情感态度和价值观”教学目标如何转化为考核测量目标，这在我国体育学科考核测量中还属于盲点，因为“情感态度和价值观”属于抽象、隐性的概念，有关内容也只是停留在“具有……的精神”“形成……的品质”等原则性的描述上，在考核时无量化标准，缺乏可操作性。

尽管如此，有些学者还是提出了一些新的见解，比如，有的学者把情感教育划分为“接受”“顺应”“爱好”“信奉”“性格化”五个层次的目标，其中前三个目标可以结合知识和技能领域得以反馈与调节，而后两个目标测试则不可能简单地一次达成，需要一定的“量”的积累才能实现“质”的飞跃，因此，在教学评价上可以暂时不考虑，而把注意力放在前三个层次的目标上。这种情感教育目标层次的划分给体育学业成绩的评价渗透情感目标提供了很好的借鉴。不过，当需要我们把情感目标以效果形态呈现出来的时候，停留在知识和技能领域的反馈与调节还是不够的，仍需要把这种隐性的目标显性化，显然，运用试卷测试是解决这个问题的有效方法。

为了使试卷测试这种传统的评价方法更好地反映新课程评价理念，在设计测试内容时应重点关注以下四个方面。

第一，关注知识的基础性。例如，长跑的技术要求、安全锻炼的心率指标及测试方法等，这是体育与健康课程的基本要求。

第二，设计与现实生活有一定联系的问题，让学生创造性地运用知识独立解决问题。例如，“剧烈地运动后如何补充水分？”“在跑步锻炼中出现腹痛怎样处理？”这样可以引导学生把所学的知识运用到生活中去。

第三，关注试题的情感因素。例如，合作学习的价值引导、成功与挫折的认识与思考等，目的是尽可能为学生提供一个良好的心理活动的机会，实现“寓教于考”。

第四，注意创设新的情景，设计一些能反映学生主观感受并能进行自我思变的内容。例如，让学生针对体育学习中合作交流的失误或者对学习中的某种失败发表自己的观点，分析产生的原因和寻求解决问题的办法，让学生的情感在开放性的思辨中得到升华，从而进一步培养自我学习的习惯。

第四节 SECTION 4

体育学科档案袋评价的设计与运用

一 档案袋评价及其特征

档案袋评价是指在教学过程中为达到一定的目的所收集的相关资料的有组织呈现，通过这些资料或材料，可以展示教育的进展过程或者个人的成长经历。多元智能理论学者、美国心理学家霍华德·加德纳（Howard Gardner）认为，档案袋评价是一种持续的、自然的评价形式，可以鼓励学生成为一个能意识到自己的学习与个人发展的主动学习者。通过承担学习结果的责任和对过程进行自我评价，可以激发学生改变自我、不断成长的内在动力，而不只是迫于外在的压力。

档案袋的基本特征是：相关资料的收集具有目的性，不是随意的，而是与一定的教学目标相适应的，其基本成分是学生某一领域的资料，档案袋内容的选择和提交由师生共同决定，但学生是主要的决策者，允许学生的反省和自我评定最为关键。

二 档案袋的类型

（一）过程型档案袋

1. 过程型档案袋的目标

（1）诊断学生在学习过程中所取得的成绩及存在的问题。

（2）记录学生在学习某一领域的进步过程或轨迹，培养学生的学习兴趣与积极性，帮助学生建立对自己的学习过程或经历进行思考和评估的能力。

2. 过程型档案袋的特点

过程型档案袋收集的内容与时间多由教师根据自己的教学目标与学生的学习现状来确定，学生要负责选择和提交符合要求的作品或其他有关证据。

（二）目标型档案袋

1. 目标型档案袋的目标

目标型档案袋主要关注学生是否学会制订计划与选择目标，有没有属于自己的创造空间；培养学生自我监控学习的技能、自我反思的能力。

2. 目标型档案袋的特点

教师按照教学计划与内容列出目标型成长记录袋的主题、内容以及学生的反省记录。

（三）展示型档案袋

1. 展示型档案袋的目标

展示型档案袋也称为最佳成果型档案袋，是为了展示学生在某一学期或学年在某一学科领域所取得的成果。通过展示成果，关注学生的个体差异，让每个学生都有机会展示自我，由此增加学生的自信心，提高对学习的兴趣。

2. 展示型档案袋的特点

收集的是学生自己选出的自己最好或最喜欢的作品，以及他们对作品的自我反省与选择标准的说明；在有家长参加的展示会上，呈现学生作品的样本。

（四）评估型档案袋

1. 评估型档案袋的目标

评估型档案袋主要用于向家长、学校领导甚至教育行政部门提供学生在某一方面所取得的成绩的标准化报告。

2. 评估型档案袋的特点

评估的标准是预先确定的。由于成长记录袋是形成性评价，因此，在评估标准中必须有学生进步及改进情况的报告；主要是由教师、管理者、学区所建立的学生作品集构成。

三　体育档案袋评价的设计与运用

借鉴普通学科档案袋评价的普遍规律，结合体育学科自身的特点，设计与运用体育档案袋，充分发挥学科特色以及育人功能价值。

（一）体育档案袋评价的类型

从以上四种档案袋评价的类型看，结合体育学科对促进学生的发展目标和档案袋评价费时、费力的弊端，认为“过程型档案袋”和“目标型档案袋”以及由它们共同组成的“混合型档案袋”更适合体育学科的评价。

（二）体育档案袋评价的原则

体育档案袋评价应当根据《体育课程标准》有关评价的要求与建议，以课程目标及相应级别的教学目标为依据，遵循以下五个原则。

1. 主体性原则

以学生为主体，针对学生日常学习过程中的表现、所取得的成绩以及所反映的情感、态度、策略等方面的发展做出客观、公正、实事求是的评价。

2. 效果性原则

评价内容既要兼顾《体育课程标准》的要求，还要围绕素质育人的目标，使学生在体育课程的学习过程中不断体验进步与成功，认识自我，建立自信。

3. 参与性原则

在整个档案袋评价过程中，引导学生积极参与教学任务的全过程，让他们充分展示自己，积极主动地参与评价各个环节，体现平等、民主。

4. 灵活性原则

根据学生的年龄特征和学习风格的差异，采取适当的评价形式和评价语言。在日常的档案袋评价中，应允许学生根据自己的实际情况，选择可记载或不记载评价进入档案袋，不得强制。

5. 简易性原则

要简单具体，可行性、操作性强。讲究低成本、易操作、节约时间、提高效率，在达到评价目的的前提下，力求简化。

（三）体育档案袋的内容及设计

学生体育档案袋由学生自己完成，自行设计蕴含体育色彩的个性化档案袋封面。档案袋中可放入学生的体育成绩评价表、体育活动的照片、各种体育类的获奖证书、教师的寄语，以及自己的体育感悟、收集的体育资料等，一切和体育相关的材料都可以放进去。

学生自我认识评价表（见表 6-2）是档案袋评价的一个重要内容，它对学生完善自我认识具有非常重要的意义。评价分期中和期末两次进行，由学生、教师共同参与评价表的制定与填写。

表 6-2　学生自我认识评价表

项目内容	自评	他评	师评	综合评定等级
积极参与课堂内的各种体育活动				
课堂中能对体育学习陈述自己的见解				
对学过的技能采用自己的方式或与他人合作进行				
能运用体育进行自我调节				
能在集体性体育活动中与他人合作，配合小组成员完成体育活动、任务				
在体育活动中敢于展示自己				
在同伴进步或成功时分享喜悦；同伴退步或失败时会进行言语安慰，并给予帮助				
主动学习中遇到困难时能向他人请教，能把学到的知识与技能运用到生活中				

评价内容采用考核评价表的形式，学生人手一表，以教师评价和学生自评、互评相结合的方法进行。最后在期中（末）教师和学生面对面共同商讨的基础上由学生进行自我小结。

此评价不作分数记录，可以存入学生的档案袋中，作为学生自我认识的引导依据。

7 Chapter 第七章 跑步类运动

一 教材实例

（一）自然站立式起跑

1. 教材分析

【动作要领】口令，“预备——跑！”。当听到“预备”口令时，站在起跑线后，两脚前后自然开立、相距约半步，一脚在前，靠近起跑线。身体稍前倾，重心落在前脚上，两腿弯曲，两脚均用前脚掌着地。双臂自然屈肘一前一后放于体侧。当听到“跑”的信号时，两脚用力后蹬，同时后腿迅速向前抬起，两臂用力前后摆动，迅速向前跑出。当后蹬腿蹬地离开地面后，大腿积极向前上方摆动，小腿顺惯性自然折叠，两臂摆动以肩为轴，自然放松，前后摆动。

口诀：两脚前后自然站，上体前倾稍侧弯，用力摆臂猛蹬地，快速跑出如飞箭。

【动作重点】上肢与下肢的协调配合。

【动作难点】快速反应能力。

2. 教法分析

【教学步骤与练习方法】

（1）通过直观教具演示以及教师的讲解、示范和学生的练习，让学生了解自然站立式起跑的动作过程、方法和技术要领，建立正确的动作概念。

（2）先学习站立式起跑的放脚方法。

（3）学生集体练习。呈自然站立姿势，听到出发信号，一排一排地跑出 3~5 米。

（4）分组练习。呈自然站立姿势，听到“预备——跑”口令（或出发信号）跑出 5~20 米。要求“预备”时身体稍前倾，重心放在前脚上。

（5）变换方式的练习方法。用背向站立、侧向站立、立正、两脚左右开立和前后开立或蹲着、双手抱膝、双手扶脚面、原地踏步、原地跑步等方式做预备姿势，听到出发信号迅速跑出 3~10 米。提高学生练习兴趣，训练学生快速起动能力。

【易犯错误及纠正方法】

（1）抢跑。纠正方法：讲清起跑“预备”与“跑”的信号概念、要求，听清信号再起动。把“预备”口令喊得舒缓些，并与“跑”的信号断开，减少口令的刺激性和诱发性。

（2）“跑”的信号发出后起动较慢。纠正方法：多做出发信号的起动练习。

（3）前腿先跑出。纠正方法：两脚前后开立、上体稍前倾，身体重心前移。

3. 教学提示

自然站立式起跑是小学低年级教材教学内容，也是最简单的起跑方法。在教学时应结合快速跑练习；教学中不宜过多要求动作细节，重点要求前腿的异侧臂在前，听到“跑”的口令后迅速摆脱静止状态，快速向前跑出。

（二）30 米快速跑

1. 教材分析

【动作要领】跑步时上体正直稍前倾，眼看前方，前脚掌着地（脚尖向前），迈步自然，同时两臂以肩关节为轴屈肘（大约呈直角），自然前后摆动。

口诀：后蹬有力稍前倾，后蹬充分腿高抬；肘呈直角前后摆，线直步大频率快。

【动作重点】蹬摆动作配合。

【动作难点】直线跑进。

2. 教法分析

【教学步骤与练习方法】

（1）通过直观教具演示以及教师讲解、示范，让学生了解快速跑的动作过程、方法和技术要领，建立正确的动作概念。

（2）原地模仿。上体正直，两脚前后站立，两臂屈肘前后自然摆动，听节拍练习。

（3）集体练习。用自然站立起跑姿势，快速跑出 10~15 米。

（4）分组练习。跑道上中速跑练习，距离 15~25 米。每组练习 3 次。

（5）在跑道上分组做快速跑练习，距离 15~25 米。

（6）在跑道上分组做放松跑、快速跑练习，距离 20~30 米。

（7）在跑道上做追逐跑练习，距离 20~30 米。

（8）分若干组，做 15 米接力跑或 20 米迎面穿梭接力跑游戏。

【易犯错误及纠正方法】

（1）两臂左右摆动。纠正方法：原地摆臂和原地跑步摆臂练习。要求肘关节内收靠近体侧，前摆时手不超过体前中心线。

（2）仰头、挺腹。纠正方法：上体正直稍前倾，收下颌，收腹。

（3）坐着跑。纠正方法：提示用前脚掌着地，做上多级台阶跑或上坡跑练习。

3. 教学提示

（1） 30 米快速跑是小学低年级跑的重点教学内容之一，要求从自然站立式起跑过渡到积极的加速跑。因此，在教学中要注意起跑向加速跑的过渡。

（2）初学加速跑时，有些学生会出现身体晃动、肩部紧张、腹部前挺等错误动作，易造成呼吸紧促等现象。因此，教师对于初学者的速度和距离要适当控制，重点要求跑的姿势正确，动作放松、自然，然后再逐渐要求跑完 30 米全程和提高跑的速度。

（3）快速跑教学，不仅对培养学生跑的正确姿势、发展快速跑的能力具有重要意义，而且对学生改善神经系统和运动系统的功能，提高身体素质，促进学生的身心发展都具有重要作用。因此，可作为提高身体素质的教学内容在课课练等环节进行多次练习。

二　教学建议

（1）“跑”是小学体育教学的重要内容，不同水平教材的要求和目标是根据教育目标、体育课的教学任务和学生的年龄、生理、心理特点来安排的。为了提高教学效果，教师要认真钻研教材，有针对性地选用教材。待学生有了一定基础后再进行起跑技术教学，特别要注意处理好基本技术和正确姿势的培养与提高身体素质、提高基本活动能力的关系，防止过多过细地强调动作技术细节，要合理安排运动负荷，达到增强体质的实效。

（2）快速跑教学，应以提高学生自然跑的能力为主，以提高身体素质为基础。该教学内容一般以安排在春、秋季为宜，各年级的教学重点应放在快速跑上，教学方法应采取多种形式并结合游戏和比赛的方法进行，提高学生的练习兴趣。

（3）耐久跑的教学一般安排在冬季进行，可结合学校环境采用越野跑和自然地形跑的形式进行。教学方法可与快速跑对照进行，以利于学生理解和掌握。耐久跑中学生出现“极点”是正常的生理现象，应给学生讲明成因和克服方法。此外，还要注意加强对学生的思想教育，注意培养学生吃苦耐劳、坚韧不拔的意志品质。在体育教学中，要根据学生的生理和心理特点，注意合理安排运动负荷。教学方法要灵活多样，可采用走走跑跑、比比看谁走得少、跑得快等形式，或者采用游戏和比赛相结合的方法进行，避免让学生感觉单调、枯燥、疲劳。通过多种形式的教学手段和方法，逐步培养学生对耐久跑的兴趣和爱好，发展学生的耐力素质，提高机体能力，提高健康水平。

（4）障碍跑教学，应先教会学生越过障碍的方式方法，跨越障碍难度由小到大，障碍跑的距离应由短到长。学生掌握了跨越障碍的技术，具备跨越能力以后，再进行多种障碍的组合练习。在教学中要注意安全教育，做好场地的布置和必要的安全防护，并有针对性地传授一些自我保护的技能。

（5）各种跑的教学，课前都要注意做好准备活动，课后做好整理活动。准备活动要充分，使肌肉、关节、韧带等运动器官和身体各系统活动充分，使身体机能逐渐提高，以适应剧烈活动的需要，防止发生伤害事故。练习结束后，要做一些放松练习，特别是下肢要重点放松，使全身各器官系统尽快得到恢复。

（6）跑的教学，既要注意面对全体学生统一要求，又要根据不同性别、身体状况、个体差异等因素区别对待。对于体质差的学生要允许适当调整运动量和运动强度，对患有心血管系统疾病的学生，更应该特别注意，要限制其参加剧烈的体育活动。

三　教学评价要点

1. 体能方面

速度、耐力素质和跑的能力得到发展。

2. 学习态度

兴趣浓厚、主动参与。

3. 情感表现

学习情绪饱满，意志品质坚强。

4. 团队意识

积极与同伴合作，争取集体荣誉。

四　教学案例

教学内容：自然站立式起跑（游戏：叫号追球）

课次：第一次

教学目标：

（1）初步掌握自然站立式起跑的正确方法。

（2）发展学生反应速度和灵敏协调等素质。

（3）培养小学生团队合作精神。

教学重点：加速跑时身体的协调用力。

教学难点：学生的快速反应能力。

教学步骤：

（1）教师进行直观演示并讲解练习方法

①练习方法。在同一直线上画两条长度相同的起跑线，间隔 2 米。把学生分成人数相等的两队，分别站在起跑线后。从外到里报数，并要求学生记住自己的顺序号。教师站在两线中间，手持球若干，随意呼叫一个号（如 5 号），同时将球向前抛出，两队中的被呼者（5 号）则立即跑出追球。先追到球者得分，最后积分多的队获胜。

②找一名同学演示，配合教师讲解。

（2）教师引导并启发学生积极思考。如何做到反应快？如何起跑才能先追到球？

（3）组织学生讨论练习中存在的问题，并修改和完善游戏规则。应让全部学生都有机会参加追球，一场比赛中可以让少数学生做两次，多数学生做一次。

（4）根据新的游戏规则，再次练习“叫号追球”游戏。

（5）分组练习，教师巡回指导，鼓励学生大胆创新。

（6）学生展示各种姿势的自然站立式起跑。

（7）学生相互学习自然站立式起跑。

（8）学生相互评比。教师总结表扬。

教学评价：

（1）练习积极主动，有团队合作意识。

（2）较好地掌握自然站立式起跑。

8 Chapter 第八章 跳跃、投掷类运动

第一节 SECTION 1 跳跃

一 教材实例

（一）蹲踞式跳远

1. 教材分析

【动作要领】助跑、起跳、腾空后，将起跳腿前提与摆动腿并拢。两腿屈膝上提尽量靠拢胸部，在空中呈蹲踞动作，快落地时，小腿积极前伸；落地时，上体前倾，双脚落地，屈膝缓冲，两臂由体前经体侧积极向身后摆动，保持平衡。

口诀：助跑跳起呈弓步，两腿屈膝靠胸部，伸腿落坑臂后摆，上体前移勿后倒。

【动作重点】助跑与起跳相结合技术。

【动作难点】助跑快，步点准，起跳积极有力，上、下肢配合协调。

2. 教法分析

【教学步骤与练习方法】

（1）通过直观教具的演示或影像的观看，配合教师的讲解、示范，让学生了解蹲踞式跳远的动作过程、方法和技术要领，建立正确的动作概念。

（2）确定起跳腿。一般有两种方法：一是以习惯用力的一条腿为起跳腿；二是以力量较大的一条腿为起跳腿。

（3）学习起跳腿用力。原地单脚向上跳，两臂配合上摆，在起跳蹬伸用力的同时，两臂从体侧经前向上摆，使肘部超过水平面；摆动腿以膝领先摆至水平或接近水平高度。

（4）行进间起跳练习。先做自然跑进，不限制助跑距离，模仿起跳练习。较熟练后再做有限制助跑距离的起跳，一般以 5~6 步为宜。

（5）腾空动作练习。①起跳腿支撑在跳箱盖上；摆动腿屈膝前摆至大腿水平部位；两臂配合摆至水平制动，起跳腿蹬离跳箱盖迅速向前上方提拉与摆动腿靠拢，在空中呈蹲踞姿势，双脚落地。②短程助跑起跳练习。起跳腿从起跳板上起跳、空中呈蹲踞式，屈膝缓冲落地。

（6）落地动作练习。①做立定跳远、尽量前伸小腿并轻巧落地。②在沙坑内靠近落脚点处放一个明显标志物或拉一根 30 厘米高的横绳，助跑起跳，腾空后引导小腿积极前伸，越过标志物或横绳，屈膝缓冲落地。

（7）学习简易步点测量方法

方法一：倒量法。从起跳区（或板）前沿处向相反方向做加速跑，跑到自己认为合适的步数最后一步用起跳腿起跳。起跳点就是助跑的起跑线，再经反复练习，就能把步点调整准确。

方法二：两人互助测量法。先把助跑的步数告诉同伴，从助跑线向起跳区（或板）助跑，同伴可站在对方助跑的前方一侧帮助数步数和看清最后一步（起跳腿）落地点，然后告诉对方，经过反复练习，把步点调整准确，最后确定起跑点和助跑步数。

（8）半程、全程助跑蹲踞式跳远练习。在起跳区（或板）两端插上小旗，在沙坑边拉皮尺标出分数线，让学生每次练习后都能知道自己跳的成绩。

【易犯错误及纠正方法】

（1）助跑步点不准确。纠正方法：反复做加速跑，固定起跑姿势，固定跑的节奏和步数。

（2）起跳前冲较大，腾起不够，很难完成空中动作。纠正方法：起跳后跳上跳箱盖或体操凳（高 60~70 厘米）蹲身其上；短、中程助跑起跳，越过沙坑内架设的 100~120 厘米远、40~50 厘米高的横绳或皮筋；强调起跳和身体腾空时头的位置，抬头上顶，目视前上方。

（3）落地时身体后倒。纠正方法：站在跳箱盖上或台阶上（高 40~50 厘米）做立定跳远练习，强调双臂积极前摆和双腿跪膝动作。

3. 教学提示

（1）蹲踞式跳远是低年级学生学习跳远的主要内容。通过本教材教学，主要培养小学生助跑结合起跳的能力，发展腿部力量。教学重点是助跑与起跳两个环节的连贯性。强化快速跑动中积极踏跳的意识，发展学生的弹跳能力，提高动作的灵活性和协调性，培养学生勇敢、果断和勇于克服困难的优良品质。

（2）教师应充分利用场地器材，采用合理的组织形式、辅助练习，使学生得到更多的练习机会。

（3）为提高练习的兴趣，可采用游戏或比赛的形式进行练习。

（二）跨越式跳高

1. 教材分析

【动作要领】侧面助跑，助跑方向与横杆的夹角在30°~60° 。左（右）脚是有力脚（起跳脚）、从右（左）侧助跑，助跑距离4~5米。助跑速度逐渐加快，最后一步要大些，用起跳脚起跳。起跳时起跳腿稍屈膝，先以脚跟着地，过渡到全脚掌，再以前脚掌迅速蹬地，同时摆动腿向前上方摆起，两臂随之上摆，上体前倾使大腿靠近胸部。当摆动腿摆至横杆上方时，稍内旋。起跳腿完成起跳动作后，迅速离地向上摆起。两腿依次过杆。落地时摆动腿先着地，起跳腿依次落地。两腿相应做弹性屈膝，缓冲平衡。

口诀：跨越跳高最简单，起跳摆腿先过杆，跳腿内收体右转，着地缓冲最安全。

【动作重点】助跑与起跳结合动作。

【动作难点】摆动腿过杆时内旋下压，全身配合协调。

2. 教法分析

【教学步骤与练习方法】

（1）通过直观教具演示或观看影像，结合教师讲解、示范，使学生了解跨越式跳高动作过程、方法和技术要领，建立正确的动作概念。

（2）原地或上步向前蹬地摆腿练习。配合腿的蹬摆两臂上摆至肘与肩齐平，支撑腿不离地，脚跟着地滚动到前脚掌蹬地伸直。左右脚交换做。

（3）3~5步、5~7步完整动作练习。要求助跑与起跳紧密结合。

（4）用各种方式进行跨越不同高度的横杆（横绳、皮筋）的练习，并根据学生掌握技术的情况不断改进，提高学生的跳跃能力。

（5）指导学生测量步点的简易方法。如走步法，助跑步数 2x–2 = 应走步数；跑步法，由起跳点向助跑方向的起跑线助跑起跳，并在起跳点画好标志，然后再从此点向横杆方向助跑起跳。以此反复练习进行调整，直至准确为止。

【易犯错误及纠正方法】

（1）助跑节奏不好，起跳点不准。纠正方法：把助跑步点移至跑道上，放开步子反复做助跑起跳模仿练习；丈量好步点后画好每步的标记，根据标志练习助跑。

（2）摆动腿踢落横杆。纠正方法：过杆练习，强调摆动腿向上摆腿，不碰横杆。

3. 教学提示

（1）在教学中要注意安排多种形式的助跑起跳练习，让学生掌握正确的起跳方法。教师要加强指导，帮助学生改进动作，并注意培养学生的兴趣，增强其信心。鼓励学生勇于克服困难，培养学生敢于参与竞争、迎接挑战的精神。

（2）为了增加练习的趣味性，调动学生的学习积极性，可采用游戏的形式进行练习。

（3）在教学中可根据学生的身体情况，设置不同的高度，或让学生自己制定目标、自主锻炼，教师鼓励学生勇于挑战更高的难度。使学生既能很好地掌握动作，又能体验到成功的愉悦，不断挑战自我。

（4）培养小学生团结合作的精神和顽强、果断的优秀品质。

二　教学建议

（1）在跳跃教学中，要把跳跃教学与游戏紧密结合起来，使其内容丰富、形式多样、趣味性强和富有竞争性，整合和挖掘现有教育资源，创新各种教学方法，激发和强化学生参与跳跃的积极性和主动性。

（2）在教学中，要以跳远和跳高为主要教材，有针对性地选择各种有效发展学生腿部能力和弹跳能力的教材，选择合适的教学手段和教学方法，把游戏与各种跳跃练习有效地结合起来。

（3）要使学生跳得远、跳得高，必须注重助跑与起跳结合技术的教学，在教学中要贯穿始终，并不断发展学生的奔跑速度和跳跃能力。

（4）以完整教学法为主，结合分解教学，突出学练结合。

（5）从实际出发，灵活选择教材内容，发展学生个性，培养小学生善于沟通、互相学习的品质。教师应采用多种组织形式和教法手段，加强个体与群体、分散与集中、规则性与自主性的练习，为学生创造更多的交流与合作的机会，提高他们的社会适应能力。

（6）在教学中，要加强教学次序和安全活动，科学、合理地安排运动量。坚持以学生为本，切实提高课堂教学效果与质量，达到既掌握学习技术，又提高身体素质的目的。

三　教学评价

（1）对跳跃技术的学习态度。

（2）速度、弹跳、快速力量、灵敏、协调等体能水平提高的幅度。

（3）掌握跳跃技术的熟练程度。

（4）顽强、果断，积极向上优秀品质的表现。

四　教学案例

教学内容：立定跳远比赛

课次：第一次课

教学目标：

（1）培养学生对双脚跳跃游戏活动的兴趣，使学生能主动、积极、愉快地参与游戏活动。

（2）使学生掌握双脚跳跃的动作方法，培养正确的身体姿势，发展灵敏、协调的身体素质，增强腿部力量，提高双脚跳跃的能力。

（3）培养学生团结协作的精神和积极进取的良好品质。

教学重点：蹬摆协调配合，平稳落地。

教学难点：双脚用力蹬地充分。

教学过程：

（1）在教师带领下进行游戏前跳跃活动的专门性练习。

①原地半蹲姿势，做快速有力的向上纵跳练习。

② 原地做弹性屈伸动作，然后两臂向前上方用力摆起，两脚用力蹬地、展体向前跳出，双脚落地缓冲。

（2）立定跳远完整动作练习。

（3）游戏练习

① 教师示范讲解游戏的方法、规则与要求。将学生分成人数相等的四队，纵队排列在起跑线后。游戏开始，各队第一名队员试跳，按成绩评出第一轮的第一名，然后各队第二名队员试跳，再按成绩评出第二轮的第一名，依次进行。最后，第一名多的队获胜。

② 教师鼓励启发学生自我总结，不断纠正动作。

③ 提醒学生为本队队员加油，要求队友之间互相鼓励。

教学要求：

（1）巩固提高立定跳远的基本技术，上肢、下肢配合协调。

（2）练习积极主动，刻苦努力。

第二节 SECTION 2 投掷

一　教材实例

（一）持轻物投准

1. 教材分析

【动作要领】正面投掷（以右手投掷为例）。正对投掷方向，两脚前后开立、左脚在前。右手持投掷物屈肘于肩上，肘关节向前，看着前面的标志，然后把投掷物向远处投。侧面投掷，侧对投掷方向，两脚左右开立，右手持投掷物向后引伸。然后右脚蹬地，自然挥臂经过肩上把投掷物投向标志的方向。投掷时眼看前面的标靶，把投掷物投向标靶。

口诀：小小沙包手中拿，投进圈内可得分，大圈小圈分不同，哪组分多获冠军。

【教学重点】正面：肩上屈肘、自然挥臂。侧面：转体挥臂、背后过肩、学会自然挥臂方法。

【教学难点】投掷的准确性。

2. 教法分析

【教学步骤与练习方法】

（1）通过直观教具的演示或影像的观看配合教师的讲解、示范，让学生初步了解持轻物投准动作过程、方法和技术要领，建立正确的动作概念。

（2）徒手练习。徒手做肩上屈肘向前挥臂练习。

（3）眼看 2~3 米高的目标做徒手模仿练习。

（4）正面（侧面）站立，用各种轻物（如小垒球、乒乓球、羽毛球等）向标靶或墙上画的圆圈、方块或挂的靶标等目标投掷，多次练习。

（5）可用自制的飞镖和镖盘或带有吸盘的圆球、毽球投向环靶（不要使用针刺飞镖）。

（6）站成圆形队，向立在圆心上的目标投掷。

（7）打靶比赛（结合游戏进行）。

【易犯错误及纠正方法】

（1）肘关节外展。纠正方法：投掷时另一手托投掷臂的肘部，并提示学生不要转肩；在投掷臂一侧（10~15 厘米）立一竿，提示学生挥臂不准碰竿。

（2）投掷物出手角度低。纠正方法：提示出手不要太晚；投过适当高度的横绳；向一定高度的目标（如树梢、房檐等）投掷。

3. 教学提示

本教材是小学低年级学生学习肩上投掷方法的基本教学内容。通过投掷练习，使学生学会自然摆臂的简单投掷方法，发展投掷能力，增强上肢力量，提高判断力和动作协调性。教学重点应放在自然挥臂的动作方法上。

（二）原地投掷垒球

1. 教材分析

【动作要领】握法：用拇指、食指、中指和无名指握住球，小指弯曲顶在球的下面，掌心不贴球。

投法：（以右手投掷为例）面对投掷方向，两脚前后开立，左脚在前，右手握球，从体前经体侧摆到体后，右臂伸直约与肩齐平，同时身体右转，左腹对准投掷方向，右腿弯曲，重心落在右腿上。然后右脚用力蹬地，右腿充分伸直，向左转体、挺胸、重心前移，右臂从背后过肩，肘关节向前，用力挥臂把球投出。

口诀：持球后伸右膝屈，蹬转翻肘球后面，迅猛挺胸左脚撑，鞭打收腹球飞远。

【动作重点】蹬地、转体、挥臂。

【动作难点】身体的“满弓”姿势。

2. 教法分析

【教学步骤与练习方法】

（1）通过直观教具的演示或影像的观看配合教师的讲解、示范，让学生初步了解原地掷垒球的动作过程、方法和技术要领，建立正确的动作概念。

（2）徒手模仿练习。侧对投掷方向，两脚左右站立，用投掷手推送髋部，做蹬地、转体、送髋动作，体会发力顺序。

（3）做投掷轻物练习。如小垒球、乒乓球、羽毛球、小沙包等，体会正确握球和挥臂的动作方法。

（4）完整动作练习。左肩对准投掷方向，两脚左右开立。屈右腿，上体向右转，然后迅速蹬地，转体挥臂，向前上方投出。

（5）将垒球投过距投掷线 5~6 米远、2~3 米高的横绳。

（6）可采用各种不同形状、不同颜色、不同重量和具有醒目标志的小投掷物进行投掷练习，提高学生的兴趣，如小球、小木棒、沙包、纸标、带绳的球等。投掷时也可用游戏法或比赛法进行练习，提高学生参与的积极性。

（7）投掷时，应两臂交替进行，使学生双臂都得到发展，这样也有利于脑的发育，发展学生的思维与智力。

（8）安全教育。在投掷教学中，应特别加强安全教育和做好组织教学工作，采取可靠的安全措施，培养学生的安全意识。

【易犯错误及纠正方法】

（1）投掷臂后引时屈肘。纠正方法：反复做投掷臂后引动作或让学生手持投掷物触墙练习。

（2）投掷物从肩侧出手。纠正方法：反复练习转体、翻肘或在身体投掷臂的一侧（约 20 厘米）竖立一根竹竿辅助出手时翻肘。

（3）左腿屈，上体右倾或右腿屈上体左倾。纠正方法：提示学生右臂投掷时，是右腿屈，而不是左腿屈；左臂投掷时，应左腿屈，右腿不能屈；教师或同伴握投掷手，帮助学生成背弓、转体投出投掷物，或反复做模拟投掷练习。

3. 教学提示

通过教学，主要发展小学生的力量素质，培养小学生的上下肢协调能力，强化学生向后引伸和向前快速挥臂的动作意识，并注意动作的协调性，强调“反弓”与“翻肩”技术，使学生掌握投掷的正确挥臂方法，以发展学生投掷的能力。

（三）双手前掷实心球

1. 教学目标

【知识与技能】

学会并了解双手前掷实心球动作，能够说出动作要点，达到 90% 的学生能够做出该动作。

【过程与方法】

在练习的过程中，增强腰腹和上肢肌肉力量，提高投掷能力。

【情感态度价值观】

树立顽强勇敢、不畏困难、勇往直前的精神品质，体会参与体育运动的乐趣。

2. 教学重难点

【重点】

屈肘后仰、蹬地收腹、快速挥臂。

【难点】

出手角度，动作连贯，协调用力。

3. 教学过程

（1）开始部分

课堂导入：同学们好，大家玩过《植物大战僵尸》游戏吗？游戏里有个叫作西瓜射手的植物，它可以在很远的地方将僵尸打败，从而保卫自己的家园，大家想不想学习西瓜射手这项技能？今天我们一起来学习双手向前投掷实心球，看大家能不能像西瓜射手一样，将实心球抛得又高又远。

组织教学：四列横队。

要求：快、静、齐。

（2）准备部分

①传球接力游戏——小球快快传。

方法：学生分成四路纵队，将小足球从排尾依次传至排头，最慢速度传到排头的为失败。

规则：a. 双手持球从头上传球；b. 传球过程中不能回头。

②配乐韵律操：伸展运动、下蹲运动、体侧运动、体转运动、腹背运动、全身运动、跳跃运动、整理运动。

组织教学：四列横队体操队形，教师边做示范，边提示动作要领，语言激励学生，及时表扬鼓励。

要求：节拍准确，动作到位，节奏感强。

（3）基本部分

①示范 + 讲解

教师提问：在教师示范过程中，教师的脚是怎样站立的？准备姿势时上体是什么姿势？根据学生回答评价并总结：双脚前后站立，身体后仰。教师进行完整动作的示范，同时进行动作要领的讲解。

②讲解

a. 准备阶段：两脚前后开立，两手持球于头后，稍屈肘。

b. 发力阶段：双手向后引球；投出时，蹬地、收腹，利用两腿快速蹬伸和腰腹力量，挥臂将球从头后向前上方用力掷出，以达到最远距离。

c. 结束阶段：出手后身体制动，维持平衡。

③练习

a. 原地徒手练习。教学组织：八字队形，听口令练习。

b. 对墙投掷和接反弹球练习（小足球）。

纠错：对学生常见错误进行纠正，如只有上肢用力、上下肢配合不协调等。

组织教学：两人一小组，一人练习，另一人观察并纠正，5 次一轮换。

c. 完整练习。两人一组，间隔 15 米，练习投掷实心球，强调纪律和安全问题。

④检验——游戏

a. 掷远比赛。组织教学：分为 4 组，组内同学依次投掷实心球，最后计算小组的总长度，长度最长的小组获胜，由教师口令开始，哪组首先完成则获胜。

b. 评价：表扬获胜组，鼓励其他组别。

（4）结束部分

①放松活动——配乐放松操。

组织教学：四列横队体操队形。

要求：放松活动，身心充分放松。

②课堂小结：教师总结学练情况，表扬先进，激励全体学生。

③宣布下课、师生再见、回收器材。

4. 场地器材

田径场，实心球 20 个，小足球 20 个。

5. 预计负荷

练习密度：40% 左右；平均心率：135~140 次 / 分；练习强度：中等。

二　教学建议

（1）投掷教材是以提高身体素质，增强肌肉力量，特别是增强肌肉的爆发力，提高身体各部位协同用力，使身体得到匀称发展的主要教学内容。在教学过程中，应以锻炼身体为主要手段，采取严密合理的教学组织，尽量给学生更多的练习时间。各项教材的技术动作不宜要求过严、过细，在充分活动的基础上，让学生体会和掌握投掷的用力顺序和方法。

（2）在投掷教学中，可采用游戏与比赛的方法、使用各类可投掷的器材进行练习。强调使用器材一定要注意安全，并充分发挥创新器材的功能作用。

（3）投准和投远是投掷教学的重点，是最常用、最有效的教学内容，要使学生投得既远又准，必须让学生掌握科学的投掷方法。在练习过程中通过教师的提示、学生的探究总结，不断改进投掷技术，并借此培养学生同伴之间合作学习的能力，形成良好的学习习惯。

（4）小学生运动技术不是竞技性项目的技术，因此，在教学中要贯彻“以人为本”“健康第一”的原则，要充分反映“五个领域”的目标要求。

三　教学评价

（1）能掌握基本的投远与投准的正确方法，并使自己的投掷能力不断得到提高。

（2）能充满自信、积极参与到投掷游戏活动中，并体验合作的喜悦与乐趣。

（3）通过练习，上肢力量明显增强，投掷动作的协调性和准确性明显提高。

（4）能与同伴友好相处，遵守规则和纪律，并有良好的团体意识和行为。

四　教学案例

教学内容：掷远

课次：第一次课

教学目标：

（1）培养学生对掷远与游戏的兴趣，使学生乐于学习，并在活动中表现出展示自我的愿望和行为。

（2）使学生初步掌握合理的背后过肩、肩上屈肘的投掷动作。发展学生的灵敏、协调和力量素质，提高掷远能力。

（3）培养学生与同伴友好相处、愉快合作的能力。

教学过程：

（1）教师示范讲解握投掷物的方法，让学生互相观察，与同伴共同练习，并帮助其掌握正确的握法。

（2）教师讲解示范掷远动作，并带领学生进行徒手模仿练习。主要体验蹬地转体、背后过肩、肩上屈肘、快速挥臂的动作方法。

（3）分散练习，2~4 人结伴练习，互相对掷，互相纠正动作（手持轻物，如羽毛球、乒乓球等）。

（4）投远比赛游戏

第一次练习：沙包投远，体验动作方法和发力顺序。

第二次练习：投掷垒球比赛。提醒学生保持正确动作，加大向后引伸的幅度，快速向前挥臂。

第三次练习：“叫号接反弹球”。把学生分成两组，一组站在篮球场罚球线上投球，另一组按编号站在端线上。投掷组每人持一个垒球，每次由一人向篮板投球，投球的同时随意呼叫一个编号，被呼叫的队员迅速去接投出的球，要在球未落地之前接到手。依次进行完一轮后两队交换，最后接到球多的队获胜。

教学要求：

（1）善于观察、思考，用有效的方法把投出去的球反弹得最远，提高自己的投掷能力。

（2）在活动中有团队意识，努力为团队做出贡献，并遵守规则、诚实守信。

9 Chapter 第九章 体操运动

第一节 SECTION 1 基本体操

一 队列队形

队列练习是指全体学生按照一定的队形，做协调统一的动作。队形练习是指在队列练习的基础上，所做的各种队形和图形的变化。队列、队形练习在体育教学中被广泛运用，是体育教师必备的基本功。在队列队形练习中，让学生尝试掌握一些简单的随同集体完成动作的操练，使学生初步形成正确站立、行进的身体姿势和习惯，掌握集合队列、队形的方法和能力。有助于培养学生反应迅速、整齐一致、服从集体、听从指挥、遵守纪律的良好作风，有利于提高学生的注意力、观察力和思维能力，有助于培养学生的自制力和坚韧性，更有利于学生发展自我发现和群体合作的意识。

（一）队列队形基本术语

1. 列

左右并列成一排为列，它是组成横队的要素。

2. 路

前后重叠为一行叫路，它是组成纵队的要素。

3. 翼

队形的左右两端叫翼，左端为左翼，右端为右翼。

4. 排头

位于纵队之首或横队右翼的学生（一个或数个）叫排头。

5. 排尾

位于纵队之尾或横队左翼的学生（一个或数个）叫排尾。

6. 基准学生

按教师指定的某一个学生作为全体学生行动的目标，该学生为基准学生。通常情况下第一排右翼排头为基准学生。如果需要指定其他学生时，则应明确“以某某学生为基准”。

7. 横队

个人或成队左右排列组成的队形叫横队。横队的宽度大于或等于纵队的深度。

8. 纵队

个人或成队前后重叠组成的队形叫纵队。纵队的深度大于或等于横队的宽度。

9. 间隔

个人或成队彼此左右之间的间隙叫间隔。两人行走之间的间隔大约为 10 厘米。

10. 距离

个人或成队彼此前后之间的间隙叫距离。个人之间的距离约为 75 厘米（约一臂之长），队与队之间约为两步。

11. 伍

成列横队时，前后重叠的学生叫一伍。各伍人数与列数相等的叫满伍，人数少于列数的叫缺伍。

12. 口令

一般由预令和动令组成。预令必须清楚、声音洪亮，预令的长短看队伍的大小而定，若队伍长、人数较多时一般拉长预令，反之则短一些。动令必须短促而有力。预令是指明动作的做法和方向。动令是动作的开始。行进间动令，除向左转走和一列横队变二列横队时动令落于左脚以外，其余动令均落于右脚。

（二）队列练习内容与方法

队列队形练习是体育教学中的一个重要环节，是培养学生的组织纪律性必不可少的一个方面，更是培养学生保持良好身体姿势和行为习惯的重要内容。队列练习分为原地和行进间两部分。

1. 原地练习内容

（1）立正

口令：立正！

要领：两脚跟靠拢并齐，两脚尖向外分开约60°，两腿挺直，小腹微收，自然挺胸，上体正直，微向前倾；两肩要平，稍向后张，两臂自然下垂，手指并拢，自然微屈，中指贴于裤缝；头要正，颈要直，口要闭，下颌微收，眼睛向前平视。

（2）稍息

口令：稍息！

要领：（低年级）左脚向左侧迈出一步呈开立状，与肩同宽，重心在两脚上；两手放在体后，右手半握拳，左手握右手手腕；挺胸、小腹微收，目视正前方。

（3）看齐

①向右（左）看齐

口令：向右（左）看——齐！

要领：（低年级）排头左（右）手迅速叉腰，目视前方。其他学生左手迅速叉腰，向右（左）转头，眼睛看右（左）邻人腮部，并通视全线。两列或两列以上的队伍，后排排头左（右）手叉腰，右（左）手前平举，对正前列排头，保持一臂距离，其他学生与第一列学生动作相同。

②向中看齐

口令：以XXX为基准，向中看——齐！

要领：（低年级）听到以XXX为基准时，该生为基准学生，左手握拳高举，听到向中看齐后手放下，同时两手迅速叉腰；基准学生后面的人对正基准学生保持立正，不转头，其余学生按向右（左）看齐的方法站齐。

③向前看

口令：向前——看！

要领：基准学生不动，其余学生立即将头转正，还原立正姿势。

（4）报数

口令：报数！

要领：横队从右至左（纵队由前向后）依次以短促洪亮的声音向左转头报数（最后一名不转头）。数列横队时，后列最后一名报“满伍”或“缺伍”；数路纵队时，右路最后一名报“全到”或“缺X名”。

（5）踏步

口令：踏步！

要领：两脚原地上下起落，抬起时，脚尖自然下垂，离地面约12厘米。落地时，前脚掌先落地；上体保持正直，两臂摆动按齐步走或跑步的摆臂要领摆动。听到“前进”的口令，继续踏两步，再换成齐步或跑步行进。听到“立定”口令，左、右脚各踏一步呈立正姿势。做原地跑步时，口令是“原地跑步——走！”

2. 行进间练习内容

（1）集合（横队、纵队）

口令：成X列横队——集合！或成X路纵队——集合！

要领：集合时，教师应先发出“全体注意”的信号，然后站在预定队形的中央，面向预定队形呈立正姿势，下达口令。学生听到信号后，原地面向教师呈立正姿势，听到口令后，跑步面向教师集合（凡是在教师后侧的学生，均应从教师的右侧绕过，以免混乱）。横队集合时，基准学生首先跑到教师的左前方适当位置呈立正姿势；纵队集合时，基准学生（第一排排头）首先站在教师的右前方呈立正姿势。其他学生以排头为基准，站成指定队形，自行对正、看齐，呈立正姿势。

（2）原地转法

①向左（右）转

口令：向左（右）——转！

要领：以左（右）脚跟为轴，左（右）脚跟和右（左）脚前脚掌同时用力向左（右）转90°，重心落在左（右）脚上，右（左）脚靠拢左（右）脚，转体时两腿挺直，上体保持立正姿势。

②半面向左（右）转

口令：半面向左（右）——转！

要领：按向左（右）转的要领向左（右）转45°。

③向后转

口令：向后——转！

要领：按向右转的方法转180°。

（3）一列横队变二列横队及还原

口令：成二（一）列横队——走！

要领：变换前先报数。听到口令后，双数者左脚后退一步，右脚向右跨一步，左脚向右脚靠拢，站在单数者之后，自行看齐。还原时，事先散开一步间隔，前排学生不动，后排学生（双数）左脚左跨一步，右脚向前一步，左脚向右脚靠拢，回到原位，自行看齐。亦可双数学生右脚向右后方退一步，左脚靠拢右脚，自行看齐；还原时，双数学生左脚向左前方跨一步，右脚靠拢左脚，自行对正、看齐。

（4）一列横队变三列横队及还原

口令：成三（一）列横队——走！

要领：变换前1至3报数。听到口令后2数不动，1数左脚向左前上一步至2数前面，右脚靠拢左脚；3数右脚向右后退一步至2数后面，左脚靠拢右脚，自动看齐。还原时1、3数学生动作方向相反，回到原位自行看齐。

（5）一路纵队变二路纵队及还原

口令：成二（一）路纵队——走！

要领：变换前先报数。听到口令后，双数学生右脚右跨一步，左脚向前一步，右脚靠拢左脚，站到单数右侧，自行对正看齐。还原时，双数学生右脚后退一步，左脚左跨一步，右脚靠拢左脚，自行对正看齐。亦可双数学生右脚向右前方跨一步，左脚靠拢右脚到单数学生右侧，自行对正看齐。还原时，双数学生左脚向左后方退一步，右脚靠拢左脚到单数学生后面，自行对正看齐。

（6）一列横队变二路纵队及还原

口令：成二路纵队（一列横队）——走！

要领：全体学生向右转，随之按一路纵队变二路纵队的要领去做。还原时，全体学生向左转，随之按二列横队变一列横队的要领去做。

（7）齐步走

口令：齐步——走！

要领：听到动令后，左脚向前自然迈出；膝部自然伸直，脚跟先着地迅速过渡到全脚掌，两腿依次交换前进。行进中，上体正直，微向前倾；手指轻轻握拢，两臂自然摆动，向前摆时前臂微向内合，手放于第五衣扣高不超过衣扣线。行进速度每分钟116~122步。

（8）跑步

口令：跑步——走！

要领：听到预令后，两手迅速握拳提到腰际，拳心向内，肘部稍向内合。听到动令后，上体微向前倾，两腿微屈，同时左脚利用右脚前脚掌的弹力跃出，前脚掌先着地，重心前移，两腿依次交替行进；两臂自然摆动，向前摆不露肘，小臂略平，稍向内合，两拳不超过衣扣线；向后摆时不露手。行进速度每分钟170~180步。

（9）立定

口令：立——定！

要领：齐步走时听到动令后，左脚再向前大半步着地，两腿挺直，右脚迅速靠拢左脚，呈立正姿势。跑步时，听到动令后再跑两步，然后左脚向前大半步，右脚靠拢左脚，同时手放下，呈立正姿势。

（10）行进间向左（右）转走

口令：向左（右）转——走！

要领：动令落在左（右）脚上，右（左）脚向前半步，脚尖稍向左（右），以左（右）脚的前脚掌为轴，身体向左（右）转 90°，同时出左（右）脚向新的方向行进。

（11）行进间向后转走

口令：向后转——走！

要领：动令落在右脚上，左脚向前半步，脚尖稍向右，以两脚掌为轴，从右向后转体 180°，出左脚向新的方向行进。转体时，两臂自然摆动，不得张开。

（12）绕场行进（见图 9–1）

口令：绕场行进——走。

要领：沿教师规定的场地边线行进，学生每到一角依次自动转体 90° 行进。

（13）蛇形行进（见图 9–2）

口令：呈蛇形——走

要领：听到口令后，排头左（右）后转弯走至一定距离后，再右（左）后转弯走，以此循环，来回进行两次以上。

（14）圆形行进（见图 9–3）

口令：呈圆形——走！

要领：一路纵队排头走到某一点时下达口令，从排头开始依次走弧形成圆形。

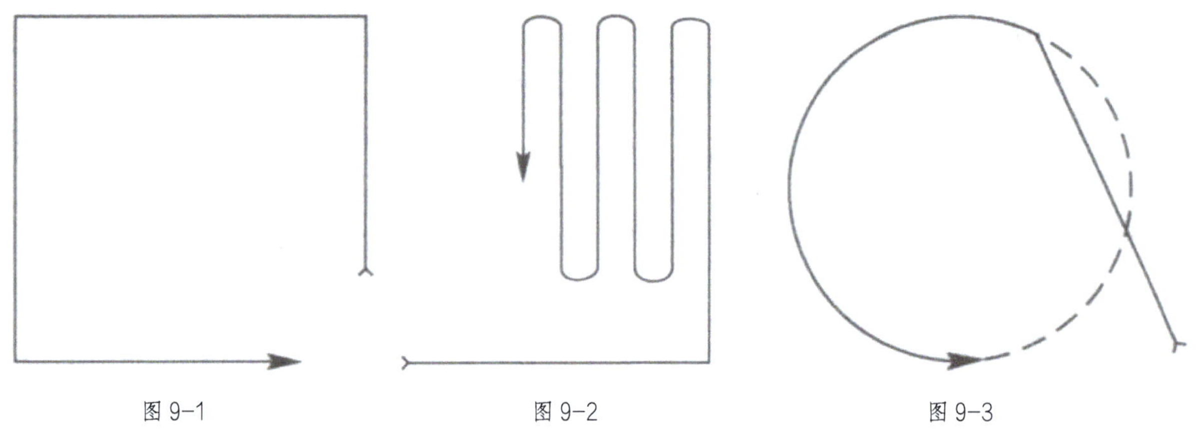

图 9–1　　图 9–2　　图 9–3

（15）分队走和合队走（见图 9–4、图 9–5）

口令：分（合）队——走！

要领：听到“分队走”口令后，单数者左转弯走，双数者右转弯走。在两个纵队接近迎面相遇时，听到“合队走”的口令后，左路左转弯走，右路右转弯走，右路依次插在左路学生后面，成一路纵队前进。

（16）裂队和并队走（见图 9–6、图 9–7）

口令：裂（并）队——走！

要领：听到“裂队走”的口令后，左路左转弯走，右路右转弯走。在两个纵队接近迎面相遇时，听到“并队走”的口令后，左路左转弯走，右路右转弯走，成并队前进。

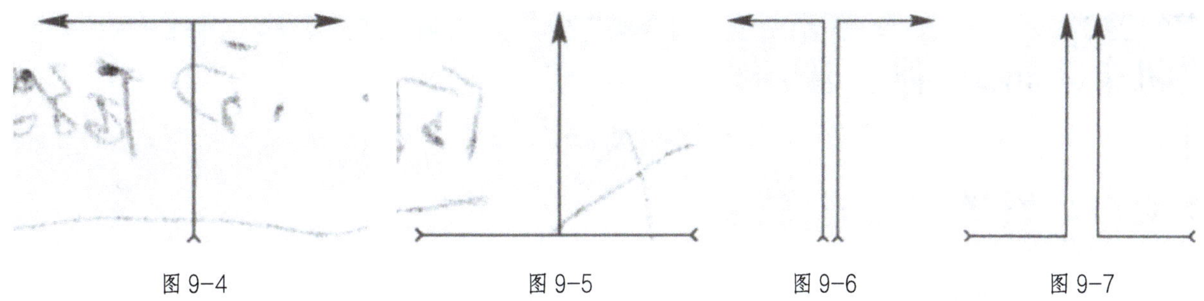

图 9-4 图 9-5 图 9-6 图 9-7

（三）教学提示

1. 教学重点

在进行队列队形教学时，应把常用的队列动作、行进的各种步法，以及原地动作和行进动作列为重点，严格要求，反复练习。例如，“立正”“稍息”的整体要求，行进步法中的上体要求，以及步速、步幅的要求等。

2. 口令与运用

口令是队列练习指挥员下达的命令，应做到清晰、准确、悦耳，运用灵活。

（1）口令的种类

口令按其下达方法，可分为短促口令、连续口令、断续口令、复合口令。

（2）下达口令的基本要领

①发音部位要正确：下达口令用胸音或腹音。胸音多用于短促口令；腹音多用于下达带拖音的口令。

②掌握好节奏：下达口令要有节拍，预令、动令之间要有明显的节奏，使学生能够听得清晰。

③注意音色、音量：音量既要使全体学生听清楚，还要注意音节强与弱的变化，一般口令均由低音向高音变化。

④突出主音：对口令中的重点字，要吐字清楚，音量适当加大，如“向右——转！”要突出“右”字。

二 教学建议

（一）队列队形

国外的体育课极少进行队列队形操练，因为体育课的首要任务是培养学生的健康体魄和体育兴趣，因此，应该从达到体育与健康课程的学习目标出发，逐步形成新的教学常规。这种新的常规应有利于学生生动活泼、主动地去尝试和学习，有利于学生体育兴趣和意识的形成，而不应以牺牲学生的体育兴趣片面追求整齐划一。在小学阶段尤其应该注意这一点。

1. 教学程序

队列、队形练习的教学过程，一般是指出练习的名称、说明口令及其执行方法，示范、讲解，指挥学生练习。

2. 示范与讲解

示范动作要清楚、熟练、准确。一般先做完整示范，再做分解示范。对复杂或难度较大的动作，可用慢速示范、边讲解边示范、重复示范等方法。

讲解要配合示范，语言要简明扼要，重点突出，目的明确。对某些练习要特别注意讲解的时机。如“合队——走”，应在即将下达口令时，停下来讲解为宜。

3. 指挥位置的选择

指挥员的位置选择，原则上应选在全体学生能看得清楚、方便学生模仿的位置。原地横队时，位置要在队伍正前方等腰三角形的顶点处；纵队时，应在队伍的侧前方 5 米左右处。行进间纵队时，要在队伍左侧中间偏后处，随队行进。

4. 合理运用和布置场地

队列、队形练习要在一定大小的场地中进行。场地的大小应根据人数而定，一个教学班至少要有相当于一个篮球场大小的场地。为了合理利用场地，在做图形行进、队形变换时，可在场地上标画出一定的标志。

5. 采用多种教学手段和练习方法，培养学生的能力和兴趣

通过观察法、探究法、研讨法、比赛法、个人体验法等提高学生的动作质量，利用分组教学法、小群体教学法和创设情景法等多种形式，提高学生参与练习的积极性，充分发挥学生的主体作用，培养学生的能力和兴趣。

6. 教学评价

（1）参与的态度与体验。

（2）动作的掌握。

（3）锻炼的效果。

（二）徒手操与轻器械操

1. 做好宣传教育工作

徒手操教学要体现教育性。坚持正面教育，运用说服法、鼓励及榜样法，使学生明确学、练徒手操的目的、意义及锻炼方法，提高学生学习的积极性。徒手体操以集体练习为主要形式。在教学过程中要注意结合教材的内容和学生的实际情况严格要求，进行组织纪律和集体主义观念教育，使学生精神饱满、注意力集中、动作整齐划一地练习。

在进行轻器械体操练习时，首先要组织好器械的领取与归还，使学生明确此项运动的常规要求和使用器械的基本规定，教育学生爱护器械，遵守纪律，不许乱放、乱抛器械或用器械打闹，加强安全教育。

2. 合理组织做操队形

做操的队形要根据教学内容、对象水平及场地、气候条件等实际情况来选择。做操的队形要有利于全体学生都能看清教师的示范动作；教师要选择好位置，最好选择高一些的位置，以便于师生共同观察。还要注意外界环境的干扰，最好做到背风、背光、躲开干扰源，最大限度地集中学生的注意力，提高学习的兴趣和教学效果。在轻器械体操练习前，教师要根据器械的特点和动作的需要调整好队形以及学生的间隔距离。

3. 正确运用示范与讲解

正确运用示范与讲解相结合的直观教学法。通过示范使学生建立起正确的动作表象，示范动作要清楚、准确、优美、节奏分明。示范的位置以学生都能看清为宜。示范形式包括：镜面示范，一般适用于简单的动作，既便于学生模仿，又便于教师观察学生的学习情况；侧面示范，一般适用于显示前后方向的动作；背面示范，一般适用于动作方向、路线及配合比较复杂的动作，以便于学生跟着做。对于某些四肢、躯干配合比较复杂的动作，可采用分解示范和局部示范的方法。

讲解应与示范相结合，以简明扼要、生动形象、通俗易懂的语言，加深学生对动作的理解，重点讲清动作方向、路线、部位及身体各部位的配合方法。一般采用边示范边讲解的方法。对于高年级的学生，可以直接运用术语讲解。

4. 正确运用口令

教师必须要正确运用口令进行教学。教操时口令要准确、清楚，声音要洪亮、节奏感要强。口令包括节拍口令和提示口令。节拍口令指挥做操的速度和节奏，应根据动作的幅度、性质及熟练程度来决定快慢、长短和强弱。如动作幅度大的动作，口令要慢些；动作幅度小的动作和跳跃运动，口令要轻快；振、压动作，口令要强些。提示口令是在节拍中，重点提示某些动作要求、变换操节或停止时使用。如“1、2、伸、直”“5、6、再、做”“5、6、跳跃运动”“5、6、7、停”等。

5. 运用整套、完整法与分节分解法相结合进行教学

教师在进行轻器械体操教学时最好采用分段、分节教学法，在教一节较复杂的操时，可采用分解教学法，一般先教下肢，再教上肢，然后完整练习。为提高做操的质量，调动学生做操的积极性，调节运动负荷，可在个人之间、小组之间、班级之间、年级之间适当进行定期评比和竞赛。

6. 教学评价要点

（1）积极投入，情绪饱满。

（2）能完整地做成套操。

（3）知道动作和身体部位名称。

（4）在集体活动中，能表现出良好的合作意识和集体主义精神。

三 教学案例

教学内容：沙袋活动

课次：第一次课

教学目标：

（1）通过沙袋活动，增强学生的体能，提高学生的协调性。

（2）掌握基本动作，了解常用术语。

（3）培养学生的创新意识。

教学重点：掌握沙袋的运动方法，培养运用能力。

教学难点：引导学生创编新动作。

教学步骤：

（1）教师简述沙袋活动的内容、方法与要求。

（2）分解练习（在教师指导下）。

①原地单手、双手抓沙袋练习。

②原地单手、双手抛接沙袋练习。

③原地单手胯下、背后抛接沙袋练习。

（3）完整操教学

①示范讲解。

②徒手模仿：分解教学。

③集体练习：口令指挥、语言提示练习。

④分组练习：分组比赛，提高兴趣，培养团队合作精神。

（4）学生自由结伴，进行创造性沙袋操练习。启发学生创新，探索形式多样的沙袋运动方法。

教学评价：

（1）对轻器械体操学习的兴趣和热情程度，所表现出的参与程度和行为意识。

（2）在操练中，能否善于思考、善于自我表现，能否与团体协调动作。

（3）能说出简单的徒手操术语，并能正确地做出相应的动作。

（4）能主动帮助他人和乐于接受他人的帮助。

第二节 SECTION 2 技巧运动

技巧运动是一项富有艺术性的运动项目，它是徒手完成的优美的、千姿百态的身体造型，是人体基本活动能力的体现，对提高身体素质，增强体能具有积极作用，也是学习其他运动的基础。

一 教材实例

（一）前滚翻

1. 教材分析

【动作要领】蹲撑开始，两脚向后蹬地，同时提臀、屈臂低头，使头后部在两手前着地，经背、腰、臀依次着地向前滚动。当背部着地时，屈膝团身、抱腿，上体迅速向前跟成蹲撑。

口诀：蹬、提、放头配合好，团紧身体最重要，依次着地是保证，及时抱腿成蹲撑。

【动作重点】蹬地，两手用力均匀，滚动方向正。

【动作难点】身体团紧，滚动圆滑。

【保护与帮助】帮助者跪于练习者侧方，顺势推其背帮助立起。

2. 教法分析

【教学步骤与练习方法】

（1）通过讲解示范或运用直观教具等，让学生建立起正确的动作概念。

（2）前后团身滚动练习。

（3）前滚翻团身滚动练习。

（4）两手支撑做蹬地提臀练习。

（5）在教师帮助下，学生做前滚翻练习。

（6）利用下坡做前滚翻动作。

（7）独立完成前滚翻动作。

（8）增加趣味性、游戏性练习。

【易犯错误及纠正方法】

（1）团身不紧。纠正方法：采用教学步骤与练习方法（2）、（3）纠正。

（2）滚动方向不正。纠正方法：采用教学步骤与练习方法（3）、（5）纠正。

（3）蹬地不积极主动。纠正方法：采用教学步骤与练习方法（4）纠正。

3. 教学提示

（1）初学者练习次数过多可能引起眩晕，应有适应过程。练习前要充分活动颈部，防止引起颈部损伤。

（2）初学者可采取仿生练习，如刺猬下山等，既能体会团身滚动，又可以提高练习兴趣。

（3）在教学中可采取分解教学法或在同学帮助下完成动作，亦可采用降低动作难度的方法，如利用斜坡由高处向低处做翻滚动作。

（4）动作熟练后可采取趣味性游戏比赛进行练习，鼓励学生开展创造性练习，如被绊倒时的前滚翻、匍匐前进前滚翻、前滚翻过障碍等，进一步巩固动作技能。

（5）高年级学生可以进行前滚翻和其他动作的组合练习。

（二）跪跳起

1. 教材分析

【动作要领】跪立，臂前举，上体稍前倾，屈髋，两臂后摆，接着快速前摆，同时迅速伸腰展髋。当膝部离地后，两臂急速制动成蹲立。

口诀：摆臂伸腰腿发力，脚背用力去压地。膝部离地臂制动，快速并腿手前举。

【动作重点】两臂前摆与伸腰、伸小腿同时发力协调配合。

【动作难点】用力协调、制动及时。

【保护与帮助】帮助者站在后面，当练习者两臂前摆时，扶其腰部两侧，帮助跳起。

2. 教法分析

【教学步骤与练习方法】

（1）通过讲解示范或借助直观教具等，让学生建立起正确的动作概念。

（2）跪立，手扶器材压臂，弹性起落。

（3）反复做摆臂伸腰、提起膝部练习。

（4）在教师帮助下，学生跪跳起。

（5）用跳箱盖进行跪跳练习。

（6）独立完成动作练习。

（7）掌握技巧比较熟练的学生可提高练习难度。如连续做跪跳起，跪跳起连接其他动作练习。

【易犯错误及纠正方法】

（1）摆臂伸腰、制动臂收腿配合不协调。纠正方法，采用教学步骤与练习方法（2）、（3）予以纠正。

（2）脚面不压地，直接用脚尖支撑。纠正方法，采用教学步骤与练习方法（2）予以纠正。

3. 教学提示

（1）跪跳起的动力来源于摆臂，应围绕快速摆臂与制动教学。

（2）多给学生创造练习的机会，鼓励学生互帮互学，共同提高。

（三）肩肘倒立

1. 教材分析

【动作要领】直角坐撑开始，上体后倒，收腹举腿，当脚尖至头上方时，两臂在体侧下压，两腿上伸，髋关节充分展开，臀部收紧，屈肘手撑背部，呈肘、肩、颈支撑的倒立姿势。

口诀：后滚臀上翻，两手撑背间，夹肘腿上伸，展开腹和髋。

【动作重点】举腿上伸，髋关节充分展开。

【动作难点】展髋与屈肘支撑到位。

【保护与帮助】保护者站在练习者一侧，双手握住练习者的腿上提。

2. 教法分析

【教学步骤与练习方法】

（1）通过讲解示范或借助直观教具等，让学生建立起正确的动作概念。

（2）分解练习：屈体双手前伸，至触碰脚尖；仰卧收腹向上伸腿展髋，同时配合两臂体侧压地。

（3）在教师帮助下，完成动作练习。

（4）小组讨论，创新动作练习方法和组合，培养创新意识。

（5）组织个人表演或小组比赛，激发学生的学习兴趣。

【易犯错误及纠正方法】

（1）倒立不稳，肩、肘支撑三角形不稳定。纠正方法：可采取教学步骤与练习方法（2）、（3）予以纠正。

（2）倒立不直，肩、肘支撑不到位，身体紧张不够。纠正方法：可采取教学步骤与练习方法（3）予以纠正。

3. 教学提示

注意两手扶背，不是扶腰。两腿上伸时不要超过头部的垂线。

（四）侧手翻

1. 教学目标

【知识与技能】

要求学生能够说出侧手翻的动作要领，85% 的学生能够准确做出该动作。

【过程与方法】

通过分组练习，学练结合，发展力量、协调、柔韧等身体素质。

【情感态度与价值观】

在练习过程中形成互帮互助的意识，养成勇于克服困难的优良品质。

2. 教学重难点

【重点】

蹬地、摆腿，两手依次撑地，两腿依次落地。

【难点】

支臂、顶肩，分腿倒立过程。

3. 教学过程

（1）开始部分（3 分钟）

课堂导入：同学们，前面我们已经学习了体操的前滚翻、后滚翻等体操的基本动作，同学们都能够准确地完成，老师在这里提出表扬。大家都知道体操比赛时我们通常是成套动作进行的，今天呢，我要教给大家一个新的动作。先看老师的示范，大家来说说，这个动作叫什么？对！这就是我们今天所要学习的课程——侧手翻。

a. 游戏：推小车

方法：两人一组，一名学生双手撑地，另一名学生抓住该学生的两条腿，向前行进，绕过前方标志物，然后返回接力，率先完成比赛的小组获胜。

组织教学：四路纵队体操队形，依次进行练习。

b. 韵律操：伸展运动、下蹲运动、体侧运动、体转运动、腹背运动、全身运动、跳跃运动、整理运动。

组织教学：四列横队体操队形，教师边做示范，边提示动作要领，激励学生，及时表扬鼓励。

要求：拍节准确，动作到位，节奏感强。

（2）基本部分（25 分钟）

①示范

提问：注意观察，老师在侧手翻的时候身体姿势是怎样的？两手的位置是怎样的？

②学生前后两人为一小组进行讨论。

学生回答：身体充分地伸展。两手在一条直线上。

③讲解

（以向左侧手翻为例）两臂侧平举，上体稍右倾，左腿侧举，随即向左侧倾倒，左脚落地屈膝、蹬地，右腿向侧上摆，同时左腿蹬地，接着左右手依次在左前方撑地，经分腿倒立过程，两手依次推离垫子，两脚依次蹬地（着地点尽可能成一条直线）成开立，并腿直立。

④练习

a. 三人一组，2 人扶练习者做靠墙分腿倒立。

b. 在 2 人帮助下分腿倒立翻转成分腿站立。（体会双手有力推垫）

c. 在教师或同伴帮助下做侧手翻练习。（强调动作协调）

易犯错误：侧手翻身体不能挺直，翻转时不能形成扇面。

纠正方法：做有人扶持的大分腿倒立，或做分腿倒立后稍停一会儿再翻转成分腿站立，体会身体倒立的时空感和立体感。完整动作练习。

⑤检验

组织教学：以体育小组为单位，每组推选出两名代表分享技术动作。

（3）结束部分（5 分钟）

①放松活动——配乐放松操

组织教学：四列横队体操队形。

要求：放松活动，身心充分放松。

②课堂小结：教师总结学练情况，表扬先进，激励全体学生。

③宣布下课、师生再见、回收器材。

4. 场地器材

体操馆，体操垫若干。

5. 预计负荷

练习密度：30%~35%；平均心率：120~130 次 / 分；

运动强度：中等偏上。

二　教学建议

（1）技巧运动是体操的基础，对掌握双杠、单杠、平衡木、高低杠、支撑跳跃等项目有积极的作用。技巧运动中的每一个动作都是人体美的表现，正确优美的动作不仅有很好的锻炼价值，也是一种美的教育。教师在教学过程中要选择系统的教学方法，循序渐进、由简到繁、由易到难、从局部到整体有计划地进行。要严格要求，严格训练，使学生打好基础，逐步达到技术动作的规范化。

（2）合理搭配素质练习和技术教学内容。素质练习不仅对全面发展学生身体素质作用明显，也是正确掌握各项技术动作的基础，在教学中应将素质练习列入教学计划，有机配合技术教学内容，充分发挥多目标、多功能、多元化作用。

①在与技术教学内容配合时，应有计划、有步骤地提前安排相应的素质练习。

②素质练习的方式可采用课内集体练习或分组练习的形式，也可以作业的形式在课外进行练习。

③素质练习一般单调、枯燥，为此可采取游戏、比赛、对抗等方式提高练习的趣味性。

（3）加强课堂组织，提高练习效率。在教学中注重调动学生练习的积极性，使其积极参与、乐于练习；培养学生合作学习、探究学习的能力，达到乐学、好学、会学的目标；练习目标要明确，重点要突出，要有充足的练习时间保证练习质量。为此，组织课堂教学时应做到以下几点。

①充分利用场地器材，合理设计练习内容，使教材搭配科学合理，既有趣味性，又能保证练习的效果和质量。低年级可采用情景教学，高年级还可采用技巧动作组合练习、结合游戏练习等。

②在教学中要善于抓住时机、抓住重点及时给学生以启发诱导，鼓励学生积极思维，不断实践。在练习过程中要不失时机地纠正错误动作，以有利于建立起正确的动作概念。

③在练习过程中要求学生互相观察、互相帮助、互相纠正动作，建立起良好的学习氛围。鼓励学生积极探究，合作学习，不断创新，互帮互学，共同进步。

三　教学评价

（1）对技巧动作的学习，充满浓厚的兴趣和热情，表现出积极的参与意识和行为。

（2）在学习中，能善于观察与思考，练习积极，想象力丰富，乐于帮助别人，善于与他人合作。

（3）在练习中，动作正确，姿态优美。

（4）能说出动作名称、动作重点环节。

（5）在集体活动中，能表现出良好的合作意识和集体主义精神。

四 教学案例

教学内容：侧滚翻

课次：第一次课

教学目标：

（1）掌握侧滚翻的动作方法和要领，能运用侧滚翻保护自己。

（2）发展柔韧、灵敏等身体素质，体验到动作变化的感觉，提高控制身体的平衡能力。

（3）通过体验和与同伴间的帮助合作，感受完成动作的喜悦心情和练习乐趣。

教学重点：协调用力。

教学难点：动作圆滑。

教学步骤：

（1）情景导入。

（2）学生自由尝试练习侧滚翻。

（3）教师总结，学生分组练习。

（4）游戏：作茧自缚，春蚕吐丝。

方法：练习者持绳的一端侧滚动，犹如“作茧自缚”。同伴持绳的另一端提拉，好似“春蚕吐丝”。

（5）推“碾子”比赛。

方法：分若干组，每组两人配合，一人躺在垫子上，另一人推，至终点后两人交换，依次进行，先做完的组为优胜。

教学评价：

（1）同学之间互帮互学，关系融洽。

（2）能辨别和控制身体前后、左右滚动的方向，基本具有控制身体各部位依次滚动的能力。

（3）能积极主动参与，认真完成各种练习。

第三节 SECTION 3 器械体操

一 教材实例

支撑跳跃——山羊分腿腾跃

1. 教材分析

【动作要领】有节奏地加速助跑，“单跳双落”，积极摆臂起跳；起跳后含胸、紧腰，两臂主动前伸直臂撑器械，并立即直臂急促顶肩推手，同时稍提臀，两腿侧分，有意下压制动；越过山羊后，两臂顺势上举，抬头、挺胸，接着并腿落地缓冲成直立，两臂斜上举。

口诀：单跳双落主动蹬，跳起含胸臂前伸，下撑顶推侧分腿，摆臂上举展开身。

【动作重点】跳起提臀分腿。

【动作难点】动作协调连贯。

【保护与帮助】保护者站在山羊侧前方，练习者撑山羊的同时，保护者两手顶其肩并顺势握臂上提，随之跟进扶其站稳。

2. 教法分析

【教学步骤与练习方法】

（1）教师结合挂图、录像示范讲解，让学生建立正确的动作概念。

（2）集体做上步起跳练习：可上一步练习“单跳双落”双脚起跳；三步助跑双脚起跳；五步助跑双脚起跳。

（3）上板起跳，推手回落原地练习。

（4）分解动作练习：a. 俯撑蹬地提臀分腿，向前成分腿开立撑，推手成屈体分腿站立，接着挺身跳起，落地时屈膝缓冲。b. 原地手撑山羊，脚踏助跳板，做收腹分腿提臀动作。c. 助跑上板起跳做含胸直臂手撑山羊动作。反复练习后可加做提腰分腿提臀动作。

（5）在教师的帮助下做完整动作练习。

（6）分组练习：可让学生结合学过的动作开展创造性练习，分组讨论，培养创新意识。

（7）个人展示、分组评比。学生个人展示，培养学生的参与意识，教师给予有针对性的评价，并借此向学生介绍评价的内容和方法，展开学生互评，提高练习效果。

（8）教师巡回辅导，纠正错误动作。

【易犯错误及纠正方法】

（1）单脚踏跳。纠正方法：采用分解教学步骤与练习方法（2）、（3）予以纠正。

（2）推手慢。纠正方法：采用分解教学步骤与练习方法（3）予以纠正，也可利用信号提示。

（3）分腿时提臀不够高。纠正方法：采用分解教学步骤与练习方法（1）、（2）、（3）予以纠正。

3. 教学提示

（1）学生学习各种跳上跳下动作后，再学习山羊分腿腾跃。

（2）在器械不足的情况下可集体做分解练习，先打好基础，再进行完整性练习。

（3）加强保护，消除学生恐惧心理，激发学生练习的积极性，提高教学质量。

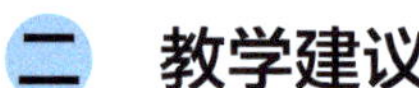

二 教学建议

1. 合理安排教学内容和教学顺序

在安排教学内容和教学顺序时要充分考虑到单个动作之间的有机联系，从纵、横两方面分析教材内容的难易程度，在由易到难安排教材的同时，还要注意在相关动作技能形成过程中积极影响和消极影响的因素，取利去弊，提高教学效果。

2. 正确运用讲解示范

教师的讲解要与示范相结合，重点突出，生动形象，通俗易懂，符合学生的接受能力。教师的示范要尽量做到动作准确、轻松，姿态优美，注意激发学生的学习欲望。教师要把握示范的时机，根据出现的问题，有针对性地讲解示范，并注意选择好示范的方向和位置，以便于学生观察和学习。

3. 合理运用分解教学

分解教学要以降低动作难度，突出动作重点，提高学生学习的积极性和练习兴趣为目的。比如可把支撑跳跃分成助跑起跳、腾空动作和落地三个部分，依次进行教学，并与田径中的跑、跳动作技巧相结合，进行辅助性教学。

4. 注意心理因素的影响

教学过程中要注意克服学生心理障碍，确保安全，更要注意布置好场地，准备好器材，保证器材的稳固，高度要适中，垫子要平整，周围无障碍等，以提高学生自我保护的意识和能力。

5. 注意保护与帮助

在教学中，保护与帮助是保证学生安全、克服学生心理恐惧的有效手段，也是帮助学生掌握动作的重要教学方法。适时、适度地给予保护与帮助，还可以促进学生体会动作要领，形成正确的动作技能。

小学生很喜欢在器械上做各种练习，开始不要过分地强调技术环节，要鼓励学生积极参与，生动活泼地跳跃，在练习中突出点拨、体会动作，使学生在愉快的氛围中学习、锻炼、提高，增强自信和提高意志力。

6. 灵活运用多种教学方法营造课堂和谐、合作的教学气氛

要尊重、强调学生的学习主体地位，提倡教学活动中学生认知、情感、行为的高度统一，达到运动技能与体验乐趣的双赢效果。注重教材内容的创新和迁移，结合教学实际，合理运用激励和其他手段，强调师生之间、学生之间的多向交流，在形式与内容上优化教学环境，培养学生正确的运动价值观与运动行为习惯。教师应利用学生“爱运动”的良好动机，运用多种教学方法让学生充分享受到运动的乐趣。

7. 合理利用现有优势，开发和改造教学条件及环境

无论是新课程理念，还是快乐体育思想，都有相对稳定的教学结构和教法体系，但同时又存在与之相适应的教学条件和环境。例如，快乐体育教学运用语言法和暗示法较多，需要教师的不断激励和关注。相对而言，低年级的学生较易接受这一方法，对班级集体要求有一定的凝聚力，课堂氛围较为活跃等。而新课程要求教师尽可能利用学校自身优势，开发和改造教学条件和环境。例如，器材开发，合理新颖的场地布置，可以提高学生练习的积极性。

三　教学评价

（1）在体能方面，学生的灵敏、力量素质和协调、平衡能力有明显提高。

（2）能否理解学习内容的术语、健康和安全常识？完成动作的质量如何？

（3）学习兴趣，主动参与，自我展示和创造性学习的意识等表现如何？

（4）在学习情绪、自信心、克服困难的勇气方面表现如何？与同伴的互帮互学，相互配合情况如何？

四　教学案例

教学内容：低单杠跳上成支撑，前翻下

课次：第一次课

教学目标：

（1）大部分学生在同伴的帮助下可以完成跳上成支撑、前翻下动作。

（2）通过低单杠跳上成支撑、前翻下技术动作的学习，提高身体灵敏、协调、平衡和空间感觉能力。

（3）通过学生相互保护和帮助，树立安全意识，克服胆怯、畏难的心理障碍，体验到成功的乐趣。

（4）培养学生勇敢、顽强、克服困难的精神。

教学重点：直臂顶肩成支撑。

教学难点：腹部贴杠前翻下。

教学过程：

（1）语言引入：接下来我们要来学习跳上成支撑、前翻下动作。

（2）教师做跳上成支撑、前翻下完整动作示范。

（3）根据学生运动能力分组，按杠高 90 厘米、100 厘米、110 厘米、120 厘米分为 4 组。

（4）尝试手握杠直臂跳起练习。

（5）尝试跳上成支撑练习，体验压臂成支撑、紧腰挺胸要领。

（6）演示保护方法，请一位学生协助演示。保护者站在杠前侧，一手托扶学生的肩背，一手托扶学生的双腿。

（7）在教师保护下进行第一次完整动作尝试，教师强调保护措施。

（8）交流第一次完整动作尝试后的心理体验，教师及时给予表扬鼓励。

（9）第二次完整动作练习，感受前翻下动作的难点。

（10）各组根据技能表现选派一名学生演示，讲述他的感受，并讨论得出直臂顶肩成支撑、紧腰挺胸、腹部贴杠前翻下的技术重点和难点。

（11）学生组内比赛，选出一名优秀代表。

（12）优秀代表比赛，其余学生欣赏打分。

教学评价：

（1）练习积极主动，动作掌握较好，且有一定的自我保护意识。

（2）积极参与，敢于挑战困难，体验到成功的乐趣。

（3）同伴之间互帮互学，学习气氛融洽。

10 Chapter 第十章 球类运动

第一节 SECTION 1 小篮球

小篮球是小学球类课程教学中的重要内容之一，也是深受小学生喜爱的运动项目之一。小篮球是根据小学生的生理和心理特点，用游戏的形式培养小学生对球类运动的兴趣和爱好，在掌握一些基本的技术同时，达到更好地锻炼身体的目的。

 教材实例

（一）熟悉球性

1. 教材分析

【动作要领】单、双手头上抖腕抛接球、体前或头上交接球，体前左右侧手挥摆球，环绕腹部交接球，环绕颈部交接球，原地快速运球和原地体前左右或体侧前后运球等。培养学生控制球的能力。

口诀：用力手型掌握好，迎来送往方协调。

【教学重点】控制球的能力与方法。

【教学难点】球感。

2. 教法分析

【教学步骤与练习方法】

（1）在练习过程中，要注意保持基本正确的站立姿势，重点观察并及时纠正直腿站立和低头弯腰的错误动作。

（2）熟悉球性的方法很多，要选择适合学生实际水平的方法，并注意由易到难，逐步提高。

（3）练习时，强调手腕抖、压、瞄、转和手指拨球的动作。

（4）游戏教学法：运球互拍、运两球接力、运球、传球、抢球游戏、躲闪运球等。

（5）小篮球教学要以提高学生的学习能力和基本活动能力为中心。

（6）比赛法：通过竞赛游戏来提高学生运、传小篮球的基本技术，熟习球性，提高控球能力。培养与同伴的合作意识和竞争精神，体验成功和进步的喜悦。

【易犯错误及纠正方法】

（1）运球时直腿站立。纠正方法：两腿弯曲，上体微前倾，两眼注视前方，视野开阔。

（2）运球时，低头弯腰。纠正方法：熟悉所做的动作后，要求边运球边看教师的手势。提示抬头、直腰，注视场上情况。

3. 教学提示

（1）熟悉球性练习，要求将注意力较长时间集中在对球运动状态的感觉和判断上，感知触球的部位、手部的动作与用力之间的关系。因此，学生控制球的过程也是发展感知能力的过程，同时还可以通过发展身体动作的准确、灵活与协调性练习，培养学生对运动的兴趣。

（2）让学生学会运球的方法，提高运球能力是教学的主要任务之一。由于熟练运球的技能不是短时间内可以掌握的，因此，应首先引导学生掌握正确运球的方法，并在练习中不断体会手与球的关系，鼓励学生反复练习，通过一定时间的积累，实现协调配合。

（3）运用游戏教学，按照预设的情景，引导学生积极思考，教师通过示范讲解，带领学生积极模仿、尝试。

（4）通过比赛，提高学生参与运动的积极性，满足学生体育能力的发展和需要，增强学生的体育运动兴趣，达到教学目标。

（二）原地双手胸前传、接球

1. 教材分析

【动作要领】双手手指分开，两拇指成“八”字形，掌心空出，持球于胸腹之间，两肘自然下垂靠近体侧，身体呈基本站立姿势，眼平视传球目标。传球时后脚蹬地发力，身体重心前移。两臂前伸，两手腕由下而上，由里向外同时翻转，用食指、中指拨球，将球传出。球出手后，两手心向下，略向外翻。

传球口诀：持球屈肘于胸前，含胸收腹视前方；两臂前伸腕外翻，充分伸展指拨球。

接球口诀：两臂分开半弧形，面对来球上前迎；主动伸臂体前倾，顺势接球引胸前。

【教学重点】伸、翻、拨的动作。

【动作难点】全身协调，动作连贯。

2. 教法分析

【教学步骤与练习方法】

（1）教师示范讲解双手胸前传、接球的动作要领。

（2）牢记学习目标。会用正确的方法持球，会用双手向前传球的方法将球传出，能用正确的方法接住同伴传来的球。

（3）两人一球，互相配合，相互帮助，协作学习。

（4）多人传球练习。三人一组传球练习。五人一组沿“五角星”图案传球。

（5）传球游戏。传球比快（略）。

【易犯错误及纠正方法】

（1）双手胸前传球时，全手掌触球，手心没有空出，两拇指距离过大或过小，持球动作不正确。纠正方法：面对面站立，一人接球，一人做双手胸前传球的正确模仿练习。

（2）在双手胸前传球时两肘外展过大，两臂用力不一，形成挤球，出手后两手上下交叉。纠正方法：两人一组。一人对墙传球，另一人纠正动作。

（3）双手胸前接球时，双手手指朝前，双手没有形成半圆；伸臂迎球时手臂、手腕、手指紧张，引球动作不及时。纠正方法：多做自抛自接球练习，养成张手、伸臂、迎球和及时屈肘引臂的习惯。

3. 教学提示

（1）要求学生重视传、接球的手法，注意手臂、手腕、手指力量的运用。传球要求做到一快、二准、三适当（力量），接球要做到一上步，二牢固（控球）。

（2）传球的目标，一般以接球人的胸部为准，如接球人在移动中，则应将球传到即将移到的位置，做到人到球到。

（3）精讲多练，做好示范，练习时多采用游戏和比赛的形式组织教学，提高学生的学习兴趣。

（三）原地单手肩上投篮

1. 教材分析

【动作要领】以右手投篮为例，右手五指自然分开，手心空出，用指根以上的部位持球，大拇指与小拇指控制球体，左手扶在球的左侧，右臂屈肘，肘关节自然下垂。置球于右肩前上方，目视球篮。双脚左右或前后开立，两膝微屈，重心落在两脚掌上。投篮时，下肢蹬地发力，右臂向前上方抬肘伸臂，手腕前屈，食指、中指用力拨球。通过指端将球柔和投出。在球出手的瞬间，身体随投篮动作向上伸展，脚跟微提起。

口诀：翻腕托球于肩上，屈膝开立球对筐（球篮）；蹬地抬肘全用力，出手抖腕指拨球。

【教学重点】投篮的手法。

【教学难点】投篮的协调用力。

2. 教法分析

【教学步骤与练习方法】

（1）教师讲解示范投篮的动作要点，让学生明确手型和投篮用力顺序。

（2）徒手模仿投篮动作，体会协调用力。

（3）让学生体会投篮出手时手臂、手腕、手指动作。一人一球将球投向空中，自投自接，体会手指指端拨球的动作，观察球的旋转。

（4）采用各种方式进行投篮练习，如对墙投球、投悬挂物等。

（5）学生自选位置投篮。

（6）各种位置的定点投篮。

（7）采用游戏比赛的形式练习投篮。

【易犯错误及纠正方法】

（1）持球手法不正确。五指没有自然分开，用手心托球。纠正方法：重复讲解和示范投篮的动作要点，使学生了解投篮动作的基本结构。

（2）肘关节外展，致使上肢各关节运动方向不一致。纠正方法：借助外部条件限制、信号刺激等手段，纠正学生的错误动作。如让学生靠近墙壁做徒手或持球的投篮模仿练习，纠正肘部外展。用信号刺激，如“抬肘、伸臂、压腕”等词语纠正肘关节过早前伸，伸臂不充分以及屈腕、拨指不够或球不旋转等错误。

（3）投篮时抬肘伸臂不够，导致手臂前推，形成抛物线偏低。纠正方法：多做徒手练习，教师讲解示范，学生反复练习。

3. 教学提示

（1）投篮的要求是准确，影响投篮准确与否因素很多，其中投篮手法是关键，在教学过程中应强调务必集中精力，提高投篮的准确性。

（2）投篮是学生喜欢练习的技术动作，但要做到投篮准确并不容易。不仅要多练而且要讲究手法，教师要引导学生务必认真练习。

（3）在教学中让学生多做模仿动作，多做正面定点和不同角度的投篮练习。

（4）初学阶段一定强调动作的正确性，以免形成错误定型。

（四）行进间运球

1. 教材分析

【动作要领】运球时抬头目视前方，上体稍前倾，以肘关节为轴，用力拍按球的后侧上方，使球向前上方反弹起来，身体重心转移迅速，跑动的步伐要与球弹起的节奏协调一致。

口诀：两腿微屈体前倾，五指分开把球拍；手腕柔和缓冲球，人球配合要协调。

【教学重点】手控球能力。

【教学难点】身体协调配合。

2. 教法分析

【教学步骤与练习方法】

（1）复习原地左右手交替运球，让学生体会拍球的部位与反弹角度的变化。

（2）原地单手前后运球，体会球的前后反弹与手的配合。

（3）示范讲解行进间运球的动作要领，让学生明确球与手、脚、身体的配合方法。

（4）在规定的距离内，做往返直线运球，先步行运球，过渡到慢跑运球。

（5）用左（右）手运球前进、折返时换右（左）手运回等。

（6）设置标志物，进行曲线运球。

（7）行进间运球与传球相结合练习（图10–1）。⑥号队员自端线向前运球，推进过中线将球传给⑦号队员，之后排到队尾，⑦号队员接球后将球传给⑧号队员，之后排到队尾，⑧号队员接球后向前运球，推进过中线后将球传给⑨号队员……如此反复练习。

（8）行进间传、接球与投篮相结合的练习（图10–2）。④与⑤同时启动，④把球传给⑤，⑤接球后运球，然后再把球传给④。教师可规定传球次数，也可让学生自主传球，行进到篮下时，⑤接球后投篮（可做跳步急停、跨步急停和行进间上篮）。然后按同样方法返回，换④投篮。依次反复练习。

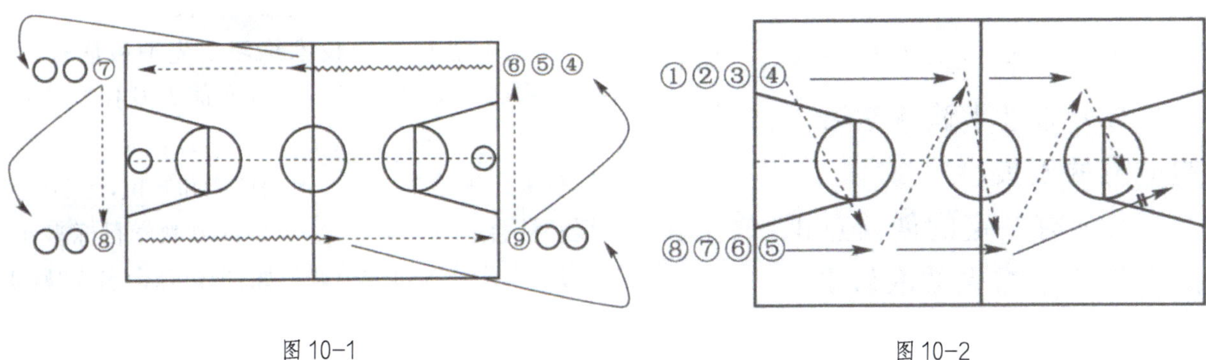

图10–1　　图10–2

（9）采用游戏、比赛等多种方式，鼓励学生反复练习运球。

【易犯错误及纠正方法】

运球时，手触球的部位不对，脚步紊乱。纠正方法：强调运球时用手按拍球的后上方；行进间运球时，掌握好“哪手运球哪腿同时迈步”的节奏。

3. 教学提示

（1）小学生初接触运球，在教学中主要学习行进间运球的拍按方法，培养抬头运球的习惯，提高用手感来控制球和两手运球的能力。

（2）为了增强学生的练习兴趣，可采用游戏与比赛等方法练习，如一人运球另一人捅球、运球接力赛等。

二 教学建议

（1）小学三、四级篮球教学，主要以熟悉球性为主，培养学生对篮球运动的兴趣；在学生熟悉球性的基础上，让学生掌握篮球基本的技术和技能。综合练习时，应循序渐进，由易到难，关键是通过练习，实现各个技术动作的衔接和连贯。

（2）在教学中要突出小学生的特点，针对学生自制能力和理解能力相对较差、情绪变化大等特点，应多采用主题教学、情景教学、游戏教学等模式，激发学生的运动兴趣，增强教学效果。

（3）利用多种手段，提高学生的自学、自练能力。教师可指导学生根据图示和示范模仿练习，并在教具、教法上为学生自学自练创造条件，鼓励他们提高自学自练能力。

（4）在采用游戏教学时，要根据学生的实际水平选择有针对性的游戏进行练习。不可不切实际，为追求活跃教学气氛而盲目开展游戏。

（5）在有防守的情况下进行综合技术练习。先消极防守后积极防守，逐步增加难度，提高小学生在各种复杂情况下的应变能力及控制球和护球能力，培养学生的战术意识。合理安排比赛，掌握比赛节奏，逐渐形成正确的篮球意识。

（6）在教学过程中，教师不仅要重视传授运动技能和知识，还要根据教材的特点，注意对学生的心理发展和社会适应能力的培养，使课堂教学目标多元化。在技术教学时，可以借助偶像的力量来弥补练习的单调。如把传球命名为“姚明式传球”等。

三　教学评价

（1）在学习态度与表现上，体现出乐于学习和具有展示自我的愿望和行为。

（2）通过小篮球学习，会做简单的动作组合，促进灵敏、反应、协调素质和奔跑能力的发展。

（3）有一定的创新意识，敢于在已获得知识的基础上有所创新，并体验成功的喜悦或总结失败的教训。

（4）在活动中表现出自尊与自信，具有进取精神，能做到与同伴友好合作，感受到团队协作的作用和集体活动的乐趣。

四　教学案例

教学内容：行进间运球、传球和投篮综合练习

课次：第三次课

教学目标：

（1）提高学生练习的积极性，培养学生良好的合作精神和团队观念。

（2）巩固小篮球运、传、投的基本技术和技能，提高运用能力。

（3）发展综合体能，培养竞争意识，形成坚强的意志品质。

教学重点：运、传、投技术的结合。

教学难点：行进间运球、传球、投篮技术的合理运用。

教学过程：

（1）复习行进间运球、传球、投篮。

（2）运球游戏

①游戏准备：小篮球2个，篮球场1个。分别在距球场两端端线内3米处各画一条与端线平行的直线。

②游戏方法：将学生分成人数相等的两组，各组再分成两队分别相对站在球场两端端线外（图10–3）；两队同一侧的排头各拿一个球。

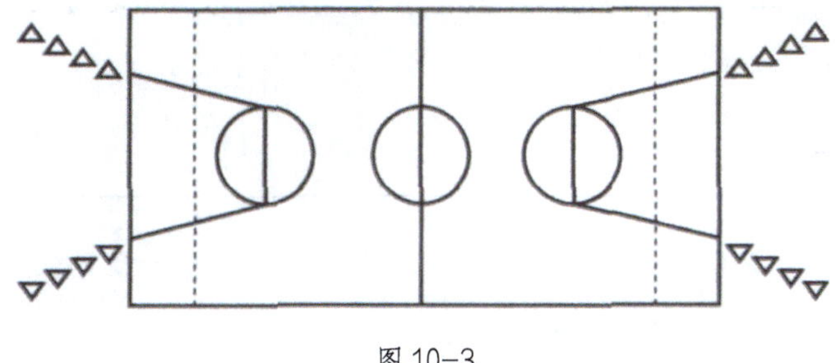

图 10–3

练习一：教师发令后，排头迅速运球至对面的 3 米线处，将球传给对面的同伴，并站到排尾，同伴接球后以同样的方法运球至另一端的 3 米线处，传给对面的同伴。以此类推，以先完成的队为胜。

练习二：组织方法同上。两组排头运球至 3 米线将球传给同伴后，再接同伴回传球投篮（必须投冲）。投中后第一名同伴迅速拿球以同样的方法到另一端 3 米线，将球传给对面同伴，再接回传球投篮。以此类推，先完成的队获胜。

③游戏规则

a. 不许抢跑，投篮不中不得分，同伴不得越过限制线拿球。

b. 不许故意干扰对方投篮。

（3）教学提示

①本游戏适合小学高年级。

②本游戏要在学生有了一定的基础以后采用，根据学生实际情况，可以对传球、投篮的方法做出规定。

（4）教学要求

①练习认真积极，同伴之间相互关心与鼓励，有强烈的团队意识。

②遵守纪律和游戏规则，诚实守信。

第二节 SECTION 2 小排球

小排球是一项深受少年儿童喜爱的球类运动项目，既可以锻炼身体、培养兴趣，又可以学习排球技术，认识排球运动，体验排球运动的乐趣，有利于学生形成良好的个性品质，培养学生自我锻炼、自我调整、自我评价和自我改正的能力以及开发学生的智力和创造能力，为今后继续学习排球打下基础。

教材实例

在小排球教学过程中，主要以熟悉球性练习、准备姿势和移动、正面下手发球和侧面下手发球、正面双手垫球为重点内容，有条件的学校可适当选择其他技术动作。

（一）正面双手垫球

1. 教材分析

【动作要领】当来球时两臂夹紧前伸插至球下，两手手指重叠合掌互握，两手掌根紧紧靠拢，两拇指平行，手腕稍下压，两臂外翻形成一个平面，击球时腿脚向前上方蹬送，同时拔腰，送臂，利用小臂的前半部在腹前把球垫起。

口诀：对准来球做准备，插夹抱抬稳又准。

【教学重点】垫球手法，用力顺序。

【教学难点】控球能力。

2. 教法分析

【教学步骤与练习方法】

（1）初学时，教师要结合示范讲解动作要领，使学生建立正确的技术动作概念。教学中要边讲解、示范，边让学生模仿练习。

（2）练习时，要时刻提示学生注意手型、垫球时触球的部位，主要掌握“插、夹、抬臂”动作要领，建立正确的技术动力定型。

（3）先徒手模仿试做，体会动作，再做有球练习。

（4）学生垫固定球练习。两人一组，一人双手持球于腹前，另一人做好垫球手型，用前臂去垫同伴手中的球，体会手臂触球部位及全身的协调用力。

（5）由近距离一抛一垫练习，逐渐过渡到中远距离练习。

（6）两人或多人进行垫球练习。

（7）游戏。例如，“对垫球接力”“自垫球接力”等。

【易犯错误及纠正方法】

（1）手型错误。纠正方法：教师讲解动作要点，让学生反复练习“插、夹、抬”的动作要领。

（2）击球部位，击球点不对。纠正方法：垫固定球练习。

（3）两臂用力不当，身体动作不协调。纠正方法：教师指导学生练习自垫球或练习对墙垫球。

3. 教学提示

初步掌握垫球技术后，应该与其他技术动作结合起来组织练习，活动形式要多样，与游戏、比赛相结合，使学生产生新鲜感，激发学生的兴趣和参与欲望，在玩中掌握技术、发现问题、解决问题，获得知识。

（二）发球

1. 教材分析

【动作要领】发球一般分为正面下手发球和侧面下手发球。

（1）正面下手发球。面对球网前后开立，左脚在前，两膝微屈，上体前倾，左手持球于腹前，右臂自然下垂。左手将球抛起 20~30 厘米，同时右臂后摆，当直臂摆至腹前时，用全手掌或掌根击球的后下部，随即重心前移，顺势进入场区。

口诀：面对球网要站好，左手将球轻抛起。右手同时向后摆，后脚蹬地往前移，右手前摆去击球。

（2）侧面下手发球。身体侧对球网，两脚左右开立，上体正直，重心落在两脚之间，左手持球于腹前。发球时，左手把球平稳抛送于胸前，距身体约一臂距离，高于手约 30 厘米。在抛球的同时，右臂摆至右侧后下方，接着利用右脚蹬地转体的力量，带动右臂向前上方摆动，在腹前用掌根击球的右下方，并顺势进入场区。

口诀：侧对球网低抛球，抛在腰前一臂处，右臂同时侧后摆，蹬转摆臂击准球。

【教学重点】击球手法。

【教学难点】抛球稳、击球准、手法正。

2. 教法分析

【教学步骤与练习方法】

（1）示范讲解动作要领。发球的技术是由准备姿势、抛球和摆臂击球三个环节组成的。

教学时，教师应抓住抛球稳、击球准、手法正这三个环节。掌握正确手法和击球部位是发好球的关键。

（2）徒手模仿练习。

（3）抛球、击球练习，让学生体会抛球与击球的关系。

（4）击固定球。两人一组，一人双手持球于腹前，另一人做挥臂击固定球练习。

（5）近距离击球练习。分组对墙练习，对网 3~5 米进行击球练习。

（6）分组练习。学生自主练习，同学之间互相讨论纠正错误动作。

（7）游戏比赛。如进行发球比赛成功率游戏，看谁发球落点准确。

【易犯错误及纠正方法】

（1）抛球不好、影响发球效果。纠正方法：教师做必要的讲解示范或对学生的抛球动作加以指导，学生进行抛球练习。

（2）挥臂慢，击球乏力。纠正方法：练习徒手快速直线挥臂。

（3）击球不准。纠正方法：练习时用掌根击球后下部，对墙发球，反复体会全手掌或掌根击球的动作和力度。

3. 教学提示

（1）在教学过程中教师要善于抓住动作的难点和关键。挥臂击球动作是关键，由于小学生上肢力量较弱，挥臂速度和力量不足，在练习中往往力量不够，发不好球。另外，抛球是难点，抛球方式不固定，力量不均匀。让学生学会挥臂、抛球是发好球的关键。所以，要引导学生对关键动作反复练习，注意难点动作的操作和质量。

（2）先在近网发球，然后过渡到在发球区边发球，先用轻点的球（或软式排球），再用标准球。

（3）排球适合小学高年级学生练习，要多采用游戏与比赛的方式组织练习。因为排球技术较复杂，所以，应主要进行技术练习，不宜组织比赛。

第三节 SECTION 3 小足球

足球被誉为“世界第一运动”，是青少年儿童所喜爱的体育项目之一，也是小学体育高年级选项课的主要教学内容。小足球不仅能有效地发展小学生速度、力量、耐力、灵敏、柔韧等多种素质，促进生长发育，而且还可以培养学生克服困难的意志品质，增强自尊和自信，调节情绪状态，提高观察能力和想象能力，同时也可以培养团队精神、合作意识和竞争意识。

一 教材实例

在小学足球教学中，教学目标除了熟悉球性练习外，主要学习脚内侧传球、接球，脚背正面运球，脚背内侧传球，脚背正面射门。

（一）熟悉球性练习

1. 教材分析

【动作要领】

（1）拖球。支撑脚在球的侧后方 30 厘米处，脚尖朝前。拖球的脚踩住球的顶部，用前脚掌将球向后拖拉。

口诀：熟悉球性最重要，踩正拖稳球跟脚，任你来抢丢不掉，练完左脚练右脚。

（2）拨球。支撑脚在球的内侧稍后约 20 厘米处，另一只脚运用脚腕抖动动作，以脚背内、外侧触球，使球向侧方或侧前方移动。

口诀：左一拨，右一拨，随时变向把人过。

（3）颠球。支撑腿微屈，颠球脚的膝、踝关节放松，并柔和地向前上方甩动小腿，用脚背轻击球的底部。

口诀：支撑腿，膝微屈，放松膝踝踢球底；一起一落球要稳，头肩膝部也可以。

【教学重点】控制球的能力。

【教学难点】动作协调。

2. 教法分析

【教学步骤与练习方法】

（1）教师示范讲解动作要领，让学生了解熟悉球性的方法，并说明熟悉球性是提高脚控制球能力的有效方法。

（2）集体练习。学生尝试性练习。主要体会脚触球的部位，左右脚均衡练习。

（3）初学时要以方法为主，动作由慢到快，循序渐进，不可操之过急。

（4）辅助器械练习。先用实心球练习，然后过渡到足球。

（5）游戏练习。创设情景，采用多种方式，结合其他技术练习，培养学生的创新意识和创新能力。

（6）比赛法。提高练习兴趣，激发学生的自我表现欲望，培养团队精神。

（7）教师巡回指导，纠正错误动作。

【易犯错误及纠正方法】

（1）拖球时用力过大，失去对球的控制。纠正方法：反复练习慢拖球，然后再过渡到快拖球。

（2）拨球时用力过大，失去对球的控制。纠正方法：反复练习轻轻用力拨球，提示学生体会球性。

（3）颠球时动作紧张、僵硬。纠正方法：先做模仿练习，教师提醒动作要放松，然后再练习颠带绳的球。

（4）踢球部位不准确。纠正方法：练习颠带绳的球和自抛自颠练习。

3. 教学提示

（1）教学内容的安排应以游戏为主，熟悉球性的练习形式多种多样，可以个人练习，也可以多人一组练习。可以采用从球场一端到另一端的直线练习方式，也可以采用蛇形、圆形、三角形、四边形等路线练习方法。

（2）教学的主要任务是让学生熟悉球性，练习时可与其他动作结合起来，也可以采取游戏的方式练习，培养学生的练习兴趣，提高学生对球的控制能力。

（3）小学生初学时，可采用辅助器械开展熟悉球性练习，以增加连续完成动作的次数，减少捡球次数，提高练习趣味。在掌握了颠球技术的基础上，还可以尝试用脚内侧、脚外侧、大腿、肩部和头颠球。

（二）脚内侧传、接球

1. 教材分析

【动作要领】踢定位球时，正面直线助跑最后一步稍大，支撑脚踏在球的侧方 10~15 厘米处，足尖正对出球方向，膝微屈，与此同时，摆动腿以髋关节为轴，大腿带动小腿由后向前摆动，同时髋关节、膝关节外展，足尖翘起，脚掌与地面平行，用脚内侧踢球的后中部。踢球时踝关节要紧张，足跟前送，两臂配合协调摆动。

口诀：直线助跑撑球边，膝盖脚尖要外转，小腿随着大腿摆，足弓部位把球传，伸腿抬脚迎来球，触球缓冲是关键。

接球时，支撑脚脚尖正对来球，膝关节微屈，同侧肩正对来球，接球腿提膝。大腿外展，脚尖微翘，脚底基本与地面平行，脚内侧正对来球并迎球，在脚内侧面与球接触的一刹那迅速后撤，把球接在脚下。

【教学重点】踢球：大腿带动小腿摆动用力，接球，迎球缓冲。

【教学难点】控球能力。

2. 教法分析

【教学步骤与练习方法】

（1）教师结合示范反复地讲解传、接球的技术要领，同时明确传、接球在比赛中的重要作用，启发学生主动练习，掌握好这项技术。

（2）无球练习。先原地做无球模仿练习，再做助跑模仿练习；原地做接球动作模仿练习，体会动作要领。

（3）踢固定球练习。两人一组，一人踩住球，另一人做助跑踢球练习，体会踢球脚的部位。

（4）对墙传球练习。踢固定球，踢运动球。

（5）分组练习。两人一组，相距 6~8 米练习传、接球。先原地踢定位球，后跑动中踢球，再踢活动中的球。

（6）多人一组练习。可以三角形、四边形站位练习传、接球，跑动中传、接球等。

（7）游戏练习。如“踢球比准”。

（8）教师巡回指导，纠正错误动作。

【易犯错误及纠正方法】

（1）摆腿，用力方向和出球方向不一致。纠正方法：教师讲解动作要点，学生反复模仿练习。

（2）摆动腿直腿扫球，踢球时膝盖外展不够，踢球力量没有通过球的中心。纠正方法：模仿摆腿动作，踢固定的球练习或进行对墙踢球练习。

（3）接球时膝关节和踝关节太紧张，没有迎球缓冲。纠正方法：教师讲解动作要点，学生反复练习停慢球。

（4）接球时脚掌离地面高于球的高度。纠正方法：降低脚的高度，反复做停慢球练习。

3. 教学提示

（1）活动中要增加游戏与比赛的因素，或与运球、射门练习相结合，提高练习兴趣和传球能力。

（2）在教学中要贯彻“循序渐进”原则，按照徒手模仿—辅助练习—结合球练习—竞赛与游戏的顺序进行练习。

（3）运用对抗方式进行教学时，要注意加强安全教育，防止学生受伤。

（三）脚背正面运球

1. 教材分析

【动作要领】运球移动时与正常跑动时姿势相同，上体稍前倾，步幅不宜过大，运球腿提起，膝关节稍屈，髋关节前送，提踵，脚尖下指，在着地前，脚背正面部位触球的后中部推送球前进。

口诀：跑动放松步子小，运球屈膝提起脚。摆腿前伸绷脚尖，脚背推送球向前。

【教学重点】脚背正面推拨球技术。

【教学难点】行进间控制球能力。

2. 教法分析

【教学步骤与练习方法】

（1）教师边示范边讲解动作要领。让学生建立运球的正确概念，明确运球与传球动作的区别。

（2）徒手练习。徒手模仿脚背正面运球，体会动作要领和节奏。

（3）用实心球做运球练习。进一步体会脚与球的接触部位和用力方法。运球时，速度不宜太快，应在慢速运球中体会推拨球的正确方法。

（4）在走动或慢跑中练习有节奏的匀速运球。先用一只脚练习，然后过渡到两脚交替运球。

（5）变向运球：看教师的手势或绕标志杆做变向运球。

（6）游戏练习：可通过游戏或比赛提高学生的练习兴趣，提高运球的能力。如运球绕过各种障碍物，两人一组做运球与抢截对抗练习、运球接力等。

【易犯错误及纠正方法】

（1）动作僵硬，离球过远，控制不住球。纠正方法：多做无对抗慢速条件下的运球练习。

（2）低头看球，不随时观察场上情况。纠正方法：教师手势指挥练习，让学生抬头运球，用眼睛的余光观察球。

3. 教学提示

教学要由易到难，循序渐进。先做徒手练习和辅助练习，再做结合球的练习，逐步提高练习难度，最后过渡到运球与抢截对抗练习。

（四）脚背内侧踢球

1. 教材分析

【动作要领】斜线助跑，助跑方向与出球方向呈 45° 。支撑脚以脚掌外侧积极着地，踏在球的侧后方 20~25 厘米处，屈膝，支撑脚脚尖指向出球方向，身体稍向支撑脚一侧倾斜。在支撑脚着地的同时，踢球腿以髋关节为轴，大腿带动小腿由后向前摆，当身体转向出球方向，膝盖摆到接近球的内侧正上方的一刹那，小腿做爆发式前摆，脚尖稍向外转，脚面绷直，脚趾扣紧，脚尖指向斜下方，以脚背内侧踢球的后中部（踢高球时，击球的中下部），踢球腿随球继续前摆。

口诀：支撑同时腿后摆，转体发力把腿带，脚尖绷紧小腿摆，踢在球的后下部。

【教学重点】大腿带动小腿前摆积极，脚法正确。

【教学难点】动作用力顺序连贯，小腿加速明显，踢球部位准确。

2. 教法分析

【教学步骤与练习方法】

（1）教师结合示范动作反复讲解踢球技术要领，根据学生的特点和兴趣，以“体验、探究、互动”的顺序逐步展开课堂教学，通过口头语言、肢体语言以及自身热情的散发，使学生在宽松、和谐、开放的环境下学习、锻炼和开发思维。

（2）练习步骤。可先做无球模仿动作，体会动作要领，然后做有球练习。

（3）踢固定球练习。两人一组，一人踩球，另一人斜线助跑做脚背内侧传球动作，体会脚触球的正确位置。

（4）分组练习。两人一组，相距 6~8 米互相踢球练习。先做原地传球，再做跑动传球。

（5）组合动作练习。运球与脚背内侧踢球相结合，脚背内侧踢球与射门相结合。

（6）脚背内侧传球练习。传高球，启发学生在练习传球时，要掌握脚触球的部位与用力大小，提高传球的能力。

（7）游戏与比赛练习。如“踢球比准”“踢球比远”等。

【易犯错误及纠正方法】

（1）支撑点位置偏后，身体后仰。纠正方法：踢固定球，助跑放脚练习；连续体会模仿踢球动作练习。

（2）踢球腿弧线摆动，击球点偏。纠正方法：一人踩球，另一人做踢固定球练习。

（3）踢球脚面绷不直，脚尖外转不够。纠正方法：踢固定球和对墙做踢球、踢准练习。

3. 教学提示

（1）用球练习时，先做原地踢球，再做跑动踢球练习，重点要求学生踢准、踢远。

（2）创设情景，让学生在活动中体验锻炼的价值，在“玩”中享受体育的乐趣，达到既掌握踢球技能又锻炼身体的目的。

（3）充分利用游戏、竞赛等教学形式，让学生有更多的踢球机会，初学时对动作技术不做过细的要求。通过踢球的实践，再有目的地组织学生集体讨论，提高学生分析动作的能力，学会有针对性地改进和纠正错误动作。

（五）掷界外球

1. 教材分析

【动作要领】两脚前后开立，两腿微屈，两手持球后半部，将球引至头后，上体后仰。掷球时，两脚用力蹬地，收腹，两臂从头后向前猛摆。将球从头后经头顶用力掷出，球出手时，要有扣腕的力量，任何一只脚不许离地。

口诀：面向场地脚在外，双脚不得离地面，屈膝后仰球过头，蹬地收腹把球甩。

【教学重点】收腹掷球动作。

【教学难点】全身协调用力。

2. 教法分析

【教学步骤与练习方法】

（1）掷界外球的规则，可以简单归纳为以下四条：①身体面向场地；②双脚均不得全部踏入场内；③双脚均不得全部离地，允许在地面上滑动；④动作连贯。

（2）结合挂图、录像示范讲解原地掷界外球的动作要领。

（3）掷界外球的辅助练习：如腹背运动，两人配合，练习者前后站立，身体后仰，两臂举到头后，做蹬地前摆臂练习，另一人在背后牵其手施加阻力。

（4）集体徒手练习：持球方法和准备姿势的练习，掷界外球的模仿练习。

（5）近距离掷球：两人一组相距 5~7 米进行互掷球练习，重点体会用力顺序及方法，逐渐提高动作的协调性和连续性。

（6）远距离掷球：两人一组相距 10~15 米进行互掷球练习，重点解决在不违规的情况下，提高掷球远度的问题。

（7）练习中要与游戏相结合，提高学生的练习兴趣。如“掷球比远、比准练习”等。

（8）结合比赛练习。

【易犯错误及纠正方法】

（1）掷球时一脚离地。纠正方法：反复做原地徒手模仿练习。

（2）球未经头后掷出。纠正方法：在同伴监督下，对墙反复做掷界外球练习。

（3）动作不连续而造成违例。纠正方法：放慢动作速度，重点体会掷球的用力顺序，并且适当减小蹬地力量。

3. 教学提示

（1）掷界外球动作虽然简单，但若不重视容易造成犯规；要做到动作迅速、投掷准确、及时抓住进攻时机也并非易事。因此要教育学生重视掷界外球的学习，树立严谨的学习态度。

（2）小学高年级是与初中相衔接的时期，他们的认知水平、模仿能力明显高于中低年级学生。在教学中，可以采用小群体教学模式，结合比赛，调动学生练习的积极性。

（3）充分发挥学生的知识经验，创造更多的交流、讨论机会，培养学生的创新意识。

 教学建议

1. 突出小学足球教学特点，对技术动作要求不宜过细

在开展小学三、四年级足球教学时，要通过各种游戏的方式使学生熟悉球性，提高对球的控制能力，激发学生对小足球学习的兴趣，粗线条地掌握小足球的基本技能，提高学生的综合体能，有效地增进健康。在五、六年级足球教学中，要有目的地结合教学内容，向学生介绍小足球的基础知识，引导他们在游戏和比赛中学习足球规则，并遵守规则。掌握合理技术和安全运动的方法，增强自我保护意识。

2. 创新教学方法，加强学法指导

小学生的理解力、自制力虽然相对较差，但他们的模仿能力较强，学习动作技能应以第一信号系统为主，教师在教学过程中要精讲多练，多做示范。要充分发挥游戏活动的作用，激发学生的运动兴趣。还可采用主题教学、情景教学等方法，创设生动活泼的学习环境，使学生主动、积极、快乐地参与活动。教学要体现“以学生发展为本”的教育理念，让学生在活动中体验锻炼的价值，在“玩”中享受体育的乐趣。教师应根据学生的特点和兴趣，以“体验、探究、互动”的顺序逐步展开课堂教学，通过口

头语言、肢体语言以及自身热情的散发，使学生在宽松、和谐、开放的环境下学习、锻炼和开发思维。

3. 创设情景，激发学生的兴趣，培养能力

小足球教学要注意创设情境，把上课的器材呈现在学生面前，激发学生求知的欲望。准备活动要改变以往教师示范、学生跟着做的习惯，预留学生自我发展的空间和时间，调动学生主动参与的积极性，让学生的注意力始终高度集中。尝试用现代化教育的多媒体技术来展示“球星”踢足球的形象，激发学生的兴趣。立足合作互动，愉悦身心，提高基本活动能力。要提高学生自学、自练能力，提倡学生之间互相观察、模仿、学习和帮助的合作学习。使学生在合作的氛围中，发现错误，纠正错误；在合作学习的过程中，发展社会交往能力。

4. 变换练习方式，体验成功乐趣

增加在游戏与比赛中练习的机会，或与运球、射门练习相结合，提高学生的练习兴趣和传球能力。教师要创造宽松、民主的氛围，指导并激励学生进行创造性锻炼，如“运球变向”，对学生只做基本要求没有具体的技术要求，让学生选择适合自己喜欢的动作进行练习，使学生在运动中体验锻炼的乐趣，享受成功的喜悦。因此，在教学中，要尽量创造条件让学生多接触球。若学校条件不允许，可以因地制宜，开发代替器材。例如，小篮球、小排球可以代替小足球进行练习。也可以自制小足球，如利用废纸、麻绳等，把其缠包成球状，用胶纸粘牢代替足球。

5. 从学生的需要出发

小足球运动有很强的集体性和趣味性，在活动中不仅可以全面锻炼学生的身体，还可以充分激发小学生参与活动的积极性和主动性，提高学生的综合素质，培养竞争意识和团结合作的精神。在教学中应以学生为主体，充分考虑学生已有的知识、技能和经验，从学生的需要、兴趣和能力出发，激发学生学习、表现和参与的欲望，并提供合作学习的氛围。在学生自学、自练的基础上，组成学习小组，让学生相互观察、互相纠正，使学生在合作学习的氛围中相互帮助，不断提高动作质量。并在互动交流中，发展社会交往能力。在运球变向的过程中教师只提要求不讲方法，让学生自己去尝试练习，使学生通过个人的努力和与同伴的协作，克服困难完成任务。

6. 贯彻训练原则，加强安全教育

在教学中要贯彻“循序渐进”原则，按照徒手模仿—辅助练习—结合球练习—竞赛与游戏的顺序进行练习。在“快传快递”中，学生共同探究和体验，小组成员一起动脑、一起尝试，发现问题、解决问题。并通过比赛培养学生的竞争意识。运用对抗形式开展教学，应加强安全教育，防止学生受伤。

三　教学评价

（1）课堂纪律、学习态度与课堂表现。

（2）掌握基础知识、技术技能和综合运用能力。

（3）在体育课中表现出自信与意志力、交往能力与互帮互学、合作精神与团队荣誉感等。

四 教学案例

教学内容：脚背内侧踢球

课次：第一次课

教学目标：

（1）初步掌握踢球动作方法。

（2）通过踢球活动，增强学生体能素质，使学生正确认识自己，增强自信心。

（3）通过比赛和游戏，促进交流，培养学生的集体主义精神。

教学重点：脚背内侧踢球的动作方法。

教学难点：踢球的力度与准确性。

教学步骤：

（1）教师示范脚背内侧踢球动作，要求学生观察踢球的几个主要环节：助跑方向、支撑脚的位置、踢球腿的摆动。

（2）易犯错误动作演示

①分别把球放在离支撑脚前、后较远的地方踢球，尽管动作幅度很大，但球还是踢不远。

②直腿踢球，踢球腿摆动慢，球踢不远。

③用脚尖踢球，其结果是踢不准，踢不远，方向也不好控制。

（3）组织踢球练习

①原地徒手模仿踢球动作：教师示范并带领学生练习。

②分组练习，两人一组徒手模仿踢球动作，一人看一人做，互相纠正。

③两人一组，一人踩球，另一人踢球，体验踢球的部位和脚部的感觉。教师巡视指导。

④两人一组相距10米左右互相踢球。体验踢球的感觉，建立踢球动作的基本概念。教师及时给予指导，并保证学生有足够的练习时间去体验、发现自身存在的问题。

（4）组织交流反馈

①学生自由畅谈踢球的体会。可能会出现多种意见，教师不要过早地点评。

②各组推荐代表谈认识，做演示，学生相互评价。

③教师总结归纳，并做正确的动作演示。

（5）组织踢球游戏练习

①两人一组，踢球比准游戏：相距8米，球门宽度1米。

②足球打靶游戏。在地面上画直径分别为1、2、3米的圆圈作为地靶，再以15米为半径画一个大圆圈。学生站在大圆圈外向地靶内踢球，落入3、2、1米圈内分别得1、2、3分。计算累计分，积分多者获胜。

（6）教学要求

①在学习过程中，要引导学生积极思考、独立探究、自我发现。同伴之间相互切磋、相互启发、

相互帮助，共同进步。

②在练习过程中，要引导学生积极主动，勇于尝试，敢于争先，遵守纪律，诚实守信。

第四节 SECTION 4 乒乓球

乒乓球是中国的“国球”，是一项具有广泛群众基础的运动项目。根据小学生生理、心理等特点，乒乓球被纳入小学体育教材，且具有小、轻、灵的特点，活动形式多样，深受小学生的喜爱。通过对乒乓球多种技能的学习，可以提高人体基本活动能力，促进身体素质的全面发展，促进学生的身心健康，同时还可以培养学生沉着、冷静、机智、果断的心理素质，以及良好的思想品德和行为习惯，促进学生的全面发展。

一 教材实例

（一）熟悉球性练习

1. 教材分析

【动作要领】颠球的动作要领：手握球拍，手腕手指适当紧张，拍面向上，当球下落和接近胸前时，前臂向上摆迎击球。击球后还原，反复练习。

口诀：手握球拍面朝上，胸前迎接把球挡，拍面角度调整好，击球用力要恰当。

挡球动作要领：离墙 1 米左右，手握球拍。前臂略外旋，调整拍面对准球，当球下落接近胸前时，手臂主动向来球方向前伸迎击球，击球后及时还原，反复练习。

【教学重点】握拍方法，击球时机。

【教学难点】击球力量，控球能力。

2. 教法分析

【教学步骤与练习方法】

（1）教师讲解、示范颠球的动作要领，学生自主练习。

（2）颠球比赛：看谁一次性颠球的次数多。

（3）演示对墙挡球，提示动作要点。

（4）学生徒手模仿挡球动作，体会动作要领。

（5）正、反手对墙挡球练习。

（6）两人对墙挡球比赛。如看谁挡球次数多；在墙上画上目标靶，看谁挡球落点准等。

【易犯错误及纠正方法】

（1）球拍握得太紧，击球动作僵硬。纠正方法：教师示范，使学生领会动作要点并反复做徒手模仿练习。

（2）拍面角度调整不好，用力不当。纠正方法：纠正握拍方法，反复徒手模仿练习。

（3）击球点位置不当。纠正方法：一抛一颠或一抛一挡，反复练习。

3. 教学提示

（1）熟悉球性练习的方法多种多样，教师应采用多种练习手段和方法进行教学。简单组合，充分利用游戏法来提高学生对乒乓球学习的兴趣和爱好。

（2）掌握球拍的握法，根据个人的习惯自由选择握拍方法。

（3）充分发挥学生的想象力，让学生创编多种熟悉球性的练习。

（4）在教学活动中，教学手段、练习方法要求多样化，避免竞技教学模式化。教师可以灵活运用提问法、尝试练习法、讨论法等，激发学生学习的积极性和主动性，提高学生动作技能水平。

（二）推挡球

1. 教材分析

【动作要领】

（1）正手推挡：身体靠近球台（以右手为例），右脚在前，左脚在后，小臂与地面略平行，肘部与大臂贴近身体右侧，右手持拍于腹前。当来球从台面上弹起尚未达到最高点时，球拍稍向前倾斜，小臂和手腕外旋同时用力向前推压击球的中部。推球时，上臂、前臂适当后撤引拍，来球从台面弹起后，前臂向前，以拍迎球，在来球的上升期触球时，前臂稍外旋，手腕外展，拍面稍前倾，触球中上部，手臂向前同时稍向上用力。

口诀：小臂前伸去迎球，球拍角度调整好，平行台面推挡球，击球瞬间手稍高，推挡还原要正好。

（2）反手挡球：站位在球台中间或偏左，右脚略向前或两脚平站，两膝微屈，收腹含胸，上体略向左转。右臂自然弯曲，引拍至身体前方或略偏左，同时前臂外旋，使拍形接近垂直。来球从台面弹起后，前臂向前，以拍迎球，在来球的上升期，以接近垂直的拍形推击球的中部。击球瞬间只以前臂和手腕轻轻用力，主要借助来球的反弹力将球挡回。

【教学重点】球拍半横，前臂外旋前伸迎击球，出手迅速。

【教学难点】准确判断落点和击球时机。

2. 教法分析

【教学步骤与练习方法】

（1）教师讲解示范动作要领，让学生讨论推挡球与对墙挡球的区别。

（2）徒手模仿练习。

（3）两人在地面上做挡球练习。

（4）两人在台面上做推挡练习。

（5）与发球结合练习。

（6）以比赛形式开展练习，提高正反手挡球、快推综合运用能力。

【易犯错误及纠正方法】

（1）挡球时拍形前倾不够，造成球出台。纠正方法：击球时手腕外旋使球拍前倾。

（2）快推时，肘关节离开身体，动作不协调。纠正方法：击球前上臂和肘靠近身体。

3. 教学提示

（1）推挡球是初学者的入门技术，是其他推挡技术的基础。在教学过程中，教师要帮助学生建立一个完整正确的技术动作概念，有助于提高学生练习的自觉性和主动性，使其尽快地掌握技术要领。

（2）教师运用示范、录像、挂图等方式适当讲解，或将动作要领概括为口诀或编成顺口溜，帮助学生记忆，使之明确动作要点。

（3）练习中可以使用台下徒手模仿反复练习。注意掌握好握拍方法、发力方法、动作的还原等各技术环节的教学。

（4）结合游戏比赛，提高学生对乒乓球运动的兴趣，更好地掌握这一基本功，如在规定时间内推挡比赛等。

（三）平击发球

1. 教材分析

【动作要领】采用近台站位，发球时，持球手将球向上轻轻抛起，高度适宜，同时，持拍手后引，上臂自然靠近身体，拍面垂直，球落至网高时，持拍手前臂向前挥摆，撞击球中部或中上部，击球后，姿势还原。

口诀：左手抛球要平稳，同时球拍向后引，前臂主动向前挥，球拍击球稍前倾。

【教学重点】击球动作方法。

【教学难点】击球动作连贯。

2. 教法分析

【教学步骤与练习方法】

（1）教师示范或利用挂图等直观手段讲解动作要领，结合发球规则，让学生了解和掌握发球的几个步骤：抛球、引拍、挥拍击球等。

（2）模仿练习：教师示范领做，学生与同伴间互相观察、讨论，纠正动作。

（3）对墙做挥拍击球练习。

（4）在地面上做发球练习。

（5）在台面上做发球练习。

（6）发球游戏。发球比准：在台面上画出几个区域，比赛看谁的落点准或成功率高。

【易犯错误及纠正方法】

（1）不抛球就发球。纠正方法：讲解发球规则，反复练习抛球和抛球击球动作。

（2）发球时击球点过高。纠正方法：多做模仿练习，降低发球抛球高度。

（3）抛球、引拍、击球配合不协调。纠正方法：教师讲解技术要点，学生反复进行模仿练习和对墙做抛球、引拍、击球练习。

3. 教学提示

（1）向学生介绍发球的简单规则，球要抛起到台面高度以上端线后击球。

（2）在教学中可先在台下徒手模仿练习，包括持球手抛球的动作，过渡到台面上的单一发球练习。先练习发斜线，再练习发直线，先不要求发定点球，有一定基础后再要求发定点球。

（3）练习形式要多样化，要与接、发球相配套，教师可组织学生进行游戏和比赛练习，提高练习效果。

（四）正手攻球

1. 教材分析

【动作要领】采用近台站位，左脚稍倾，击球前，腰稍右转，前臂向后下引拍，直握拍呈半横状（横握拍前臂与手腕呈直线）。当球从台面弹起时，重心由右脚移至左脚，手臂向左前上方挥动，以前臂发力为主。击球时，直握拍，食指放松，拇指压拍，横握拍前臂带动手腕略内旋，使拍面略前倾，击球中上部，击球后还原。

口诀：向后引拍看来球，挥拍由后向左前，小臂挥拍要积极，攻完球后要还原。

【教学重点】挥臂击球的动作方法。

【教学难点】挥臂击球路线及击球时机。

2. 教法分析

【教学步骤与练习方法】

（1）教师示范正手攻球动作，利用挂图或其他直观手段讲解正手攻球的要点，帮助学生建立完整的动作概念。

（2）学生模仿练习，体会动作。

（3）对墙正手击抛起落地后反弹起来的球。

（4）正手击同伴抛来的地面反弹球。

（5）两人轮流击由墙反弹回来落地后弹起来的球，比一比，看看哪两位配合好，击球次数多。

（6）两人一组，练习台面发球与攻球。

（7）球台对攻比赛。

【易犯错误及纠正方法】

（1）攻球时手腕下垂，动作僵硬不协调。纠正方法：教师讲解技术要点，让学生调整球拍方向，然后徒手模仿练习。

（2）攻球时，上臂和肘关节抬得太高。纠正方法：手臂放松，肘关节下垂做近球台一发一攻练习。

（3）击球后，球拍立即停止不前，还原不及时。纠正方法：反复做模仿动作和攻半高球练习。

3. 教学提示

（1）在教学中，教师要考虑到会出现个体上的差异，要及时调整教学方法与练习方法。要根据学生的特点，鼓励学生形成不同风格的打法。

（2）在教学中可先做台下上肢模仿练习，并结合简单步法做模仿练习，然后过渡到台上一发一攻练习或一攻一挡练习。

（3）要根据学校的具体条件，组织形式多样的练习方法，提高学生的动作技能水平。

二 教学建议

（1）小学阶段的乒乓球教学，主要是让学生学习乒乓球的基本动作和基础知识，初步学会乒乓球的基本技术，培养学生对乒乓球运动的兴趣和参与意识，以达到促进身体健康的目的。

（2）在乒乓球教学过程中，教师要根据乒乓球运动的特点，注意发展学生的灵敏性和协调性，培养小学生顽强、机智、果断、团结拼搏、奋发向上的品德与情操。

（3）只有教学方法恰当，学习效果才能显著。因此，教师必须熟练掌握和运用语言法、直观法、完整与分解法、练习法、游戏法和比赛法等多种教学方法，提高小学生的练习兴趣。利用学生上进心强的特点，在具备一定基础的前提下，采用多种多样的练习方法和合理运用游戏与比赛法，可激发学生的学习兴趣和练习的积极性。

（4）教师讲解必须做到目的明确，内容正确，通俗易懂，简明扼要，富有启发性，并符合学生的实际水平。教师示范时要目的明确，重点突出，层次清楚；示范动作要准确、熟练、轻快、优美；要根据学生的队形、动作性质选择正确的示范面。示范和讲解相互结合，根据教材内容的不同采用不同的方法，如先讲后做、先做后讲、边讲边做等。

（5）由于学生的素质存在着差异，在学习技术动作过程中难免会出现错误动作，错误动作是进一步掌握和提高技术的障碍，因而教师要尽快找出原因，采取相应的措施予以纠正。通常产生错误动作既有思想上、心理上的原因，又有技术、技能上的原因。在分析产生错误动作的原因后，要采取相应的纠正对策，要对学生耐心细致、热情帮助，并注意循序渐进。在讲解和示范时明确告知学生可能出现的错误，将注意力集中在正确动作想象上，尽量减少错误动作的出现。一旦出现错误动作或错误动作已经形成，教师要区别主与次、关键和一般、现象和实质，抓住主要矛盾，做到有的放矢。

（6）注意培养学生的观察力和评价能力，多提供自主练习和讨论的机会。

（7）为防止伤害事故发生，在练习前务必有针对性地做好充分的准备活动。

三　教学评价

（1）学习态度与课堂表现，积极参与活动，享受快乐。

（2）掌握基础知识、技术技能和综合运用能力。

（3）在体育课中表现出交往能力与互帮互学、自信与意志力、合作精神与竞争意识及综合能力。

四　教学案例

教学内容：挡球游戏

课次：第一次课

教学目标：

（1）初步掌握击球的动作手法，熟悉球性，提高控球能力。

（2）改善学生思维和反应速度，提高身体协调性。

（3）培养学生沉着冷静、机智果断的心理素质，形成良好的合作与竞争意识。

教学重点：挡球的动作方法。

教学难点：控制球的能力。

教学步骤：

（1）教师示范挡球动作方法，讲解挡球动作要点，列举挡球的多种练习方法。

（2）每人一拍一球，做对墙挡球游戏，先开展近距离练习，然后逐渐拉开距离；先要求达到连续挡球的次数（5次），达到后，争取连续挡8~10次，逐步增加挡球次数。

（3）两人一组，做不接触台面的对挡球游戏。要求相互配合，控制好球的落点。计算对挡球次数。

（4）两人一组，在水泥地面上做对挡球游戏，计算挡球次数。

（5）分组在台面上开展挡球擂台赛游戏，培养学生的合作竞争意识。将学生分成若干组，每组先由两名学生对挡比赛，失误者被替换下场，获胜者为擂主，其他同学轮流与其对阵，直至产生新擂主，游戏继续进行。

教学要求：

（1）认真观察、积极思考，正确理解动作概念。

（2）积极练习，争取掌握动作技术。

（3）相互配合，相互帮助，公平竞争。

11 Chapter 第十一章 武术基本功与基本动作

武术基本功及基本动作是武术教学的基础和关键，也是武术教学的难点和误区。武术教学实践表明，只有加强武术基本功教学，学习武术才能事半功倍，反之，如果忽视了基本功教学，武术教学只能是走走过场、流于形式。武术基本功和基本动作是小学武术教学的重点。

一 基本手型

武术基本手法主要包括拳、掌、勾三种手型，这也是武术的基本动作。它的练习方法主要结合上肢冲、架、推、亮等招法进行运动操练。

（一）拳

【动作要领】四指并拢卷握，拇指压于食指、中指第二指节。拳面平，直腕。

口诀：握拳手指紧又牢，食中拇指紧相靠。

（二）掌

【动作要领】四指伸直并拢，拇指屈并紧扣于虎口处。

口诀：四指伸直并一道，拇指屈扣腕上翘。

（三）勾

【动作要领】五指第一指节捏拢在一起，屈腕。

口诀：五指之间紧贴牢，尽量屈腕似镰刀。

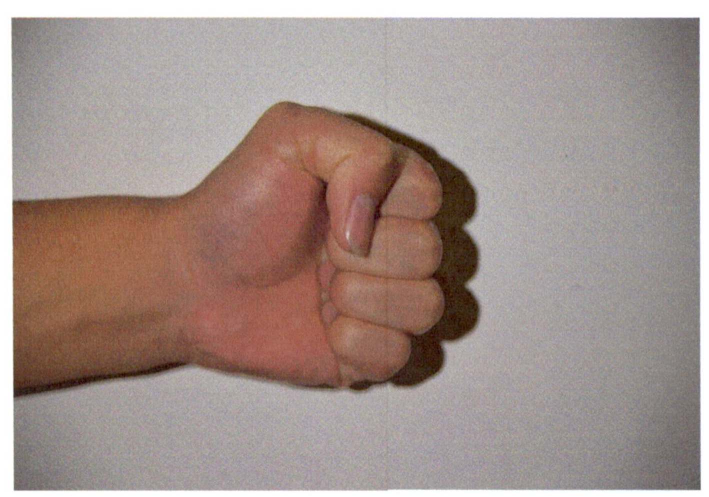

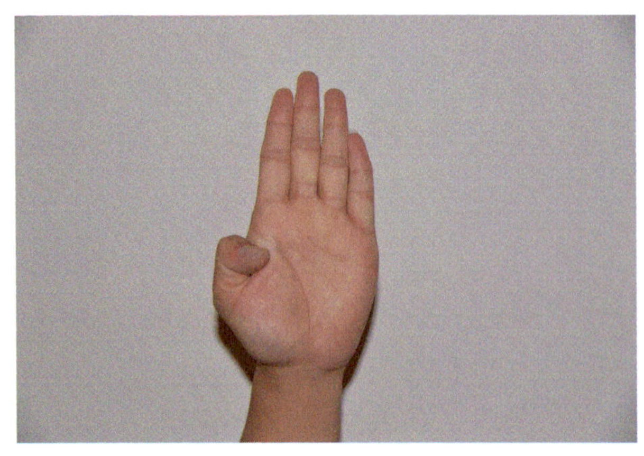

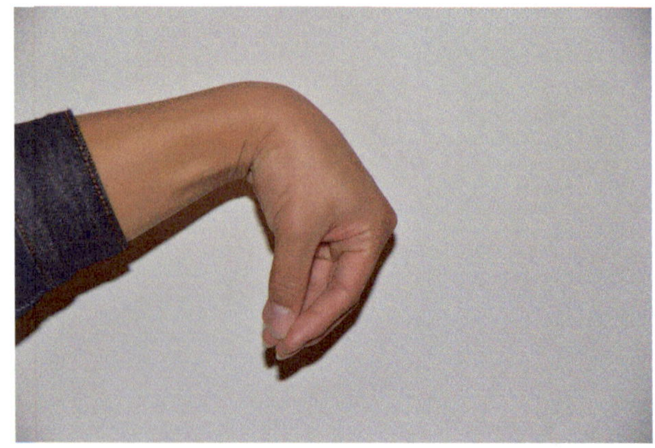

 基本功

腿部基本功的训练目的主要是增强腿部的肌肉和韧带活力，加大髋关节的活动范围。压腿的方法有正压、侧压和后压三种。

（一）正压腿

1. 教材分析

【动作要领】面对肋木或一定高度的物体，并步站立。左腿提起，脚跟放在肋木上，脚尖勾起，踝关节屈紧，两手扶按脚上，两腿伸直，立腰，收髋，上体前屈，并向前、向下做压振动作。左右腿交替练习。

口诀：勾脚压膝髋下沉，正对脚尖前俯身；上下振动要适度，功夫不负有心人。

【教学重点】直腿、勾脚。

【教学难点】上身靠近大腿。

2. 教法分析

【易犯错误和纠正方法】

（1）两腿不直。纠正方法：在教师帮助下做收胯、正髋动作，也可以用手下压膝部。

（2）上体不正。纠正方法：先做低压腿，被压腿异侧的肩、胸部前俯，用手抱住脚掌。

（二）侧压腿

1. 教材分析

【动作要领】侧对肋木或一定高度的物体，右腿支撑，脚尖稍外撇。左腿抬起，脚跟放在肋木上，脚尖勾起。右臂上举，左掌附于右胸前。两腿伸直，立腰、开髋，上体向左侧压振。左右腿交替练习。

口诀：勾起脚尖高处放，侧立开髋臂上举，振压头靠小腿上。

【教学重点】两腿伸直，立腰、开髋，上体侧压幅度。

【教学难点】压腿时侧身要保持正位。

2. 教法分析

【易犯错误及纠正方法】

（1）两腿不直。纠正方法：在教师帮助下做收胯、正髋动作。

（2）上体前侧屈。纠正方法：支撑脚脚尖外展，被压腿尽量向前送髋，右臂上举并向头后伸展。

（三）后压腿

1. 教材分析

【动作要领】背对肋木或一定高度的物体，并步站立，两手叉腰或扶一定高度的物体。右腿支撑，左腿举起，脚背放在物体高处，脚面绷直，上体后屈并做振压动作，也可由同伴在后托膝向上推腿，左右腿交替练习。

口诀：腿后举、膝不松，上体后屈做振动。

【教学重点】挺胸、展髋、腰后屈。

【教学难点】被压腿挺膝伸直。

2. 教法分析

【易犯错误与纠正方法】

被压腿屈膝。纠正方法：先把被压腿放于高处，支撑腿做屈伸动作，然后再降低被压腿高度，做上体后屈动作。

3. 教学提示

（1）压腿前应先做下肢屈伸、摆动等动作，把肌肉和关节活动开。压腿后可把被压的腿屈膝抱在胸前，然后松开，做“控腿”练习，以提高腿部控制能力。

（2）教师示范讲解动作方法与要求。

（3）集体压腿时，可在统一口令下有节拍地练习。压至有疼痛感觉时可停住不动，再做耗腿练习。压腿与耗腿可交替练习。

（4）压腿后可做踢腿、摆腿动作。压腿、控腿、踢腿和摆腿可交替进行，如“摆—压—踢”或“压—控—踢”。

（四）压肩

1. 教材分析

【动作要领】面对肋木或一定高度的物体站立，距离一大步，两脚左右分开，与肩同宽或稍宽于肩。两手抓握物体，上体前俯并做下振压肩动作。也可以两人对面站立，互相扶按肩部，做体前屈的振动压肩动作。

口诀：手抓物体与肩宽，上体前俯打开肩；振压做到臂过耳，臂功练到可翻肩。

【教学要点】两臂、两腿伸直，压点集中于肩部。

【教学难点】肩部拉开。

2. 教法分析

【教学步骤与练习方法】

（1）教师示范讲解动作要领，让学生了解练习方法和要求。

（2）肩部练习主要是发展学生的柔韧性和协调性，以强调动作规格来引导学生练习，提高积极性。

（3）根据学生素质情况，因人而异，不可统一要求。在动作符合要求后再逐渐加快速度，并变换绕环方向，注意全面发展。

（4）教学组织。以分组教学为宜，让学生面对面练习，互相纠正错误动作，共同进步。培养观察能力，使其初步具备评价能力和意识。

（5）一般不要将肩部练习作为主要教学内容，最好安排在准备活动部分。

3. 教学提示

（1）练习前做好准备活动，压肩时振幅应逐渐加大，增加助力时应由小到大，防止学生受伤。

（2）在练习臂绕环前先压肩。绕环时，速度由慢到快。

（3）绕环的方向以动作开始时的位置为准，如开始时臂向后运动即为向后绕环，开始时臂向前运动即为向前绕环。

（五）冲拳

1. 教材分析

【动作要领】冲拳分平拳与立拳两种。平拳拳心向下，立拳拳眼向上。两脚左右开立，与肩同宽，两拳抱于腰间，肘尖向后，拳心向上。挺胸、收腹、直腰，右（左）拳从腰间向前猛力冲击，转腰、顺肩，在肘关节过腰后，右（左）前臂内旋，力达拳面；臂要伸直，高与肩平，同时左肘向后牵拉。可左右拳交替练习。

口诀：抱拳于腰间，冲拳臂内旋；拧腰并顺肩，冲力达拳面。

【教学重点】出拳路线正确，快速有力。

【教学难点】拧腰、顺肩、急旋前臂，动作协调。

2. 教法分析

【教学步骤与练习方法】

（1）教师示范讲解动作要领，让学生建立完整的动作概念。

（2）先慢做，不要求用全力，注意动作的准确性，然后再逐步过渡到快速有力。

（3）结合各种步型、步法和腿法做冲拳练习。

【易犯错误及纠正方法】

（1）冲拳时肘外展，拳从肩前冲击。纠正方法：强调肘贴肋部运行，使拳内旋冲出。

（2）冲拳无力。纠正方法：强调紧握拳和肩下沉。冲拳时臂要内旋，动作要快速。

（3）冲拳过高或太低。纠正方法：可在练习者前面设一个与肩同高的目标，让拳击打目标。

3. 教学提示

（1）冲拳要快速有力，冲和收同时进行，冲拳时注意顺肩。

（2）在教学中可以采用比赛的方法，如“看谁做得正确”“看谁做得快”等，强化动作的准确性和训练学生的反应能力，同时初步让学生建立起评价意识。

（六）弹踢

1. 教材分析

【动作要领】并步直立，两手抱拳于腰际，目视前方。右（左）腿屈膝提起，大腿抬平，右（左）脚绷直，当提至水平时，以脚背为发力点迅速猛力向前平踢弹击，使力量达于脚尖，右（左）腿伸直或微屈支撑，上体保持正直。

口诀：抬腿与地平，弹踢要迅猛；脚面直而绷，力随脚尖行。

【教学重点】大腿带动小腿弹踢。

【教学难点】动作协调，弹踢有寸劲。

2. 教法分析

【教学步骤与练习方法】

（1）有针对性地准备活动和武术基本功练习内容，安排在准备部分练习。

（2）教师示范讲解动作要领，让学生建立完整的动作概念，了解弹踢的动作方法和要领。

（3）教师口令指挥集体练习，可先弹踢低腿，然后增加高度。

（4）分组练习。可以以小组为单位练习，也可自由结合两人或三人一起比赛“看谁踢得标准”。

（5）结合手法练习。教师给出基本动作，如弹腿冲拳、推掌等，让学生分组讨论组合练习，最后在各组之间展示。

（6）做行进间的弹踢冲拳或弹踢推掌动作。

【易犯错误及纠正方法】

弹踢不明显，类似踢摆动作。纠正方法：强调收髋，屈膝后再弹出；反复练习弹踢小腿动作。

3. 教学提示

（1）由于弹踢动作比较单调，在教学时教师要由易到难逐渐提高要求，并且多采用游戏、比赛的形式开展教学。

（2）可以与武术基本功、基本动作结合起来练习，可以鼓励学生自主探讨练习方法，培养学生的创新意识。

（七）正踢腿

1. 教材分析

【动作要领】左脚向前上半步，左腿支撑，右脚脚尖勾起向前额处猛踢。眼睛平视前方。

口诀：挺膝直腰站，踢腿至额前。

【教学重点】直腰、直腿、挺胸。

【教学难点】踢腿时收髋。

2. 教法分析

【教学步骤与练习方法】

（1）教师示范，讲解动作要领及要求。

（2）器械（肋木）上练压腿和摆腿。

（3）集体练习。教师口令指挥，先低踢腿，适当放慢速度，然后过渡到按照规格要求完成练习。

（4）分组练习。同伴之间相互搀扶，原地踢一条腿，然后再踢另一条腿。

（5）小组练习。同伴之间手搭肩左右交替地在行进间练习踢腿。

（6）比一比看看哪个小组踢得高而齐。同伴之间手搭肩练习。

（7）两臂侧平举，左右交替地在行进间踢腿。

【易犯错误及纠正方法】

（1）俯身弯腿。纠正方法：收下颌，头上顶，强调直腰，两臂外撑以固定胸廓，适当放慢速度反复练习。

（2）拔跟或送髋。纠正方法：上步可小一些，上踢时支撑腿挺膝，脚趾抓地，也可先踢低腿。

（3）踢腿速度缓慢无力。纠正方法：可用手扶器械，一腿连续按口令节奏的速度踢腿，左右腿交替练习。

3. 教学提示

（1）正踢腿可结合正压腿一起练习。初学阶段多做利用器械的练习。

（2）练习时一定要严格要求，并及时对学生进行思想教育，端正学习态度。

（3）练习后要注意放松大腿后侧肌肉。

（八）弓步

1. 教材分析

【动作要领】左（右）脚向前一大步（约为本人脚长的四五倍），脚尖微内扣，左（右）腿屈膝半蹲（大腿接近水平），膝与脚尖垂直。右（左）腿挺膝伸直，脚尖内扣（斜向前方），两脚全脚着地。上体正对前方，眼睛平视前方，两手抱拳于腰间。右腿弓为右弓步，左腿弓为左弓步。

口诀：前腿弓，后腿绷，挺胸立腰像张弓，完成动作不晃动。

【教学重点】挺胸、塌腰、沉髋。

【教学难点】重心稳定，动作有力。

2. 教法分析

【教学步骤与练习方法】

（1）教师结合挂图、示范讲解动作要领。

（2）集体练习。先让学生体会左右弓步动作，逐步延长练习时间，教师巡回指导。也可让学生面对面练习，相互纠正错误动作。

（3）在地上画一条线，约3~4脚长，然后做正确的弓步动作，“耗”一定的时间以体会动作要领，并发展下肢力量。

（4）原地保持弓步姿势不动，加做左右冲拳或推掌练习。左右弓步可交替练习。

（5）行进间练习。左弓步冲右拳再上步接做右弓步冲左拳，这样连续练习。

【易犯错误及纠正方法】

后脚拔跟、掀掌，后腿屈膝、弯腰和上体前俯。纠正方法：提高膝和踝关节的柔韧性，并强调脚跟蹬地、后腿挺膝和用力后蹬，强调头部上顶，并注意沉髋。

3. 教学提示

弓步是武术中最常用的基本步法之一，掌握规范动作对今后的学习有十分重要的意义。拔跟（后脚跟离地）、掀脚（后脚外侧掌掀起）、软腿（后腿弯曲）、闪胯（躯干向左、右侧倾）和两脚横向距离小是初学者易犯的错误，应注意及时纠正。

参考文献 REFERENCE

[1] 周奕君，郭强．中小学体育教学法理论与实务 [M]. 北京：中国原子能出版社，2020.

[2] 申映辉．小学体育课程设计及教学质量提升探索 [M]. 太原：山西经济出版社，2020.

[3] 张向东，郑华．体育舞蹈教学密码 [M]. 福州：福建科学技术出版社，2020.

[4] 黄伟．新时代小学校园足球游戏理论与实践 [M]. 广州：广东高等教育出版社，2020.

[5] 崔洪伟．传统体育在小学体育教学中的价值与实施 [M]. 北京：现代教育出版社，2019.

[6] 邱建华，杜国如．体育与健康教学研究 [M]. 南昌：江西科学技术出版社，2019.

[7] 曾用强．小学教学设计与实施 [M]. 广州：华南理工大学出版社，2019.

[8] 王虹．新时代体育舞蹈创作与研究 [M]. 长春：吉林文史出版社，2019.

[9] 于素梅．体育教师专业发展丛书评课的门道 [M]. 北京：教育科学出版社，2019.

[10] 韦勇兵，申云霞．体育教学与运动技能分析 [M]. 长春：吉林人民出版社，2019.

[11] 向苏龙．义务教育学校体育微改革 [M]. 北京 / 西安：世界图书出版公司，2019.

[12] 闫文．小学体育教学模式研究 [M]. 北京：光明日报出版社，2018.

[13] 于洁．中小学体育教师专业技能发展的途径与实践 [M]. 成都：西南交通大学出版社，2018.

[14] 瞿伟华．智造器材趣编游戏小学体育兴趣化实践研究成果集 [M]. 长春：吉林人民出版社，2018.

[15] 于素梅．体育教师专业发展丛书备课的门道 [M]. 北京：教育科学出版社，2018.

[16] 曹丹．体育健康与体育教育学研究 [M]. 天津：天津科学技术出版社，2018.

[17] 杜国如．学校体育与健康融合发展研究 [M]. 南昌：江西科学技术出版社，2018.

[18] 尹玉华，何为．九年义务教育体育与健康课程教学指南 [M]. 成都：电子科技大学出版社，2018.

[19] 王健．教育振兴从校园体育开始 [M]. 南京：江苏人民出版社，2018.

[20] 朱水敏．微课实录丛书 · 中小学体育卷 [M]. 宁波：宁波出版社，2017.

[21] 高俊霞．小学体育教学策略与案例分析 [M]. 石家庄：河北美术出版社，2017.

[22] 姜全林．中小学体育教师校园足球教学能力培训教材 [M]. 杭州：浙江大学出版社，2017.

[23] 陈辉，杨远飞．学生发展核心素养视域下的课堂教学指南中小学体育与健康 [M]. 长春：东北师范大学出版社，2017.

[24] 杨铁黎，刘沛．体育教师培训模式研究与实践探索 [M]. 北京：金盾出版社，2017.

[25] 王晟．运动技能与体育教学 [M]. 长春：吉林大学出版社，2017.

[26] 姜汉瑾，武斌．体育训练与健康教育 [M]. 长春：吉林文史出版社，2017.

[27] 张明波．学校体育文化研究 [M]. 北京：光明日报出版社，2017.

[28] 刘佳，杨辉．体育课程教学论 [M]. 延吉：延边大学出版社，2017.

[29] 徐雁雁．体育之道强身树德 [M]. 上海：同济大学出版社，2017.

[30] 杜国如．学校体育健康新视野 [M]. 南昌：江西科学技术出版社，2017.

[31] 陈伟．民族体育创新发展研究 [M]. 西安：西安电子科技大学出版社，2017.

[32] 顾春先．学校体育文化节的构建与传播 [M]. 成都：西南交通大学出版社，2017.

[33] 袁瑞堂．体育新课程理念的实践研究与探索 [M]. 徐州：中国矿业大学出版社，2017.

[34] 李江华．小学体育与健康学科教育 [M]. 北京：教育科学出版社，2016.